Auguste Bebel

La femme
et le socialisme

essai

ISBN : 978-1511489089

10 9 8 7 6 5 4 3 2 1

Auguste Bebel

La femme
et le socialisme

essai

Table de Matières

Avant-propos

Par Lafargue

Le parti socialiste allemand, qui forme l'avant-garde du parti socialiste international, a en pour théoriciens deux hommes de génie, Marx et Engels, et pour organisateurs trois agitateurs incomparables, Lassalle, Liebknecht et Bebel.

Après la défaite de l'insurrection des provinces rhénanes de mai 1849, Marx et Engels et leurs amis qui avaient pris part au mouvement insurrectionnel étaient les uns morts, les autres en prison ou en exil. Lassalle, qui avait puisé ses idées socialistes dans les écrits de Marx et d'Engels et qui, en 1849, alors tout jeune homme (il n'avait que 24 ans), avait fourni une ou deux chroniques dans la « Nouvelle Gazette Rhénane », - l'organe du parti communiste révolutionnaire que dirigeait Marx, recommença l'agitation dès que la situation politique le permit, et fonda l'Association générale des ouvriers allemands : c'est dans ses rangs que Bebel fit ses débuts de démocrate socialiste.

Ferdinand Auguste Bebel est né le 22 février 1840 à Cologne, dans une famille de très modeste aisance son père était alors sous-officier ; il reçut l'éducation sommaire des enfants du peuple, à l'école communale de Brauweiler, petit village des environs de Cologne ; il obtint une bourse pour continuer ses études à l'école supérieure de Wetzlar, qu'il dut quitter pour entrer chez un maître tourneur, où il servit pendant quatre ans, en qualité d'apprenti. À 18 ans, ayant reçu son titre de compagnon, il commença son tour du pays, ainsi que le veut l'antique coutume du compagnonnage ; pendant deux ans, de 1858 à 1860, il parcourut l'Allemagne du Sud et l'Autriche, exerçant de ville en ville son métier de tourneur. Rappelé par le service militaire, il revint en 1860 à Leipzig, où il s'établit à son tour comme maître-tourneur ; plus tard il devait s'associer avec un ami, et aller ouvrir un atelier de tourneur à Plauen, près de Dresde, sous la raison sociale Isleib et Bebel. Il avait passé par les phases transformatrices de l'artisan du Moyen âge ; d'apprenti il était devenu compagnon, puis maître, et après avoir servi chez les autres, il avait à son tour ouvert un petit atelier où il travaillait à son compte ; Bebel aurait vécu tranquillement et modestement, comme les artisans du temps passé, sans les événements qui le jetèrent dans un des plus grands mouvements qu'aura enregistré l'histoire humaine.

À peine établi, dès 1861, Bebel commence à prendre part au mouvement général, comme membre de la Fédération des sociétés ouvrières allemandes ; plus tard, en 1867, jusqu'en 1869, comme président de sa « délégation permanente » ; et ce leader du socialisme international débute par être un ardent adversaire du socialisme. L'artisan le dominait intellectuellement, comme il domina Proudhon toute sa vie. Ceci mérite quelques mots d'explication.

La classe des artisans, avant l'introduction de l'industrie mécanique et la création de son peuple de servants de machines, remplissait toutes les fonctions de la production sociale. Mais la petite industrie manuelle est condamnée à disparaître devant la grande industrie mécanique ; et l'artisan exproprié de son atelier et de son habileté technique, disant adieu à sa chère liberté et à ses sentiments de petit propriétaire, doit entrer dans l'atelier capitaliste, comme prolétaire, n'ayant plus pour toute propriété que sa force-travail. L'artisan, justement effrayé du misérable sort qui le menace, est un réactionnaire ; il a pendant des siècles résisté à l'introduction de l'industrie mécanique, il s'est révolté contre les capitalistes, il a brisé les machines et incendié les fabriques ; dans notre siècle, il a perdu la fougue virile qui le poussait aux voies de fait ; mais il est resté toujours réactionnaire, il voudrait maintenir au statu quo les conditions qui permettent l'existence de son industrie, et il a toujours la tendance à retourner en arrière et à réintroduire les entraves protectrices des corporations. Il a peur de tomber dans le prolétariat et il a horreur, non-seulement des misères du prolétaire, mais encore de tous les mouvements économiques et politiques qu'il entreprend pour s'en affranchir, et du socialisme qui formule les réformes nécessaires à cet affranchissement, lesquelles réformes sont à l'antipode de celles réclamées par l'artisan. Ainsi, tandis que le prolétaire ne comprend la possibilité de son émancipation que par la socialisation des moyens de production, l'artisan ne rêve que de crédits gratuits pour s'établir individuellement et se procurer un fonds de roulement, et de bazars où il vendrait directement son produit au consommateur. Proudhon fut un des meilleurs représentants de la classe artisane qui s'éteint ; il était réactionnaire jusqu'aux moelles, en dépit de sa phraséologie révolutionnaire qui ne faisait peur qu'à lui ; il se prononça contre tous les mouvements prolétariens, contre les grèves, aussi bien que contre l'insurrection de juin, et il combattit avec une étroitesse d'esprit spécifique et une fureur épileptique les théories communistes qu'il était incapable de comprendre.

Mais Bebel était d'un esprit trop vigoureux et trop scientifique pour rester longtemps sous le charme de l'industrie artisane ; en 1866 on le trouve enrôlé dans les sections de l'Internationale, que Liebknecht, rentré de l'exil, avait réussi a fonder en Allemagne ; et en 1868, au Congrès de Nuremberg, c'est sur la proposition de Bebel que l'on vota l'adoption des statuts de l'Internationale et celle du « Manifeste communiste » de Marx et d'Engels, comme base théorique du parti. Le Communisme avait conquis un de ses plus vaillants et plus intelligents champions. Il fallut peu de temps à Bebel pour prendre la tête du mouvement : en 1867 il était choisi pour représenter le parti dans le parlement de l'Allemagne du Nord, et en 1869 il recevait sa consécration gouvernementale d'apôtre du socialisme, sous la forme et l'espèce de trois semaines de prison pour propagande de doctrines dangereuses au maintien de l'État. C'est sa première condamnation, mais non la dernière : à partir de ce moment, les expulsions, les persécutions et les condamnations à des mois et à des années de prison pleuvent dru sur la tête indomptable du socialiste révolutionnaire.

Bismarck avait coqueté avec les ouvriers ; à l'imitation de Napoléon III, qu'il plagiait, il voulait intimider et contenir la bourgeoisie en la menaçant avec les ouvriers : il avait en partie gagné à son jeu Lassalle, en lui promettant le suffrage universel et des subventions pour fonder des sociétés coopératives de production. Lassalle est mort à temps pour sa gloire ; engagé de la sorte dans la politique nationale et aristocratique de Bismarck, on ne sait où les compromissions l'auraient entraîné ; Bebel et Liebknecht devaient couper court à ces intrigues malsaines ; ils ouvrirent le feu contre la politique intérieure et extérieure du chancelier de fer devant qui tout pliait en Allemagne. Étonné de ne pas trouver les socialistes souples sous sa main, Bismarck se retourna furieux contre ceux qui osaient lui résister et entraver sa politique de feu et de sang. Mais il ne réussit pas à intimider le parti socialiste qui, pendant plus de 20 ans, lui tînt tête, déjouant les manœuvres policières, supportant bravement les persécutions, les expulsions et la prison, et attaquant continuellement l'homme politique qui pendant un moment fut l'arbitre de l'Europe et l'idole de la Bourgeoisie.

Bebel et Liebknecht, sans jamais se lasser ni se laisser abattre, menèrent cette campagne contre Bismarck. La guerre franco-prussienne donna à leur opposition un caractère qui intéresse spécialement les Français. Bebel et Liebknecht refusèrent de voter les crédits que Bismarck demandait au Reichstag pour commencer les hostilités. Quand, Napoléon noyé dans la boue de Sedan, la République fut proclamée, ils protestèrent contre la continuation de la guerre, entreprise contre le gouvernement impérial et non contre le nouveau gouvernement républicain. Les chefs du parti socialiste furent arrêtés et emprisonnés préventivement pendant des mois, sous l'inculpation de crime de haute trahison. Sortis de prison, ils protestèrent contre l'annexion de l'Alsace-Lorraine, que Marx dénonçait comme un crime et une faute politique, qui serait une cause de discorde entre la France et l'Allemagne, les deux nations qui devaient rester unies pour la paix de l'Europe et l'émancipation du Prolétariat. Pendant que la bourgeoisie allemande, ivre de la victoire et dés cinq milliards, se mettait à plat ventre devant Bismarck, et que la bourgeoisie européenne, courtisane éhontée du succès, le proclamait le plus grand politique du siècle, Bebel et Liebknecht souffletaient toute cette gloire et tous ces triomphes : « Nous aussi, s'écriait Liebknecht en plein parlement, nous renverserons nos colonnes Vendôme », quand on apprit à Berlin que la Commune avait jeté à bas ce monument de la barbarie militaire et patriotique. Alors que la bourgeoisie allemande unissait sa peur et ses insultes à celles de la bourgeoisie française pour calomnier la Commune que M. Thiers n'avait pu vaincre que grâce au concours de Bismarck, qu'il avait humblement mendié, les socialistes allemands prenaient la défense des vaincus de Paris. « La Commune, disait Bebel au Reichstag, n'est qu'un petit combat d'avant poste, comparée à l'explosion révolutionnaire qui embrasera l'Europe et qui délivrera l'humanité de l'oppression capitaliste ».

Il fallait à tout prix bâillonner les socialistes : on intenta contre eux un grand procès de haute trahison ; au mois de niai 1872, Hepner, Liebknecht et Bebel étaient condamnés par la cour d'assises de Leipzig à deux ans de forteresse, que Bebel accomplit à Hubertusburg. Cette condamnation ne paraissant pas suffisante, Bismarck le fit recondamner en juillet 1872, pour crime de lèse-majesté, à neuf mois de prison qu'il fit à la maison d'arrêt de Zwickau : il avait cherché par cette condamnation à le priver de son mandat de député, que les juges s'empressèrent d'annuler sur l'ordre du chancelier. La servilité des juges n'eut pour tout résultat que de faire souffleter Bismarck par les électeurs : ils cassèrent l'arrêt des tribunaux et réélurent Bebel avec une plus imposante majorité. Ne pouvant recommencer à le poursuivre pour crime de haute-trahison et de lèse-majesté, on changea de sujet et on le traîna devant les tribunaux pour crime de société secrète et de complots contre la sûreté de l'État, mais on fut moins heureux, on ne put obtenir des condamnations, même des tribunaux de l'Empire ; ces procès tournèrent au contraire à la confusion du gouvernement. Les socialistes, qui avaient organisé une contre-police, dévoilèrent les agents provocateurs et les intrigues policières de Bismarck. Pour se consoler de ne pas avoir pu les faire fourrer en prison, il se mit à tracasser les socialistes, il les fit expulser de ville en ville ; beaucoup durent s'expatrier pour fuir le petit état de siège dont Bismarck avait doté une partie de l'Allemagne. Bebel fut expulsé de Leipzig et de Berlin où cependant Bismarck était obligé de tolérer sa présence pendant les sessions du Reichstag, afin qu'il pût remplir son mandat de député. Mais le chancelier eut une dernière consolation, en 1886, lors du procès des socialistes de Freiberg : il put trouver des juges pour accorder 9 mois de prison à Bebel.

Ces années de prison, qui ont ébranlé la santé délicate de Bebel, l'ont armé pour la lutte. La prison lui a donné des loisirs, qu'il a mis à profit pour étudier les langues étrangères, compléter son éducation et meubler son cerveau des connaissances qu'il n'avait pu acquérir à l'école primaire de son village et pendant son court séjour à l'école supérieure de Wetzlar. À sa sortie de prison, il était plus riche en notions diverses qu'à son entrée. Jamais il n'aurait trouvé ni le temps, ni le repos nécessaires pour composer les ouvrages qu'il a écrits et qui ont si fort contribué au développement du socialisme, si Bismarck ne l'avait fait mettre en prison.

Bebel a publié : Notre but ; La guerre des paysans en Allemagne, suivie de considérations sur les principaux mouvements sociaux du Moyen âge ; L'action parlementaire du Reichstag allemand et des Chambres des États ; Christianisme et Socialisme ; La Femme dans le passé, le présent et l'avenir ; La civilisation musulmano-arabe en Orient et en Espagne. Tous ses écrits ont eu un grand succès : la dixième édition de la Femme vient d'être publiée cette année ; chacune des éditions allemandes est tirée à trois mille exemplaires.

Bebel est un homme de taille moyenne et élégante ; sa figure, aux traits fins et aux yeux clairs et vifs, est douce et méditative ; sa barbe, qu'il porte entière, et son abondante chevelure, sont d'un brun tirant sur le châtain ; sa voix, harmonieuse et expressive, domine les assemblées les plus tumultueuses. Ses adversaires sont eux-mêmes obligés de reconnaître qu'il est un des plus brillants et des plus solides orateurs de l'Allemagne ; ses discours au Reichstag sont des événements parlementaires. Les attaques qu'il dirigea en 1884 contre la politique militaire de l'Empire eurent retentissement considérable dans tout le pays ; elles préparèrent le peuple allemand à accepter comme une délivrance la chute de Bismarck, qui surprit toute l'Europe.

Dans l'intimité, Bebel est un agréable et spirituel causeur, un aimable compagnon et un père d'une tendresse infinie. Ses amis sont nombreux en Allemagne et dans les autres pays d'Europe et d'Amérique ; les socialistes allemands ont pour Bebel une affection spéciale, ils ne le désignent entre eux que par son petit nom.

Le maître-tourneur de Leipzig aura une grande place dans l'histoire du XIXe siècle.

Paul Lafargue

Introduction

Les dernières dizaines d'années de l'évolution humaine ont vu se produire, dans toutes les couches sociales, un mouvement, une agitation des esprits se manifestant chaque jour avec plus d'intensité. Il a surgi une foule de questions sur la solution desquelles on a discuté dans les deux sens. Celle que l'on appelle la question des femmes est à coup sûr une des plus importantes.

Quelle place doit prendre la femme dans notre organisme social afin de devenir dans la société humaine un membre complet, ayant les droits de tous, pouvant donner l'entière mesure de son activité, ayant la faculté de développer pleinement et dans toutes les directions ses forces et ses aptitudes ? C'est là une question qui se confond avec celle de savoir quelle forme, quelle organisation essentielle devra recevoir la société humaine pour substituer à l'oppression, à l'exploitation, au besoin et à la misère sous leurs milliers de formes, une humanité libre, une société en pleine santé tant au point de vue physique qu'au point de vue social. Ce que l'on nomme la question des femmes ne constitue donc qu'un côté de la question sociale générale. Celle-ci agite en ce moment toutes les têtes et tous les esprits ; mais la première ne peut trouver sa solution définitive qu'avec la seconde.

Les femmes, les plus directement intéressées dans celle question, formant - tout au moins en Europe - plus de la moitié de la société humaine, une étude spéciale de ce sujet se justifie d'elle-même. Elle mérite bien un peu de « sueur de noblesse. »

Naturellement, dans la question des femmes comme dans la question sociale, il y a des partis essentiellement distincts qui envisagent et jugent la question du haut de leur situation politique et sociale actuelle, et partent de là pour proposer les moyens de la résoudre. Les uns prétendent, comme pour la question sociale, qui agite principalement les masses ouvrières, qu'il n'y a pas de question des femmes, dès lors que la situation à prendre par la femme dans le présent comme dans l'avenir lui est désignée à l'avance par su vocation naturelle qui lui ordonne d'être épouse et mère et la confine dans le cercle étroit du ménage. Quant à tout ce qui se passe en dehors des quatre piquets qui

Auguste Bebel

lui sont assignés pour limite, à tout ce qui n'est pas en rapport immédiat et visible avec ses devoirs domestiques, cela ne la regarde pas.

Ceux qui partagent cette opinion sont, on le voit, prompts à la riposte, et croient en finir ainsi. Que des millions de femmes ne soient pas en état de suivre, soit comme ménagères soit comme mères de famille, la « vocation naturelle » qu'on revendique pour leur compte - et cela pour des raisons que nous développerons plus tard en détail - ; que des millions d'autres aient en grande partie manqué cette vocation parce que le mariage est devenu pour elles un joug, un esclavage ; qu'il leur faille traîner leur vie dans la misère et le besoin ; rien de tout cela n'inquiète ces sages. En présence de faits aussi désagréables, ils se bouchent les yeux et les oreilles avec autant d'énergie que devant la misère du prolétaire et se consolent eux et les autres en disant qu'il en a « éternellement » été ainsi et qu'il devra en rester « éternellement » de même. Ils ne veulent pas entendre parler, pour la femme, du droit de prendre sa part des conquêtes de la civilisation, de s'en servir pour soulager et améliorer sa position, et de développer autant que l'homme, d'employer aussi bien que lui au mieux de ses intérêts ses aptitudes intellectuelles et physiques. Et s'ils entendent dire que la femme veut être matériellement indépendante afin de pouvoir l'être de « corps » et « d'esprit » et de ne plus dépendre du « bon vouloir » de l'autre sexe et des « grâces » qu'il veut bien lui faire, alors leur patience est à bout. Leur colère s'allume ; il en résulte un torrent de plaintes vigoureuses et d'imprécations contre « la folie du siècle » et contre les « pernicieuses tendances émancipatrices. »

Ces gens-là sont les Philistins des deux sexes qui n'osent pas s'arracher au cercle étroit des préjugés. Ils sont de l'espèce des chouettes qui se trouvent partout où règne la nuit et qui poussent des cris d'effroi quand un rayon de lumière tombe dans leur commode obscurité.

D'autres ne peuvent, sans doute, fermer leurs yeux et leurs oreilles à des faits qui parlent haut ; ils accordent que c'est à peine si à aucune époque antérieure les femmes, prises dans leur totalité, se sont trouvées dans une situation aussi fâcheuse qu'aujourd'hui par rapport à l'état général du développement de la civilisation ; ils reconnaissent qu'en raison de ce fait il est nécessaire de rechercher les moyens d'améliorer leur sort, en tant qu'elles restent livrées à elles mêmes pour gagner leur vie. La question leur parait résolue pour les femmes qui se sont réfugiées dans le port du mariage.

En conséquence, ils demandent que toutes les branches de travail auxquelles les forces et tes facultés de la femme sont propres, lui soient ouvertes, de telle sorte qu'elle puisse entrer en concurrence avec l'homme. Ceux d'entre eux qui vont plus loin demandent que cette concurrence ne s'étende pas seulement au champ des occupations ordinaires et des fonctions infimes, mais encore au domaine des carrières élevées, à celui des arts et des sciences. Ils réclament l'admission des femmes aux cours de toutes les écoles de hautes études et notamment des Universités qui, jusqu'ici, leur ont été fermés. Ce qu'ils visent surtout ainsi, ce sont les diverses branches de l'enseignement, les fonctions médicales et les emplois de l'État (la poste, les télégraphes, les chemins de fer) pour lesquels ils considèrent la femme comme particulièrement douée ; ils vous renvoient aux résultats pratiques déjà obtenus, surtout aux États-Unis, par l'emploi des femmes. Une petite minorité de ceux qui pensent de la sorte réclame également les droits politiques pour la femme qui pourrait aussi bien que l'homme être un citoyen de l'État, le maintien exclusif du pouvoir législatif entre les mains des hommes ayant montré que ceux-ci n'ont utilisé ce privilège qu'à leur profit et ont maintenu la femme en tutelle à tous les points de vue.

Ce qu'il y a lieu de noter dans toutes les études que nous venons de faire sommairement connaître, c'est qu'elles ne sortent pas du cadre de la société actuelle. On ne soulève pas la question de savoir si le but que l'on se propose une fois atteint, la situation de la femme en sera suffisamment et fondamentalement améliorée. On ne se rend pas compte qu'en réalité ce but est atteint en ce qui concerne la libre admission des femmes à toutes les fonctions industrielles, mais que, dans les conditions sociales acquises, cela signifie aussi que la concurrence des forces laborieuses se déchaîne avec plus de férocité, ce qui a pour suite nécessaire la diminution du revenu individuel des deux sexes, qu'il s'agisse aussi bien de salaire que d'appointements.

Ce défaut de clarté, cette insuffisance dans la définition des buts à atteindre proviennent de ce que jusqu'ici la « question des femmes »

Auguste Bebel

a été presque exclusivement prise en mains par des femmes des classes dirigeantes, qui n'avaient en vue que le cercle étroit des femmes dans lequel elles vivaient et qui ne faisaient essentiellement valoir leurs revendications qu'en faveur de celles-ci. Mais que quelques centaines ou quelques milliers de femmes, issues des classes inférieures, forcent les portes du haut enseignement, de la carrière médicale ou du fonctionnarisme, y trouvent des situations passables ou assurant du moins leur existence matérielle, cela ne change absolument rien à la situation générale des femmes. Ni l'oppression que les hommes font peser sur elles, ni l'état de dépendance dans lequel elles se trouvent en immense majorité, ni l'esclavage sexuel qui résulte des conditions actuelles du mariage ou de la prostitution, ne seraient en rien modifiés. Donc le dénouement de la question n'est encore pas là. Ce n'est pas non plus en vue d'une demi-solution, faite de pièces et de morceaux, que la majorité du monde féminin s'enthousiasmera ; les petits desseins n'enflamment personne et n'entraînent pas les masses. Mais tout au moins, une pareille solution mettra en émoi les membres des classes influentes de la société masculine qui, dans l'intrusion des femmes en des places mieux rétribuées et considérées, ne verront qu'une concurrence on ne peut plus désagréable pour eux et leurs fils. Ceux-là s'opposeront à la solution indiquée par tous les moyens et - l'expérience nous l'a déjà appris - par d'aucuns qui ne sont pas toujours les plus convenables ni les plus honnêtes. Ces mêmes hommes des classes dirigeantes ne trouvent aucune objection à ce que les femmes encombrent ce qu'on appelle les petits métiers ; ils le trouvent même dans l'ordre et le favorisent parce que cela diminue le prix de la main d'œuvre. Mais il ne faut pas que la femme demande à envahir leurs hautes situations sociales ou administratives ; leur manière de voir change alors du tout au tout.

Même l'État, tel qu'il est aujourd'hui, après les expériences déjà faites, ne serait que très peu porté à donner plus d'extension à l'emploi des femmes, au moins pour ce qui est des hautes places, quand bien même leurs facultés les désigneraient absolument pour les remplir.

L'État et les classes dirigeantes ont jeté bas toutes les entraves mises à la concurrence dans l'industrie et dans la classe des travailleurs, mais en ce qui concerne les fonctions plus élevées, ils s'étudient plutôt à renforcer les barrières. Cela produit sur le spectateur désintéressé une impression singulière que de voir avec quelle énergie savants, hauts fonctionnaires, médecins et juristes se défendent quand des « gêneurs » essaient de secouer les grilles qui les séparent d'eux. Mais, de tous les gêneurs ce sont les femmes qui, dans ces milieux, sont les plus abhorrés. Ces gens-là aiment à se considérer comme spécialement investis de « la grâce de Dieu », l'étendue de l'esprit qu'ils croient avoir ne se rencontrant, à leur sens, que d'une façon tout à fait exceptionnelle, de telle sorte que le commun des mortels et la femme en particulier ne sont pas en mesure de se l'approprier.

Il est clair que si cet ouvrage n'avait d'autre but que de démontrer la nécessité de l'égalisation des droits de la femme et de l'homme sur le terrain de la société actuelle, il vaudrait mieux abandonner la besogne. Ce ne serait qu'un travail décousu qui n'indiquerait pas la voie qui doit mener à une véritable solution. La solution pleine et entière de la question des femmes - et nous entendons par là que la femme doit non seulement être, de par la loi, l'égale de l'homme, mais qu'elle doit encore en être indépendante, dans la plénitude de sa liberté économique, et marcher de pair avec lui, autant que possible, dans son éducation intellectuelle, - cette solution est aussi possible dans les conditions sociales et politiques actuelles que celle de la question ouvrière.

Ici le suis tenu à une explication.

Mes coreligionnaires politiques, les socialistes, seront d'accord avec moi sur le principe que je viens d'indiquer ; mais je ne puis pas en dire autant pour les voies et moyens auxquels je songe pour sa réalisation. Mes lecteurs, et en particulier mes adversaires, voudront donc bien considérer les développements qui vont suivre comme l'expression de mes opinions personnelles et ne diriger éventuellement que contre moi seul leur attaques. J'ajouterai à cela le vœu qu'ils soient honnêtes dans leurs attaques, qu'ils ne dénaturent pas mes paroles et qu'ils s'abstiennent de me calomnier. La plupart des lecteurs trouveront cela naturel, mais je sais, par une expérience déjà longue de bien des années, ce qu'il en est de l'honnêteté de beaucoup de messieurs mes contradicteurs. Je doute même fort que, malgré l'invitation que je viens de formuler, certains d'entre eux la suivent. Que ceux-là fassent donc ce que leur nature les oblige à faire. Je tirerai de mes déductions toutes les conséquences, même les extrêmes, qu'exigent les résultats que l'examen des faits m'a permis d'obtenir [1].

---

[1] Cette introduction figure en tête de l'édition de Zurich, 1883, dont je me suis servi pour ma traduction. (Note du traducteur).

Chapitre I

La femme dans le passé

La femme et le travailleur ont tous deux de commun ceci que, de temps immémorial, ils sont des opprimés. Malgré toutes les modifications que l'oppression a subies dans sa forme, elle ne s'en est pas moins maintenue en elle-même. La femme, ainsi que le travailleur, dans le long cours de l'histoire, ne sont que rarement arrivés à la conscience nette de leur servitude - et l'une, à la vérité, plus rarement même que l'autre parce quelle était placée plus bas encore que lui, parce qu'elle a été, parce qu'elle est encore considérée et traitée par le travailleur lui-même comme une inférieure. Un esclavage qui dure des centaines de générations finit par devenir une habitude. L'hérédité, l'éducation, le font apparaître aux deux parties intéressées comme « naturel. » C'est ainsi que la femme en est arrivée à envisager son état d'infériorité comme chose allant si bien de soi, qu'il n'en coûte pas peu de peine de lui démontrer combien sa situation est indigne d'elle, et qu'elle doit viser à devenir dans la société un membre ayant les mêmes droits que l'homme, et son égal sous tous les rapports.

Si j'ai dit que la femme et le travailleur ont pour lot commun d'être, de temps immémorial, des opprimés, il me faut encore, en ce qui concerne la femme, accentuer cette déclaration. La femme est le premier être humain qui ait eu à éprouver la servitude. Elle a été esclave avant même que l' « esclave » fût.

Toute oppression a pour point de départ la dépendance économique dans laquelle l'opprimé se trouve vis-à-vis de l'oppresseur. Jusqu'à ce jour la femme se trouve dans ce cas.

Aussi loin qu'il nous soit donné de remonter dans le passé de l'homme, nous trouvons la horde comme la première communauté humaine. La horde qui, semblable à un troupeau d'animaux, satisfaisait ses instincts sexuels sans aucun ordre, et sans se détacher par couple. Il est difficile d'admettre que, dans cet état primitif, les hommes aient été supérieurs aux femmes en force physique ou en capacités intellectuelles. Non seulement la vraisemblance, mais encore les observations que nous faisons sur les peuplades sauvages actuellement existantes, s'élèvent contre cette hypothèse. Non-seulement, chez tous les peuples sauvages, le poids et le volume du cerveau de l'homme et de la femme diffèrent bien moins que chez nos peuples civilisés modernes, mais encore les femmes ne le cèdent aux hommes que de très peu, sinon en rien, comme force corporelle. Il existe même, encore aujourd'hui, dans l'Afrique Centrale, quelques tribus où les femmes sont plus fortes que les hommes et où, en raison de ce fait, elles exercent le commandement. C'est ainsi qu'il y a, actuellement, chez les Afghans, une peuplade où les femmes font la guerre, vont à la chasse, et où les hommes vaquent aux travaux domestiques. Le roi des Achantis, dans l'Afrique occidentale, et le roi de Dahomey dans l'Afrique centrale, ont des gardes du corps féminins, régiments exclusivement recrutés parmi les femmes, commandés par elles, qui se signalent, en avant des guerriers mâles, par leur bravoure et leur soif de carnage (« alors les femmes se changent en hyènes »).

Un autre phénomène qui ne peut s'expliquer que comme basé sur la pure supériorité physique, c'est qu'il a dû y avoir dans l'antiquité, sur la mer Noire et en Asie, des États d'amazones, comme on les appelait, qui se composaient uniquement de femmes. Ils devaient encore exister on partie au temps d'Alexandre-le-Grand, puisque, d'après Diodore de Sicile, une reine d'amazones, Thalestris, vint trouver le conquérant dans son camp pour qu'il la rendit mère.

S'il y a effectivement eu de pareils États d'amazones, cela n'a pu être qu'à une condition, sans laquelle leur existence eût été compromise : l'éloignement rigoureux des hommes. Et c'est pour cela qu'elles cherchaient à atteindre le double but de la satisfaction de leurs instincts sexuels et de leur reproduction en s'unissant, à certains jours de l'année, aux hommes des États voisins.

Mais de pareilles situations reposent sur des conditions exceptionnelles, et le seul fait de leur disparition démontre leur manque de solidité.

Ce qui a créé la servitude de la femme dans les temps primitifs, ce qui l'a maintenue dans le cours des siècles, ce qui a conduit à une disproportion bien marquée des forces physiques et intellectuelles des deux sexes et aggravé l'état de sujétion de la femme, ce sont ses particularités en tant qu'être sexuel. La femme primitive, tout en suivant, au point vue de ses forces morales et physiques, un développement analogue à celui de l'homme, ne s'en trouvait pas moins en état d'infériorité vis-à-vis de celui-ci, lorsque les périodes de la grossesse, de l'accouchement, de l'éducation des enfants la soumettaient à l'appui, au secours, à la protection de l'homme. Dans les temps primitifs, où la force physique était seule estimée et où la lutte pour l'existence revêtit ses formes les plus cruelles et les plus sauvages, cette nécessité de protéger la femme à certaines époques conduisit à une foule de violences contre le sexe féminin, notamment au meurtre des filles nouveau-nées et au rapt des femmes adultes.

À l'époque où les hordes isolées, plus tard les clans, se trouvaient en pleine lutte pour l'existence ; à l'époque où l'élevage des bestiaux et l'agriculture étaient encore choses inconnues et où, par suite, les disettes n'étaient pas rares, la horde, le clan, devaient veiller à se débarrasser de tout rejeton qui nécessitait de grands soins, constituait une gène dans la bataille ou dans la fuite, ou ne promettait pas grand avantage dans l'avenir. Les filles nouveau-nées, en première ligne, avaient ce caractère d'impedimentum ; on cherchait donc à s'en débarrasser autant que possible dès leur naissance. On n'en laissait vivre qu'un petit nombre, celles qui se distinguaient par leur vigueur particulière, et dont on avait absolument besoin pour la reproduction de l'espèce. Voilà l'explication très simple de l'usage qui persiste aujourd'hui encore, chez nombre de peuplades sauvages de l'Extrême-Asie et de l'Afrique, de tuer dès leur naissance la majeure partie des filles. C'est à tort que l'on a attribué une coutume analogue aux Chinois de nos jours.

Un sort semblable à celui des enfants du sexe féminin était réservé aux garçons qui dès leur naissance, paraissaient estropiés, contrefaits, et menaçaient par suite de ne devenir qu'une charge. On les tuait, eux aussi. Cet usage était en vigueur, on le sait, dans plusieurs États de la Grèce, par exemple à Sparte.

Un autre motif qui déterminait la mise à mort des filles nouveau-nées, c'est qu'en raison de leurs batailles incessantes, le chiffre des hommes composant la horde, le clan, se réduisait sans cesse considérablement, et que l'on voulait éviter la disproportion numérique des sexes. De là vint aussi que l'on trouva bien plus commode de ravir les femmes que de les élever.

À l'origine, et pendant longtemps, on ne connut pas l'union durable entre tel homme et telle femme. Le croisement brutal (promiscuité) était la règle. Les femmes étaient la propriété de la horde, du clan ; elles n'avaient, vis-à-vis des hommes, ni le droit de choisir, ni celui de vouloir. On se servait d'elles comme de n'importe quel autre bien commun. Ce système d'unions toutes de caprice prouve clairement l'existence du droit maternel (gynécocratie), qui se conserva assez longtemps chez nombre de peuplades. Il était en vigueur, d'après Strabon, chez les Lydiens et les Lokriens ; il s'est maintenu jusqu'à nos jours dans l'île de Java, chez les Hurons, les Iroquois et beaucoup de peuplades de l'Afrique Centrale. Par suite, les enfants étaient, en première ligne, la propriété de la mère, le changement continuel de mâle laissant le père inconnu. Comme Goethe le fait dire à Frédéric dans ses « Années de voyage », la paternité « n'est surtout qu'une question de confiance ». Le droit maternel s'est conservé dans les coutumes de certains peuples, même alors qu'ils avaient atteint déjà un haut degré de civilisation, que la propriété privée existait, de même qu'un droit d'hérédité bien défini. Il en résulta que seul l'ordre de succession par la femme fit loi. À un autre point de vue, il est incontestable que l'existence du droit maternel fut la raison pour laquelle de bonne heure, chez certains peuples, des femmes arrivèrent au pouvoir. Il faut admettre que, presque dès le début, on fit une différence de rang entre les femmes nées dans la tribu et les femmes volées ; que la dignité de chef devint petit à petit héréditaire dans certaines familles, et qu'à défaut de descendants mâles on laissa le pouvoir à la femme là où il s'en trouvait une qui eût les qualités requises pour l'exercer. Une fois admise, l'exception devint facilement une règle, et en fin de compte, l'hérédité du pouvoir fut aussi bien reconnue à la femme qu'à l'homme.

La femme a dû acquérir aussi une certaine importance là ou son sexe était en minorité et où par conséquent la polygamie faisait place à la polyandrie. Cet état de choses dure même encore à l'heure qu'il est à Ceylan, dans les îles Sandwich, aux îles Marquises, au Congo et dans le territoire de Loango. À une époque ultérieure, le droit de posséder plusieurs hommes à la fois fut accordé en privilège aux filles des rois des Incas (Pérou). Il s'est en outre établi une sorte de loi de nature en vertu de laquelle, dans les sociétés basées sur la polyandrie, le chiffre des naissances masculines est sensiblement supérieur à celui des naissances féminines, ce qui a, dans une certaine mesure, perpétué l'ancien état de choses.

Abstraction faite de ces exceptions qui peuvent compter pour des anomalies, l'homme s'est, partout ailleurs, emparé de la souveraineté. Cela a dû surtout se produire à partir du moment où s'accomplit entre un homme seul et une femme seule une union durable, probablement amenée par le premier des deux. La pénurie de femmes, le fait d'en trouver une particulièrement à son goût, firent naître chez l'homme le désir de la possession constante. On vit poindre l'égoïsme masculin. L'homme prit une femme avec ou sans le consentement de ses congénères et ceux-ci suivirent l'exemple donné. Il imposa à la femme le devoir de n'accepter que ses caresses, mais en échange il s'imposa celui de la considérer comme son épouse et de garder et protéger leurs enfants comme siens. La plus grande sécurité de cette situation la fit apparaître à la femme comme plus avantageuse : telle fut l'origine du mariage [1].

La base sur laquelle devaient se fonder la propriété individuelle, la famille, le clan, l'État, était établie.

La possession d'une femme et d'enfants fit désirer à l'homme du premier âge une demeure fixe. Jusque-là il courait les bois, dormant la nuit sur les arbres ou dans les cavernes quand les bêtes sauvages ne l'en chassaient pas. De ce jour il se construisit une hutte à laquelle il

---

1 Cela ne veut naturellement pas dire qu'un seul homme « inventa » le mariage et le créa, à peu près comme « Dieu le père créa le premier homme, Adam ». Des idées nouvelles n'appartiennent jamais en propre à un seul individu ; elles sont le produit abstrait de l'œuvre commune à beaucoup. Entre concevoir et formuler une idée, et la réaliser en un acte pratique, il y a du chemin, mais un chemin sur lequel beaucoup se rencontrent. Voilà pourquoi on prend si souvent pour siennes les idées d'un autre, et réciproquement. Lorsque les idées trouvent un terrain bien préparé, c'est-à-dire lorsqu'elles expriment un besoin généralement ressenti, on en vient bien vite à compter avec elles. C'est ce qu'il faut admettre de l'établissement du mariage. Si donc personne n'a « créé » le mariage, il s'est cependant bien trouvé quelqu'un « qui a commencé » et dont l'exemple n'a pas tardé à être imité par tous.

Auguste Bebel

retournait après la chasse ou la pêche. La répartition du travail se fit à partir de ce moment. L'homme s'adonna à la chasse, à la pèche et à la guerre ; la femme dut vaquer aux travaux de la maison, si l'on peut appliquer cette expression à cette époque primitive. Les incertitudes de la chasse, l'intempérie des saisons forcèrent l'homme, à mesure que sa famille s'augmentait, à domestiquer les animaux dont il utilisait le lait et la chair. Le chasseur devint pasteur. Les enfants grandirent et s'unirent entre eux - car la conception de l'inceste appartient à une période bien plus tardive. Ainsi se fonda la famille patriarcale, d'où sortit à son tour l'association communiste, le clan. Le clan se subdivisa, en forma plusieurs autres qui, le chiffre de leurs membres augmentant sans cesse, finirent par se disputer les pâturages. Les querelles pour la possession des pâturages, le désir de rester dans une agréable et fertile contrée, et d'y demeurer en force, fit maître l'agriculture.

La femme a joué un rôle particulier dans toutes les phases de cette évolution ; elle fournissait à l'homme la meilleure des mains-d'œuvre. Non seulement elle soignait les enfants, mars encore elle vaquait aux soins du ménage, menait paître les animaux, confectionnait les vêtements, construisait la hutte ou dressait la tente qu'elle abattait et charriait ensuite quand la famille quittait une place pour aller s'établir sur une autre. Quand la culture de la terre commença, quand la première charrue fut inventée, la femme devint la première bête de somme ; c'est à elle qu'incomba aussi principalement le soin de rentrer la récolte.

L'homme jouait au maître ; la nature de ses obligations excitait davantage sa faculté de penser et éveillait sa réflexion. C'est ainsi qu'il se développa physiquement et moralement, tandis que la femme, sous le poids de son double joug, le travail et les mauvais traitements, devait nécessairement se surmener au physique et rester arriérée au moral.

Habitué à commander, l'homme contraignit la femme à s'abstenir de toute relation avec les autres hommes ; elle dut se tenir à l'écart de ceux-ci ; on lui assigna une place spéciale dans la hutte et enfin, pour éviter toute entreprise de la part de quelque voisin libidineux, on l'obligea à se cacher et à se voiler. L'isolement de la femme de tout homme étranger a naturellement dû être appliqué avec le plus de rigueur en Orient où, en raison du climat, les appétits sexuels se montrèrent dès cette époque le plus développés et furent le plus licencieux.

Cette situation de maître prise par l'homme sur la femme eut des conséquences diverses.

La femme ne fut plus dès lors, comme dans la horde, un simple objet servant à la jouissance sexuelle ou à l'accroissement de l'espèce ; elle devint la productrice d'héritiers par lesquels l'homme se survivait, se perpétuait pour ainsi dire dans sa propriété ; elle constituait surtout une précieuse main-d'œuvre. Elle acquit de la sorte une valeur ; elle devint pour l'homme un objet d'échange recherché dont il négociait l'achat avec son propriétaire, le père de la jeune femme, contre d'autres objets tels que du bétail, des animaux dressés a la chasse, des armes, des fruits de la terre. C'est ainsi que, de nos jours encore, nous voyons chez tous les peuples en retard la jeune fille s'échanger contre d'autres objets de valeur. Elle devient de la sorte, comme d'autres choses, la propriété de l'homme, qui en dispose librement ; il peut à son gré la garder ou la répudier, la maltraiter ou la protéger. Il en découlait que la jeune fille, dès lors qu'elle quittait la maison de son père, rompait avec celui-ci toute attache. Sa vie était pour ainsi dire divisée en deux parties nettement tranchées : la première qu'elle passait dans la maison du père, la seconde dans celle du mari. Cette séparation absolue de la maison paternelle a trouvé chez les Grecs de l'antiquité son expression symbolique dans cet usage que le char à deux roues, richement décoré, qui portait la jeune fille et sa dot devant la maison du mari était livré aux flammes devant la porte de celle-ci.

À un degré plus élevé de civilisation, le prix d'achat se changea en un cadeau, qui n'allait plus aux parents, mais que recevait la jeune fille pour prix de son sacrifice. On sait que cette coutume s'est conservée jusqu'à nos jours, à titre de symbole, dans tous les pays civilisés.

La possession d'une femme étant si désirable, on ne se préoccupa pas non plus, dans les temps reculés, de la façon d'y parvenir. Voler la femme coûtait moins cher que l'acheter, et le rapt était nécessaire quand, dans les clans ou les peuples en formation, les femmes manquaient.

Auguste Bebel

L'histoire de l'enlèvement des Sabines par les Romains constitue l'exemple classique du rapt en grand. Le rapt des femmes s'est même maintenu jusqu'aujourd'hui, à titre de symbole, chez les Araucaniens, dans le Chili méridional. Pendant que les amis du fiancé négocient avec le père de la future, le fiancé se glisse avec son cheval à proximité de la maison, cherche à s'emparer de la jeune fille, la jette sur son coursier et s'enfuit avec elle vers la forêt prochaine. Les femmes, les hommes, les enfants cherchent à empêcher cette fuite en poussant des cris et menant grand bruit. Dès que le fiancé a atteint avec la jeune fille le taillis de la forêt, le mariage est considéré comme consommé. Il en est de même quand l'enlèvement a eu lieu contre le gré des parents. Le fourré de la forêt vierge est la chambre nuptiale dont l'entrée consacre le mariage.

La reproduction aussi forte que possible étant un besoin si profondément inné à tout être vivant, et ce besoin pouvant se satisfaire avec d'autant plus de facilité et d'autant moins de frein dans les contrées où la terre productive est en surabondance ; comme d'autre part la femme était pour l'homme un instrument de plaisir toujours désirable dont il changeait volontiers, quand il le pouvait ; comme de plus la main-d'œuvre propre de la femme ainsi que celle des enfants qui survenaient augmentait sa richesse et sa considération, l'homme ne tarda pas à en venir à la polygamie. Mais le nombre des femmes étant, de par la nature, peu différent de celui des hommes - ainsi que nous le démontrerons plus tard - on achetait les femmes dans d'autres clans ou chez des peuples étrangers, ou, mieux encore, on les enlevait. Le rapt des femmes fournit le butin de la guerre le plus précieux.

Chez tous les peuples ayant quelque civilisation, le sol était propriété collective, à condition que les bois, les pâturages et l'eau restassent en commun, tandis que la partie du sol destinée à la culture était divisée par lots et attribuée à chaque père de famille, d'après le nombre de têtes qui la composaient. Il s'établit, à ce propos, une différence nouvelle qui montre bien que la femme n'était considérée que comme un être humain de second ordre.

En principe, les filles étaient absolument exclues de la répartition des lots. Celle-ci ne s'appliquait qu'aux garçons et il est clair que, dans ces conditions, le père voyait dès l'abord la naissance d'un fils d'un tout autre œil que celle d'une fille. Chez les Incas et quelques autres peuples seulement, les filles avaient droit à demi-part. C'est conformément à cette conception de l'infériorité de la femme que les filles étaient privées du droit d'hérédité chez les peuples anciens et qu'elles le sont encore chez beaucoup de peuples modernes à civilisation arriérée. D'autre part, un système différent conduisit, chez des peuples qui, comme les Germains, vivaient en monogamie, aux situations les plus déplorables. La coutume en vertu de laquelle les fils, en se mariant, recevaient leur part de la communauté, amena en grand nombre les pères à marier leurs fils encore adolescents, âgés à peine de dix à douze ans, à des filles déjà nubiles. Mais comme dans ce cas une véritable vie conjugale était impossible, le père abusait de son autorité paternelle et représentait le mari à la place de son fils. On se rend aisément compte de la corruption que pareilles choses devaient introduire dans la vie de famille. Les « chastes relations » maritales de nos ancêtres sont, comme tant de belles choses qu'on nous raconte de ces temps reculés, une jolie fable.

Aussi longtemps qu'elle vivait dans la maison paternelle, la fille devait gagner son entretien par un pénible travail ; quittait-elle la maison pour se marier, elle n'avait plus rien a réclamer, elle était une étrangère pour la communauté. Cette situation fut la même partout, dans l'Inde, en Égypte, en Grèce, à Rome, en Allemagne, en Angleterre, chez les Aztèques, chez les Incas, etc. Elle existe encore aujourd'hui dans le Caucase et dans beaucoup de contrées de la Russie et des Indes. Un homme qui venait à mourir n'avait-il ni fils ni neveu ? sa propriété foncière faisait retour à la communauté. Ce n'est que plus tard que l'on concéda aux filles le droit d'hériter du mobilier et des troupeaux, ou qu'on leur accorda une dot ; beaucoup plus tard encore elles obtinrent le droit à l'héritage du sol.

Nous trouvons une autre forme de l'acquisition de la femme par l'homme en toute propriété dans la Bible, où Jacob acquiert par son travail Léa et ensuite Rachel. Le prix d'achat était un certain nombre d'années à passer au service de Laban. On sait que le rusé Laban trompa Jacob en lui donnant d'abord Léa au lieu de Rachel et l'obligea ainsi à servir sept nouvelles années pour obtenir la seconde sœur. Nous voyons donc ici deux sœurs être simultanément les femmes d'un même homme, ce qui est bien, d'après nos sentiments actuels, une situation incestueuse. Il avait été formellement promis aussi à Jacob, à titre de dot, une partie de la prochaine portée du troupeau ; il devait recevoir, spécifiait l'égoïste Laban, les agneaux tachetés - qui sont, on le sait, la minorité - et Laban ceux nés sans tache. Mais cette fois Jacob fut le plus malin. De même qu'il avait dupé son frère Esaü pour le droit d'aînesse, il dupa Laban pour ses agneaux. Il avait déjà étudié le Darwinisme bien avant Darwin ; ainsi que nous le raconte la Bible, il fabriqua et bariola artistement des piquets qu'il planta près des abreuvoirs et des baquets à sel des moutons. La vue continuelle de ces piquets eut sur les brebis pleines cet effet de leur faire mettre au monde plus d'agneaux tachetés que de blancs. C'est ainsi qu'Israël fut sauvé par la ruse d'un de ses patriarches.

Une autre situation, née de la suprématie de l'homme sur la femme et qui s'est maintenue jusqu'aujourd'hui en s'aggravant toujours davantage, c'est la prostitution. Si, chez tous les peuples de la terre les plus civilisés, l'homme exigeait de sa femme la plus rigoureuse réserve sexuelle vis-à-vis des autres hommes, et s'il punissait souvent une faute des châtiments les plus cruels - la femme était sa propriété, son esclave, il avait dans ce cas droit de vie et de mort sur elle - il n'était en aucune façon disposé à s'imposer la même obligation. Il pouvait, il est vrai, acheter plusieurs femmes ; vainqueur dans la bataille, il pouvait en enlever au vaincu, mais cela impliquait aussi pour lui la nécessité de les nourrir toujours. Cela n'était possible, plus tard, étant donné les conditions devenues fort inégales de la fortune, qu'à une très faible minorité, et le nombre restreint des femmes vraiment belles augmenta leur prix. Mais l'homme allait aussi à la guerre, il faisait des voyages de toute sorte, ou bien il désirait surtout le changement dans les plaisirs amoureux. Des filles non mariées, des veuves, des femmes répudiées, les épouses des pauvres aussi s'offrirent alors à lui pour de l'argent ; il les acheta pour ses plaisirs superflus.

Si la continence la plus absolue était exigée de la femme mariée, ce ne fut longtemps pas le cas pour les filles, tout au moins en Orient. La virginité de la jeune fille est une exigence que les hommes n'élevèrent que plus tard ; elle représente une période de civilisation d'un raffinement supérieur. La prostitution était non seulement permise aux filles non-mariées, mais à Babylone, chez les Phéniciens, les

Lydiens, etc., elle était exigée comme ordonnée par la religion. C'est évidemment là le principe de l'usage très répandu dans l'antiquité parmi les communautés de femmes qui gardaient leur virginité pour en faire une sorte d'offrande religieuse au premier venu qui en payait le prix au clergé. Des coutumes analogues existent encore aujourd'hui, comme le relate Bachofen, dans plusieurs tribus indoues, dans l'Arabie du Sud, à Madagascar, en Nouvelle-Zélande, où la fiancée est, avant son mariage, prostituée à la tribu. Au Malabar, le mari paie un salaire à celui qui enlève la virginité de sa femme. « Beaucoup de Caimars engagent des Patamars pour déflorer leurs épouses. Cette sorte d'individus y a gagné beaucoup de considération et ils ont coutume de passer d'avance un contrat pour leur salaire... ». « Le grand-prêtre (Mamburi) a pour fonction de rendre ce service au roi (Zamorin) quand celui-ci se marie, et il est payé de plus, pour cela, cinquante pièces d'or ». Un clergé libidineux trouvait doublement son compte à ces institutions et à ces coutumes et y était soutenu par une société d'hommes qui ne valaient pas mieux. C'est ainsi que la prostitution de la femme non mariée devint une règle pour l'accomplissement des devoirs religieux. Le sacrifice public de la virginité symbolisait la conception et la fertilité de la terre nourricière ; il se faisait en l'honneur de la déesse de la fécondité qui était honorée chez les peuples de l'antiquité sous les différents noms d'Aschera-Astarté, Mylitta, Aphrodite, Vénus, Cybèle. On élevait en leur honneur des temples spéciaux pourvus de réduits de tous genres où l'on sacrifiait aux déesses suivant des rites déterminés. L'offrande en argent que les hommes avaient à déposer, tombait dans les poches des prêtres. Lorsque Jésus chassa du temple, comme profanateurs, les changeurs et les marchands, il s'y trouvait aussi de ces réduits où l'on sacrifiait aux déesses de l'amour. D'après cet exposé des rapports les plus intimes mais aussi les plus naturels des deux sexes entre eux - qui paraissent inouïs eu égard à nos conceptions actuelles - la prostitution des femmes pouvait ne paraître ni anormale ni inconvenante aux yeux des hommes de ces temps-là qui, alors comme aujourd'hui, faisaient et dirigeaient « l'opinion publique ». C'est pour cela qu'on voyait des femmes en grand nombre se soustraire au mariage, en raison de la plus grande liberté que leur laissait comme hétaïres leur situation de femmes non mariées, et se faire commercialement des moyens d'existence de leur prostitution. Les hétaïres les plus intelligentes qui, souvent encore, pouvaient être issues d'un rang élevé, acquéraient dans le libre commerce des hommes plus de savoir- vivre et d'éducation que le reste des femmes mariées qui étaient maintenues dans l'ignorance et la servitude. Elles exerçaient par là un plus grand empire sur les hommes, sans compter l'art avec lequel elles pratiquaient le métier de la galanterie. Ainsi s'explique ce fait que beaucoup d'entre elles jouirent auprès des hommes les plus illustres et les plus remarquables de la Grèce d'une considération et d'une influence que n'eut aucune de leurs épouses. Les noms fameux d'un grand nombre de ces hétaïres sont parvenus à la postérité, tandis que l'on s'informe en vain des noms des femmes légitimes.

Dans de pareilles conditions, la situation de la femme dans l'antiquité était l'oppression la plus complète ; au point de vue moral bien plus encore qu'au point de vue physique, elle était maintenue de force dans un état rétrograde. Dans la vie domestique, la femme était placée immédiatement au-dessus des serviteurs ; ses propres fils agissaient envers elle en maîtres, et elle avait à leur obéir. Cette situation est on ne peut mieux dépeinte dans l'Odyssée, où Télémaque, se sentant homme, tombe au milieu des prétendants et enjoint à sa mère de regagner sa chambre, ordre auquel elle obéit en silence. Télémaque promet aussi aux prétendants de donner sa mère en mariage à un homme au bout d'un an, si d'ici là son père n'était pas de retour, promesse que les prétendant trouvent parfaitement dans l'ordre. La position de la femme dans cette Grèce parvenue à un si haut degré de civilisation est également bien décrite dans « Iphigénie en Tauride », où Iphigénie exhale ces plaintes :

« De tous les êtres humains c'est la femme qui a le sort le plus malheureux. Si le bonheur sourit à l'homme, il est vainqueur et acquiert de la gloire sur le champ de bataille ; si les Dieux l'ont voué au malheur, il tombe, le premier des siens, dans la belle mort. Mais le bonheur de la femme est bien étroit : elle est toujours soumise au choix des autres, souvent à celui d'étrangers, et quand la ruine s'abat sur sa maison, le vainqueur l'emmène loin des débris fumants, à travers le sang de ses morts bien-aimes ».

Il n'y a pas lieu de s'étonner, après cela, que chez beaucoup de peuples, et à de nombreuses époques, on ait très sérieusement agité la question de savoir si les femmes sont des êtres humains complets et si elles possèdent une âme. C'est ainsi que les Chinois et les Indous ne croient pas au caractère complètement humain de la femme, et le Concile de Mâcon, au VIème siècle de notre ère, a très gravement discuté sur le point de savoir si les femmes ont une âme et si elles sont des êtres humains ; la question ne fut même résolue affirmativement qu'à une faible majorité. La femme n'est-elle pas un être objectif et non subjectif ? ou en « use » et « abuse » comme on use et abuse d'une chose. C'était bien là une question à laquelle les casuistes catholiques-romains avaient de quoi s'aiguiser les dents. Il ressort de tout ce que nous venons d'écrire que jusqu'aujourd'hui la femme a été tenue en dépendance, que les formes de l'oppression qu'elle a subie ont bien pu se modifier, mais que l'oppression ne s'en est pas moins maintenue en fait.

La suite de cet exposé montrera comment les formes de cette oppression se sont établies et quels changements successifs elles ont eu à subir.

Soumise à l'homme dans tous les rapports sociaux, la femme l'était avant tout en ce qui concernait ses appétits sexuels ; ceux-ci deviennent d'autant plus violents que l'ardeur du climat fait couler le sang plus chaud et plus fougueux dans les veines, en même temps que la fécondité du sol enlève a l'homme le souci de la lutte pour l'existence. C'est pour cette raison que, depuis les temps les plus reculés, l'Orient a été la terre-mère de toutes les dépravations, de tous les vices sexuels, auxquels s'adonnaient les plus riches comme les plus pauvres, les plus instruits comme les plus ignorants. C'est pour la même raison que la prostitution publique de la femme fut introduite de fort bonne heure dans les anciens pays civilisés de l'Orient.

À Babel, la puissante capitale de l'empire babylonien, il était prescrit que toute jeune fille devait se rendre au moins une fois en pèlerinage au temple de la déesse Mylitta pour s'y prostituer, en son honneur, au libre choix des hommes qui accouraient en foule ; il en était de même en Arménie où l'on sacrifiait de la même façon sous le vocable de la déesse Anaïtis. Le culte sexuel avait une organisation religieuse analogue en Égypte, en Syrie, en Phénicie, dans l'île de Chypre, à Carthage et même en Grèce et à Rome. Les Juifs - l'Ancien-Testament en témoigne suffisamment - ne restèrent pas non plus étrangers à ce culte ni à la prostitution de la femme. Abraham prêtait sans scrupule sa Sara à d'autres hommes et surtout à des chefs de tribus (rois) qui le visitaient et le rétribuaient richement. Le patriarche d'Israël, l'ancêtre de Jésus, ne trouvait donc rien de particulièrement répugnant à ce commerce qui, à notre point de vue à nous, est souverainement malpropre et malhonnête. Il est seulement à remarquer qu'aujourd'hui encore nos enfants sont élevés à l'école dans le plus profond respect pour cet homme. Comme on le sait, et ainsi que nous l'avons déjà rappelé, Jacob prit pour femmes deux sœurs, Léa et Rachel, qui lui livrèrent en outre leurs servantes. Les rois Juifs, David, Salomon et autres, disposaient de harems entiers sans pour cela perdre les bonnes grâces de Jéhovah. C'était une coutume, c'était conforme à l'usage, et les femmes trouvaient tout pour le mieux.

En Lydie, à Carthage, à Chypre, les jeunes filles avaient, en vertu de l'usage établi, le droit de se prostituer pour gagner leur dot. On rapporte de Chéops, roi d'Égypte, qu'il tira du produit de la prostitution de sa fille l'argent nécessaire à la construction d'une pyramide. On raconte aussi que le roi Rhampsinit - qui vivait 2.000 ans avant notre ère - ayant découvert un vol commis dans la chambre de son trésor, fit publier, pour découvrir la trace du voleur, que sa fille se livrerait à tout individu qui saurait lui raconter une histoire particulièrement intéressante. Parmi les concurrents, dit la légende, se trouva aussi le voleur. Son conte fini, et après qu'il en eut touché le salaire, la fille du roi voulut l'arrêter. Mais, au lieu de celle du conteur, elle ne retint qu'une main coupée sur un cadavre. Ce tour habile détermina le roi à déclarer publiquement qu'il ferait grâce au voleur et lui donnerait sa fille en mariage s'il se dénonçait, - ce qui eut lieu.

De cet état de choses naquit, notamment chez les Lydiens, cet usage que l'origine des enfants était légitimée par la mère. Il y eut également chez beaucoup d'anciens peuples une coutume qui, d'après J. Scherr, doit avoir été en honneur aussi chez les vieux Germains, c'est que la femme ou la fille était abandonnée pour la nuit à l'hôte, en signe d'hospitalité.

En Grèce, il y eut de bonne heure des maisons publiques de femmes communes à tous. Solon les introduisit à Athènes, vers l'an 594 avant notre ère, comme institution de l'État et fut pour ce fait chanté en ces termes par un contemporain :

« Solon, sois loué ! car tu as acheté des femmes publiques pour le salut de la ville, pour le salut des mœurs d'une cité peuplée de jeunes hommes robustes qui, sans la sage institution, se seraient laissés aller à poursuivre de leurs fâcheuses assiduités les femmes des classes élevées ! » Ainsi une loi de l'État reconnut aux hommes comme un droit naturel une pratique qui, pour les femmes, était tenue pour méprisable et criminelle. Et dans cette même Athènes, il avait été édicté par Solon « que la femme qui se livrerait à un amant payerait son crime de sa liberté ou de sa vie. » L'homme pouvait vendre comme esclave la femme adultère. Et l'esprit de cette jurisprudence inégale persiste aujourd'hui encore.

À Athènes, un temple superbe était consacré à la déesse Hetaera. Au temps de Platon (400 ans avant J-C.) le temple de Corinthe, dédié à Vénus-Aphrodite et célèbre alors par toute la Grèce pour sa richesse, ne renfermait pas moins de mille filles de joie (hiérodules). Corinthe jouissait à cette époque dans le monde masculin de la Grèce d'une renommée analogue à celle qu'avait en Allemagne Hambourg au milieu du XIXème siècle. Des hétaïres renommées pour leur esprit et leur beauté, telles que Phryné, Laïs de Corinthe, Gnathanea, Aspasie - devenue plus tard la femme de l'illustre Périclès - se consolaient dans la société des hommes les plus considérés de la Grèce du mépris des foules ; elles avaient accès à leurs réunions et à leurs banquets, tandis que les femmes honnêtes restaient exclusivement reléguées à la maison.

La femme grecque honnête ne devait paraître dans aucun lieu public ; dans la rue, elle allait toujours voilée et sa mise était des plus simples. Son instruction, qu'on négligeait à dessein, était des plus chétives, son langage commun, elle n'avait « ni raffinement ni politesse. » Aujourd'hui encore il ne manque pas d'hommes qui préfèrent la société d'une belle pécheresse à celle de leur femme légitime et qui n'en comptent pas moins parmi les « soutiens de l'État », les « piliers de l'ordre », qui ont à veiller sur la « sainteté du mariage et de la famille ».

Démosthène, le grand orateur, a exposé en termes aussi brefs que précis ce qu'était la vie sexuelle des hommes d'Athènes : « Nous épousons la femme, dit-il, pour avoir des enfants légitimes et une fidèle gardienne de la maison ; nous avons des compagnes de lit pour nous servir et nous donner les soins quotidiens ; nous avons les hétaïres pour les jouissances de l'amour. » Ainsi la femme était tout au plus une machine à faire des enfants, le chien fidèle qui garde la maison. Le maître vivait selon son bon plaisir, suivant ses caprices. Dans sa « République » Platon développe en ce qui concerne la femme et les relations des deux sexes une conception qui, à notre point de vue actuel, parait des plus barbares. Il demande la communauté des femmes, la procréation des enfants réglementée par la sélection. Aristote pense plus bourgeoisement. La femme, dit-il dans sa « Politique », doit, il est vrai, être libre, mais subordonnée à l'homme ; cependant elle doit avoir le droit de « donner un bon conseil ». Thucydide émet un avis qui a l'approbation de tous les Philistins d'aujourd'hui. Il dit : l'épouse dont ou n'entend dire ni bien ni mal hors de sa maison mérite les éloges les plus élevés. Il demande donc que la femme mène une sorte de vie végétative qui ne trouble en rien les cascades de l'homme.

La plupart des États de la Grèce n'étaient que des villes au territoire restreint ; d'ailleurs les Grecs ne vivaient qu'aux dépens de leurs esclaves, et la multiplication exagérée des maîtres fit entrevoir le danger de ne pouvoir conserver le genre de vie auquel on était habitué. Se pinçant à ce point de vue, Aristote conseilla de s'abstenir de relations avec les femmes et, en retour, préconisa l'amour entre hommes et jeunes gens. Socrate considérait la pédérastie comme le privilège et le signe d'une haute éducation. Les hommes de la Grèce partagèrent cette manière de voir et réglèrent leur vie d'après elle. Il y eut des maisons de prostitués-hommes comme il y en avait de femmes publiques. Vivant dans une pareille atmosphère, Thucydide, déjà cité, pouvait porter ce jugement que la femme est plus dangereuse que les flots de la mer en furie, que l'ardeur des flammes et que le torrent tombant de la montagne en flots impétueux. « Si c'est un Dieu qui a inventé la femme, qu'il sache, où qu'il soit, qu'il a été l'artisan inconscient du plus grand mal ».

Dans les premiers siècles qui suivirent la fondation de Rome, les femmes ne jouissaient d'aucune espèce de droit. Leur position était tout aussi abaissée qu'en Grèce. Ce n'est que lorsque l'État fut devenu grand et puissant et que le patricien romain se fut fait une grosse fortune que la situation se modifia graduellement, que les femmes réclamèrent une plus grande liberté, sinon au point de vue légal, du moins au point de vue social. Caton l'ancien en prit prétexte pour exhaler cette plainte : « Si chaque père de famille, selon l'exemple de ses ancêtres, s'efforçait de maintenir sa femme dans l'infériorité qui lui convient, on n'aurait pas tant à s'occuper, publiquement, du sexe entier ».

Sous l'Empire, la femme obtint le droit d'hériter, mais elle resta elle-même mineure et ne put disposer de rien sans son tuteur. Aussi longtemps que le père vivait, la tutelle de la fille, même mariée, lui appartenait, à lui ou au tuteur qu'il désignait. Le père venait-il à mourir, le plus proche parent masculin, même lorsqu'en qualité d'agnat il était déclaré incapable, entrait en possession de la tutelle et avait le droit de la transmettre à tout moment au premier tiers venu. D'après le droit romain, l'homme était propriétaire de la femme qui, devant la loi, n'avait pas de volonté propre. Le droit de divorcer appartenait à l'homme seul.

À mesure que grandirent la puissance et la richesse de Rome, la rigueur des mœurs primitives fit place au vice et à la dépravation. Rome devint le centre de la débauche et du raffinement sensuel. Le nombre des maisons publiques de femmes augmenta et à côté d'elles l'amour grec trouva chez les hommes une faveur toujours croissante. Le célibat d'une part, les unions stériles de l'autre, augmentèrent dans les classes élevées. Les dames romaines s'en vengèrent en allant, pour éviter le dur châtiment réservé à l'adultère, se faire inscrire sur les registres des édiles auxquels incombait, comme agents de la police, la surveillance de la prostitution.

Les guerres civiles et le système de la grande propriété ayant eu pour conséquence d'augmenter le chiffre des célibataires et des ménages sans enfants, et de diminuer le nombre des citoyens et des patriciens romains, Auguste promulgua, en l'an 16 av. J-C., la loi dite Julienne qui édictait des récompenses pour la procréation des enfants et des peines pour le célibat. Le citoyen père de famille avait droit de préséance sur celui qui n'avait pas d'enfants et sur le célibataire. L'homme non marié ne pouvait recueillir aucun héritage en dehors de celui de ses plus proches parents ; l'homme marié sans enfants ne pouvait toucher que la moitié de son héritage. Le reste revenait à l'État. Ce qui fait faire à Plutarque cette réflexion : les Romains se marient, nom pas pour avoir des héritiers, mais des héritages.

Plus tard, la loi Julienne fut encore aggravée. Tibère décréta qu'aucune femme dont le grand-père, le père ou le mari aurait été chevalier romain, n'aurait le droit de se prostituer.

Les femmes mariées qui se faisaient inscrire sur les registres de la prostitution devaient être bannies de l'Italie, comme coupables d'adultère. Naturellement il n'existait aucune peine de ce genre pour les hommes.

Sous le gouvernement des Empereurs, la célébration du mariage revêtit plusieurs formes. Suivant la première et la plus solennelle, le mariage se concluait devant le grand prêtre, en présence de dix témoins au minimum ; les époux, en signe d'union, mangeaient ensemble un gâteau fait de farine, de sel et d'eau. La deuxième forme était la « prise de possession » qui était considérée comme un fait accompli quand une femme avait, du consentement de son père ou tuteur, vécu un an avec un homme et sous le même toit. La troisième forme consistait en une sorte d'achat réciproque, en ce sens que les deux fiancés se donnaient mutuellement des pièces de monnaie en échangeant le serment du mariage.

Chez les Juifs le mariage recevait dès les premiers temps la consécration religieuse. Toutefois la femme n'avait aucun droit de choisir son fiancé, qui lui était désigné par son père. Le Talmud dit : « Quand ta fille sera nubile, affranchis un de tes esclaves et marie-la avec lui. » Le mariage était, chez les Juifs, considéré comme un devoir (Soyez féconds et multipliez-vous). Et c'est pourquoi la race juive s'est rapidement augmentée, malgré les persécutions et les oppressions dont elle a été victime. Les Juifs sont les ennemis jurés du malthusianisme.

Tacite en parle en ces termes : « Ils ont les uns pour les autres un attachement invincible, une commisération très active, et pour le reste des hommes une haine implacable. Jamais ils ne mangent, jamais ils ne couchent avec des étrangers. Malgré l'extrême dissolution de leurs mœurs, ils s'abstiennent de femmes étrangères... Ils ont pourtant grand soin de l'accroissement de la population, car il est fort défendu de tuer un seul des enfants qui naissent, et les âmes de ceux qui meurent dans les combats ou dans les supplices, ils les croient immortelles. De là leur ardeur pour la génération, et leur mépris pour la mort ».

Tacite déteste les Juifs ; il a horreur d'eux parce qu'au mépris de la religion (païenne) de leurs aïeux, ils ont entassé des présents et des richesses, il les appelle « les pires des hommes », un « peuple haïssable » [1].

Les Juifs, sous la domination romaine, furent forcés de se confiner toujours plus étroitement entre eux, et pendant la longue période de persécution qu'ils eurent à subir à dater de cette époque durant presque tout le moyen-âge chrétien, il se développa chez eux cette vie de famille intime qui passe aux yeux du monde bourgeois actuel pour une sorte de modèle. Pendant ce temps s'accomplissaient la désorganisation et la décomposition de la société romaine. À la débauche souvent poussée jusqu'à la folie on opposa un autre extrême, la continence la plus rigoureuse. L'ascétisme prit alors, comme jadis le libertinage, une forme religieuse qu'un fanatisme mystique se chargea de propager. Le sybaritisme effréné, le luxe sans bornes des vainqueurs, formait un contraste frappant avec la détresse et la misère des millions et des millions d'êtres que Rome triomphante avait traînés en esclavage de tous les points du monde alors connu jusqu'en Italie. Parmi ces esclaves se trouvaient d'innombrables femmes qui, enlevées au foyer domestique, séparées de leurs maris, arrachées à leurs enfants, en étaient au dernier degré de misère et qui toutes soupiraient après leur délivrance. Une foule de femmes romaines se trouvaient dans une position à peine meilleure et dans le même état d'esprit. Continuons. La conquête de Jérusalem et du royaume de Judée par les Romains, la ruine de toute indépendance nationale, avaient suscité parmi les sectes ascétiques de ce pays des idéologues qui prédisaient la formation d'un nouvel empire qui devait apporter à tous le bonheur et la liberté.

Le Christianisme vint. Il prêcha, dans ses doctrines misanthropiques, la continence, l'anéantissement de la chair. Avec son langage à double

---

1 Tacite : « Histoires », Liv. V.

Auguste Bebel

sens, s'appliquant à un royaume tantôt céleste tantôt terrestre, il trouva dans le marais de l'empire romain un sous-sol fertile. La femme ayant, comme tous les malheureux, l'espoir de l'affranchissement et de la délivrance, s'attacha à lui avec empressement et de tout cœur. Il ne s'est en effet jusqu'aujourd'hui produit aucune agitation importante dans laquelle les femmes n'aient eu, elles aussi, une action considérable comme combattantes ou comme martyres. Ceux qui tiennent le christianisme pour une grande conquête de la civilisation ne devraient pas oublier que c'est précisément à la femme qu'il doit le plus clair de son succès. Le prosélytisme de la femme a joué un rôle considérable aux premiers temps du christianisme, dans l'empire romain comme chez les peuples barbares du moyen-âge, et les plus puissants furent convertis par elle. C'est ainsi qu'entre autres Clotilde détermina Clovis, le roi des Francs, à embrasser le christianisme que Berthe, reine de Gand, et Gisèle, reine de Hongrie, introduisirent dans leurs États. La conversion du duc de Pologne, du czar Jarislaw et d'une foule d'autres princes est due à l'influence de la femme.

Mais le christianisme l'en récompensa mal. Il conserva dans ses doctrines le même mépris de la femme que les antiques religions de l'Orient ; il la ravala au rang de servante obéissante de l'homme, et aujourd'hui encore il l'oblige à promettre solennellement cette obéissance devant l'autel.

Écoutons ce que disent de la femme et du mariage la Bible et le christianisme.

Déjà, dans l'histoire de la création, il est ordonné à la femme de se soumettre à l'homme. Les dix commandements de l'Ancien Testament ne s'adressent à proprement parler qu'à l'homme, car la femme est nommée dans le neuvième commandement en même temps que les valets et les animaux domestiques. La femme était bien une pièce de propriété que l'homme acquérait contre espèces ou en échange de services rendus. Appartenant à une secte qui s'imposait la continence la plus absolue, notamment dans les relations sexuelles, Jésus méprisait le mariage et s'écriait : « Il y a des hommes qui sont eunuques dès le sein de leurs mères ; il y en a d'autres qui sont faits eunuques par la main des hommes ; il y en a enfin qui se sont faits eunuques eux-mêmes en vue du royaume du ciel. » Au repas des noces de Cana, il répondait à sa mère qui implorait humblement son secours : « Femme, qu'y a-t-il de commun entre vous et moi » ?

Et Paul, que l'on peut, au plus haut degré, appeler le fondateur du christianisme autant que Jésus lui-même, Paul qui le premier donna à cette doctrine le caractère international et l'arracha aux limites étroites de l'esprit de secte des Juifs, disait : « le mariage est un état inférieur ; se marier est bien, ne pas se marier est mieux ». « Vivez de votre esprit et résistez aux désirs de la chair. La chair conspire contre l'esprit, et l'esprit conspire contre la chair ». « Ceux que le Christ a gagnés à lui ont mortifié leur chair avec ses passions et ses désirs ». Paul suivit lui-même ses préceptes et ne se maria pas. Cette haine de la chair, c'est la haine de la femme qui est présentée comme la corruptrice de l'homme. Voyez plutôt la scène du paradis terrestre qui a là sa signification profonde. C'est dans cet esprit que les Apôtres et les Pères de l'Église ont prêché, c'est dans cet esprit que l'Église a opéré pendant tout le moyen âge, en créant les couvents, c'est dans cet esprit qu'elle agit encore.

La femme, selon le christianisme, est l'impure, la corruptrice, qui a apporté le péché sur la terre et perdu l'homme. Aussi les Apôtres et les Pères de l'Église n'ont-ils jamais considéré le mariage que comme un mal nécessaire, de même qu'on le dit aujourd'hui de la prostitution. Tertullien s'écrie : « Femme, tu devrais t'en aller toujours dans le deuil et en guenilles, offrant aux regards tes yeux pleins de larmes de repentir, pour faire oublier que tu as perdu le genre humain. Femme, tu es la porte de l'enfer ! » Hieronyme dit : « Le mariage est toujours une faute ; tout ce que l'on peut faire, c'est de se le faire pardonner en le sanctifiant. » Voilà pourquoi on a fait du mariage un sacrement de l'Église. Origène trouvait que « le mariage est une chose impie et impure, l'instrument de la sensualité », et pour résister à la tentation, il s'émascula. « Il faut faire choix du célibat, dût le genre humain en périr », dit Tertullien. Et Augustin : « Ceux qui ne seront pas mariés brilleront au ciel comme des étoiles resplendissantes, tandis que leurs parents (ceux qui les auront engendrés) ressembleront aux astres obscurs. » Eusèbe et Hieronyme sont d'accord pour dire que la parole le la Bible : « Soyez féconds et multipliez » ne devait plus s'appliquer au temps ou ils vivaient et que les chrétiens n'avaient pas à s'en préoccuper. Il serait facile de produire encore des centaines de citations empruntées aux plus considérables des hommes que l'on appelle des lumières de l'Église. Tous ont enseigné dans le même sens ; tous, par leurs prédications constantes, ont contribué à répandre ces idées monstrueuses sur les choses sexuelles et les relations de l'homme et de la femme, relations qui sont pourtant une loi de la nature dont l'application est un des devoirs les plus essentiels des fins humaines. La société actuelle souffre encore cruellement de ces doctrines et elle ne s'en guérit qu'avec lenteur.

Pierre dit aux femmes avec insistance : « femmes, soyez dociles à vos maris. » Paul écrit aux Éphésiens : « l'homme est le maître de la femme comme le Christ est le chef de l'Église » ; aux Corinthiens : « l'homme est l'image et la gloire de Dieu, et la femme est la gloire de l'homme. » D'après tout cela, le premier niais venu peut se croire au-dessus de la femme la plus distinguée, et, dans la pratique, il en est ainsi, même à présent.

Paul élève aussi contre l'éducation et l'instruction supérieure de la femme sa voix influente, car il dit : « il ne faut pas permettre à la femme d'acquérir de l'éducation ou de s'instruire ; qu'elle obéisse, qu'elle serve et se taise ».

Sans doute, ces doctrines n'étaient pas propres au seul christianisme. De même que celui-ci est un mélange de judaïsme et de philosophie grecque, qui de leur côté avaient leurs racines dans les anciennes civilisations de l'Égypte, de Babylone et de l'Inde, de même la position inférieure que le christianisme assignait à la femme était commune à tout l'ancien monde civilisé. Et cette infériorité s'est maintenue jusqu'aujourd'hui dans la civilisation arriérée de l'Orient plus forte encore que dans le christianisme. Ce qui a progressivement amélioré le sort de la femme dans ce qu'on est convenu d'appeler le monde chrétien, ce n'est pas le christianisme, mais bien les progrès que la civilisation a faits en Occident malgré lui.

Ce n'est donc pas la faute du christianisme si la situation de la femme est aujourd'hui supérieure à ce qu'elle était lorsqu'il naquit. Ce n'est qu'à contre-cœur et la main forcée qu'il a renoncé à sa véritable façon d'agir à l'endroit de la femme. Les fanatiques de la « mission libératrice du christianisme » sont d'un avis opposé sur ce point comme sur beaucoup d'autres. Ils affirment audacieusement que le christianisme a délivré la femme de sa basse condition primitive ; ils s'appuient surtout pour cela sur le culte de Marie, mère de Dieu, qui surgit postérieurement dans la religion nouvelle et qui devait être considéré par le sexe féminin comme un hommage à lui rendu. L'Église catholique, qui observe aujourd'hui encore ce culte, devrait hautement protester contre cette assertion. Les Saints et les Pères de l'Église - et nous pourrions facilement en citer bien d'autres, parmi lesquels les premiers et les plus illustres - se prononcent tous, sans exception, contre la femme. Le concile de Mâcon, que nous avons déjà cité, et qui, au VIème siècle, discuta sur la question de savoir si la femme avait une âme ou non, fournit un argument probant contre cette version de la bienveillance des doctrines du catholicisme pour la femme. L'introduction du célibat des prêtres par Grégoire VII [1], la furie des réformateurs, de Calvin en particulier, contre les « plaisirs de la chair », et avant tout la Bible elle-même dans ses monstrueuses sentences l'hostilité contre la femme et le genre humain, nous démontrent le contraire.

En établissant le culte de Marie, l'Église catholique substituait, par un calcul adroit, le culte de sa propre déesse à celui des déesses païennes qui était en honneur chez tous les peuples sur lesquels le christianisme se répandit. Marie remplaça la Cybèle, la Mylitta, l'Aphrodite, la Vénus, etc.., des peuples du Sud, l'Edda, la Freya, etc., des peuples Germains ; seulement on en fit un idéal de spiritualisme chrétien.

Les peuplades primitives, physiquement saines, barbares il est vrai, mais non encore dépravées, qui, dans les premiers siècles de notre ère, se précipitèrent de l'Est et du Nord comme les flots immenses de l'Océan, et envahirent dans son sommeil l'empire universel des Romains où le

---

1 Ce fut une décision contre laquelle le clergé séculier du diocèse de Mayence protesta notamment d'une façon catégorique : « Vous, évêques, ainsi que les abbés, vous avez de grandes richesses, des banquets de rois, de somptueux équipages de chasse ; nous, pauvres et simples clercs, nous n'avons que la consolation d'avoir une femme. La continence peut être une belle vertu, mais, en vérité, trop difficile et trop rude ! » (Yves Guyot « Études sur les doctrines sociales du christianisme », 2ème édition, Paris, 1881).

christianisme s'était peu à peu imposé en maître, résistèrent de toutes leurs forces aux doctrines ascétiques des prédicateurs chrétiens ; ceux-ci durent, bon gré mal gré, compter avec ces saintes natures. Les Romains virent avec étonnement que les mœurs de ces peuplades étaient absolument différentes des leurs. Tacite rendit hommage à ce fait en s'exprimant ainsi sur le compte des Germains : « Les mariages sont chastes et nulle partie des mœurs germaines ne mérite plus d'éloges. Presque les seuls d'entre les barbares, ils se contentent d'une seule femme Les adultères sont très rares dans une nation si nombreuse. La peine est immédiate et c'est au mari qu'il appartient de l'infliger. Les cheveux coupés, nue, en présence des proches, la coupable est chassée de la maison par son mari qui la conduit à coups de fouet à travers la bourgade. Il n'y a point de pardon pour la pudeur qui s'est prostituée. Ni la beauté, ni l'âge, ni les richesses, ne font trouver un autre époux à la femme adultère. Nul, ici, ne rit des vices, et corrompre et être corrompu ne s'appelle pas vivre selon le siècle. Les jeunes gens aiment tard ; de là une puberté inépuisable. Les filles ne sont pas mariées hâtivement ; égaux en jeunesse, en taille, en vigueur, la famille qui naît de tels époux hérite de leurs forces. »

Il ne faut pas perdre de vue que Tacite, pour offrir un modèle aux Romains, a peint un peu en rose les mœurs conjugales des anciens Germains, ou bien qu'il ne les connaissait pas suffisamment. S'il est vrai que la femme adultère était sévèrement punie, il n'en était pas de même pour l'homme qui avait commis le même crime. La femme germaine était soumise au pouvoir absolu de l'homme ; celui-ci était son maître ; elle pourvoyait aux travaux les plus pénibles et prenait soin du ménage tandis que lui se livrait à la guerre et à la chasse, ou, étendu sur sa peau d'ours, s'adonnait au jeu et à la boisson, ou bien encore passait ses journées en rêveries.

Chez les anciens Germains comme chez tous les autres peuples, la famille patriarcale fut la première forme de la société. Elle donna naissance à la commune, à l'association par marche et par clan. Le chef suprême de la famille était aussi le chef-né de cette communauté, dont les membres masculins venaient après lui. Les femmes, les filles, les brus étaient exclues du conseil et du commandement.

Il arriva, il est vrai, qu'à la faveur de circonstances particulières, le commandement d'une tribu tomba entre les mains d'une femme - ce que Tacite relate avec grande horreur et force commentaires méprisants -, mais ce furent là des exceptions.

À l'origine, les femmes ne jouissaient pas du droit d'hérédité ; ce ne fut que plus tard qu'on le leur accorda en partie.

Tout Germain né libre avait droit à une portion de la propriété foncière collective, laquelle était divisée par lots entre les membres de la commune et de la marche, à l'exception des forêts, des pâturages et des eaux qui servaient à l'usage général. Dès que le jeune Germain se mariait, on lui assignait son lot foncier. Lui venait-il des enfants ? il avait encore droit à une autre pièce de terre. Il était aussi généralement établi que les jeunes mariés recevaient des allocations spéciales pour l'installation de leur ménage, par exemple une charretée de bois de hêtre et les madriers nécessaires à la construction de leur maison. Les voisins leur venaient de grand cœur en aide pour rentrer le bois, faire la charpente et fabriquer le mobilier du ménage et les instruments aratoires. Leur venait-il une fille, ils avaient droit à une charretée de bois ; l'enfant nouveau-né était-il au contraire un fils, ils en recevaient deux. On voit que le sexe féminin n'était estimé que la moitié de la valeur de l'autre.

Il n'existait qu'une façon de conclure le mariage. Il n'était question d'aucune pratique religieuse ; la déclaration du consentement mutuel suffisait, et le couple une fois entré dans le lit nuptial, le mariage était consommé. La coutume d'après laquelle, pour être valable, l'union nuptiale avait besoin d'un acte religieux, ne prit guère naissance qu'au IXème siècle et ne fut déclarée sacrement de l'église qu'au XVIème par le Concile de Trente. Aucun historien n'indique que cette forme primitive, si élémentaire du mariage, lequel n'était qu'un simple contrat privé entre deux personnes de sexe différent, ait eu un inconvénient quelconque pour la chose publique ou pour la « moralité. » Ce n'est pas dans la forme de l'union conjugale que se trouvait le danger pour la moralité, mais dans ce fait que l'homme libre, maître absolu de ses esclaves et de ses serfs, pouvait aussi abuser de son pouvoir sur la partie féminine de ceux-ci dans les rapports sexuels, et qu'il en restait impuni.

Auguste Bebel

Sous forme d'esclavage et de servage, le seigneur foncier avait une autorité absolue sur ses esclaves, presque illimitée sur ses serfs. Il avait le droit de contraindre au mariage tout jeune homme dès sa dix-huitième année, et toute jeune fille dés sa quatorzième. Il pouvait imposer la femme à l'homme, l'homme à la femme. Le même droit lui appartenait en ce qui concernait les veufs et les veuves. Il détenait aussi ce qu'on appelait le « *jus primae noctis* », auquel il pouvait toutefois renoncer contre le payement d'une certaine taxe dont le nom seul révèle suffisamment la nature.

La multiplicité des mariages était donc de l'intérêt du seigneur, étant donné que les enfants qui en naissaient restaient vis-à-vis de lui dans le même état de sujétion que leurs parents, que par suite il disposait de plus de bras, et que sa richesse s'en augmentait. C'est pourquoi les seigneurs, tant spirituels que temporels, poussaient au mariage de leurs sujets. L'Église agissait d'autre manière lorsqu'elle avait en vue, en empêchant certains mariages, d'amener terres et gens en sa possession, par suite de legs. Mais cela ne visait que les hommes libres, et encore les plus humbles, ceux dont la situation devenait toujours plus intolérable, par suite de circonstances qu'il n'y a pas lieu d'exposer ici, et qui, obéissant en foule aux suggestions et aux préjugés de la religion, abandonnaient leurs biens à l'Église et cherchaient un asile et la paix dernière les murailles du cloître. D'autres propriétaires fonciers encore, se trouvant trop faibles pour résister à la puissance des grands seigneurs féodaux, se mettaient sous la protection de l'Église moyennant le payement de certaines redevances ou l'obligation de rendre certains services. Mais nombre de leurs descendants eurent de la sorte le sort auquel leurs pères avaient voulu se soustraire ; ils tombèrent dans la dépendance et sous le servage de l'Église, ou bien on fit d'eux des prosélytes pour les couvents, afin de pouvoir empocher leur fortune.

Les cités, devenues florissantes au moyen âge, eurent, dans les premiers siècles de notre ère, un intérêt vital à encourager l'augmentation de leur population, en facilitant autant que possible l'établissement des étrangers et le mariage. Mais, avec le temps, cet état de choses se modifia. Dès que les villes eurent acquis quelque puissance, qu'elles eurent entre les mains un corps d'artisans connaissant à fond leur métier et organisés entre eux, l'esprit d'hostilité grandit contre les nouveaux arrivants, dans lesquels on ne voyait que des concurrents importuns. La puissance de la cité croissant, on multiplia les barrières élevées contre l'immigration. Les taxes élevées frappées sur l'établissement de domicile, les coûteuses épreuves de maîtrise, la limitation de chaque corps de métier à un certain nombre de maîtres et de compagnons, obligèrent des milliers d'hommes à vivre dans la dépendance, le célibat forcé et le vagabondage.

Mais lorsque la prospérité des villes décrût et que vint la décadence, on renforça encore, conformément aux idées étroites du temps, les obstacles apportés à l'immigration et à l'établissement du domicile. D'autres causes encore exerçaient une action également démoralisatrice.

La tyrannie des seigneurs fonciers prit graduellement une extension telle que beaucoup de leurs sujets préférèrent échanger la vie de chien qu'ils menaient contre celle des mendiants, des vagabonds et des brigands que l'étendue des forêts et le mauvais état des chemins favorisaient au plus haut degré. Ou bien ils se faisaient lansquenets, et allaient se vendre là où la solde était la plus forte et où le butin paraissait devoir être le plus riche. Il se constitua ainsi un innombrable prolétariat de gueux, hommes et femmes, qui devint un véritable fléau pour les campagnes. L'Église contribua honnêtement à la corruption générale. Déjà le célibat des prêtres était la principale cause qui provoquait les débauches sexuelles que les relations constantes avec Rome et l'Italie ne firent que favoriser.

Rome n'était pas seulement la capitale de la chrétienté et la résidence du Pape ; elle était aussi la nouvelle Babel, la grande école européenne de l'immoralité, dont le palais papal était le principal siège. L'empire romain avait, en tombant, légué a l'Europe chrétienne ses vices bien plus que ses vertus ; l'Italie cultiva surtout les premiers, que les allées et venues du clergé contribuaient principalement à répandre en Allemagne. L'innombrable foule des prêtres était en majeure partie composée d'hommes vigoureux dont une vie de paresse et de luxe portait à l'extrême les besoins sexuels que le célibat obligatoire les forçait à satisfaire dans le plaisir solitaire ou dans des pratiques contre nature ; cela porta le dérèglement dans toutes les classes de la société et devint un danger contagieux pour le moral du sexe féminin, dans les villes comme dans les campagnes. Les couvents de moines et de nonnes ne se différenciaient guère des maisons publiques qu'en ce que la vie y était plus effrénée encore et plus licencieuse, et que les nombreux crimes, notamment les infanticides, qui s'y commettaient, pouvaient se dissimuler d'autant mieux que ceux-là même qui seuls avaient à y exercer la justice étaient les meneurs de cette corruption. Les habitants des campagnes cherchaient à garantir leurs femmes et leurs filles de la subornation du clergé en refusant d'admettre commue « pasteur des âmes » tout prêtre qui ne s'engageait pas à prendre une concubine. Cet usage fournit à un évêque de Constance l'occasion de frapper les curés de son diocèse d'un impôt sur le concubinage. Ainsi s'explique ce fait que, par exemple, dans ce moyen âge représenté comme si pieux et si moral par des romantiques à courte vue, il n'y eut pas moins de 1.500 filles de joie qui parurent, en 1414, au concile de Constance.

La situation des femmes, à cette époque, devint d'autant plus déplorable qu'à tous les obstacles qui rendaient déjà si difficiles leur mariage et leur établissement vint s'ajouter encore que leur nombre dépassa sensiblement celui des hommes. Ce phénomène eut pour principales causes le grand nombre des guerres et des combats, le danger des voyages commerciaux, l'augmentation de la mortalité des hommes par suite de leurs dérèglements et de leur intempérance. Le genre de vie qu'ils menaient ne fit qu'accroître la proportion de cette mortalité au milieu des nombreuses maladies pestilentielles qui sévirent pendant tout le moyen âge. C'est ainsi que, de 1326 à 1400, on compta 32 années d'épidémie, de 1400 à 1500, 41, de 1500 à 1600, trente.

Des bandes de femmes, saltimbanques, chanteuses, musiciennes, couraient les grands chemins, en compagnie d'étudiants et de clercs vagabonds, envahissant les foires, les marchés et tous autres lieux où il y avait fêtes et grand concours de peuple. Dans les armées de mercenaires, elles formaient des escouades spéciales, ayant leur propre prévôt. Selon leur beauté et leur âge, conformément aux idées corporatives du temps, on les attribuait à l'un des différents services de l'armée, en dehors duquel elles ne pouvaient, sous peine de châtiments sévères, se livrer à personne. Dans les camps, elles avaient, de concert avec les soldats du train, à faire le fourrage, la paille et les provisions de bois, à combler les fossés, les mares et les trous, à veiller à la propreté du campement. Dans les sièges, elles avaient pour mission de combler les fossés de la place avec des fagots, des fascines et des pièces de bois pour faciliter l'assaut ; elles devaient aider à mettre en position les pièces d'artillerie ou à dégager celles-ci quand elles restaient embourbées dans les chemins défoncés.

Pour venir en aide à la misère des nombreuses femmes laissées sans ressources, on créa dans beaucoup de villes des hôtels-Dieu placés sous l'administration municipale. Les femmes y étaient défrayées, et tenues de mener une vie régulière. Mais ni le grand nombre de ces institutions, ni celui des couvents de femmes, ne permettaient de recueillir toutes celles qui demandaient du secours.

Comme, d'après les idées du moyen âge, aucune profession, si méprisable fût-elle, ne pouvait s'exercer sans réglementation spéciale, la prostitution reçut, elle aussi, une organisation corporative. Il y eut, dans toutes les villes, des maisons de femmes qui relevaient fiscalement soit de la cité, soit du seigneur, soit même de l'Église dans les caisses respectives desquels tombait leur revenu net. Les femmes qui peuplaient ces maisons élisaient elles-même une matrone qui avait le soin de la discipline et du bon ordre, et veillait avec zèle à ce que les concurrentes n'appartenant pas à la corporation ne vinssent gâter le métier. Prises en flagrant délit de raccrochage, celles-ci étaient punies et pourchassées avec fureur. Les maisons de femmes jouissaient d'une protection particulière ; troubler la paix publique dans leur voisinage entraînait un châtiment d'une sévérité double. Les courtisanes réunies en corporation avaient aussi le droit de figurer dans les processions et dans les fêtes auxquelles les autres corporations prenaient surtout régulièrement part, et il arrivait fréquemment qu'elles étaient invitées à s'asseoir à la table des seigneurs et des magistrats.

Cela ne veut pas dire que, surtout dans les premiers temps, on ne poursuivit avec une extrême rigueur les filles de joie, sans toucher naturellement aux hommes qui les entretenaient de leur commerce et de leur argent. Que dire de Charlemagne qui édictait que la prostituée devait être traînée nue, à coups de fouet, sur le marché, alors que lui-même, l'empereur et roi « très chrétien », n'avait pas moins de six femmes à la fois !

Ces mêmes communes qui organisaient officiellement le service des bordels, les prenaient sous leur protection, et investissaient de privilèges de toutes sortes les prêtresses de Vénus, réservaient les châtiments les plus sévères et les plus barbares à la pauvre fille tombée et abandonnée. L'infanticide qui, de désespoir, tuait le fruit de ses entrailles, était, en règle générale, livrée à la mort la plus cruelle, tandis que pas un cri ne s'élevait contre le séducteur sans conscience. Il siégeait peut-être même parmi les juges qui prononçaient la peine de mort contre la pauvre victime. Et pareils cas se produisent aujourd'hui encore.

À Wurzbourg, au moyen âge, le tenancier d'une maison publique prêtait devant le Magistrat le serment d'être « fidèle et dévoué à la ville et de lui procurer des femmes. » Il en était de même à Nuremberg, à Ulm, à Leipzig, à Cologne, à Francfort et ailleurs. À Ulm, où les maisons publiques avaient été supprimées en 1537, les corporations réclamèrent en 1551 leur réouverture pour « éviter de plus grands désordres ». On mettait des filles de joie à la disposition des étrangers de distinction, aux frais de la ville. Lorsque le roi Ladislas entra à Vienne en 1452, le Magistrat envoya à sa rencontre une députation de filles publiques, qui, vêtues seulement de gaze légère, montraient les formes corporelles les plus harmonieuses. Lors de son entrée à Bruges, l'empereur Charles-Quint fut salué par une députation de filles entièrement nues. Des cas semblables se présentaient assez fréquemment à cette époque, sans soulever grand scandale.

Des romantiques fantaisistes et des gens de calcul adroit ont entrepris de nous présenter le moyen âge comme particulièrement « moral » et animé d'une réelle vénération pour la femme. C'est surtout le temps des trouvères en Allemagne, de la fin du XIIème jusqu'au XIVème siècle, qu'ils invoquent à l'appui de leur assertion. Le fameux « service d'amour » que les chevaleries française, italienne et allemande venaient d'apprendre à connaître chez les Maures en Espagne et en Sicile doit, parait-il, témoigner de la haute estime dans laquelle la femme était tenue à cette époque. Rappelons de suite, à ce propos, un fait. D'abord, la chevalerie ne constituait qu'une partie infime de la population, et par suite les « dames » étaient avant tout une minorité parmi les femmes ; ensuite une faible partie seulement de la chevalerie a pratiqué véritablement le service d'amour ; enfin la véritable nature de ce service d'amour a été fortement exagérée, est restée incomprise ou a été intentionnellement altérée. Le temps où fleurissait ce service d'amour fut aussi celui où la loi du plus fort sévit de la pire façon en Allemagne, où, tout au moins dans les campagnes, les liens de l'ordre étaient relâchés et où la chevalerie se livrait au brigandage, à la rapine et au rançonnement. Il saute aux yeux qu'une pareille époque, toute à la violence la plus brutale, n'était pas le celles où pouvaient prédominer dune façon particulière des sentiments de douceur et de poésie. Bien au contraire, elle contribua à détruire dans la mesure du possible le peu de respect dont jouissait encore le sexe féminin. La chevalerie, dans les campagnes aussi bien que dans les villes, se composait en majeure partie de rudes et frustes compagnons dont la principale passion, après se battre et boire outre mesure, était la satisfaction effrénée de leurs appétits sexuels. Toutes les chroniques du temps n'en finissent pas de raconter les viols et les attentats dont la noblesse se rendit coupable, dans les campagnes comme plus particulièrement encore dans les villes où, jusqu'au XIIIème et au XIVème siècle, elle avait exclusivement entre les mains l'administration municipale, sans que les malheureux si odieusement traités eussent le moyen de se faire rendre justice. Car, à la ville, les hobereaux occupaient le banc des échevins et dans les campagnes on avait à compter avec le seigneur foncier, chevalier ou évêque, entre les mains de qui était la juridiction criminelle. Il est donc absolument impossible qu'avec de pareilles mœurs et de semblables habitudes, la chevalerie ait eu un respect particulier de ses propres femmes et filles et les ait choyées comme une sorte d'êtres supérieurs.

À quelque degré que fût pratiqué le service d'amour - et il ne devait l'être que par une petite minorité d'hommes, sincèrement enthousiastes de la beauté féminine - il arrivait fréquemment aussi qu'il comptait parmi ses adeptes des hommes qui, comme Ulrich de Lichtenstein, n'étaient pas maîtres de leurs sens et chez lesquels le mysticisme et l'ascétisme chrétiens, unis à la sensualité native ou inculquée, aboutissaient à un genre tout particulier de célibat. D'autres, plus prosaïques, poursuivaient un but plus réel. Mais, en somme, le service d'amour fut la déification de l'amante aux dépens de la femme légitime, l'hétaïrisme tel qu'il est dépeint en Grèce au temps de Périclès transporté dans le monde chrétien. En réalité, la séduction mutuelle des femmes fut, dans la chevalerie du moyen age, un service d'amour largement pratiqué, et les mêmes façons de faire se renouvellent aujourd'hui dans certains cercles de notre bourgeoisie.

Voilà pour le « romantisme » du moyen âge et sa haute estime de la femme.

Il n'est pas douteux que le fait de tenir publiquement compte des plaisirs sensuels tels qu'on les entendait au moyen âge, impliquait pour l'instinct naturel inné à tout être sain et mûr la reconnaissance du droit de se satisfaire, et cela constituait une victoire de la saine nature sur l'ascétisme chrétien. D'autre part, il faut toujours constater à nouveau que cette reconnaissance d'un droit et la faveur d'en user ne profitaient qu'à un seul sexe, que par contre on traitait l'autre comme s'il ne pouvait et ne devait pas avoir les mêmes penchants, et que la moindre transgression des lois morales établies par le sexe masculin était punie de la façon la plus sévère. Le sexe féminin, constamment opprimé par l'autre et élevé par lui d'après un système spécial, s'est, par suite, si bien assimilé les idées de son maître, qu'il trouve cette situation parfaitement naturelle et dans l'ordre.

N'y a-t-il pas eu aussi des millions d'esclaves qui trouvaient l'esclavage une chose naturelle et ne se fussent jamais affranchis si des libérateurs n'avaient surgi de la classe même de leurs propriétaires ? Des paysans prussiens, affranchis du servage en exécution de la loi de Stein, après 1807, n'ont-ils pas pétitionné pour demander qu'on les y laissât, car, disaient-ils, « qui prendrait soin d'eux lorsqu'ils tomberaient malades ou seraient devenus vieux » ?

Et n'est-ce pas la même chose dans le mouvement ouvrier actuel ? Combien n'y a-t-il pas encore de travailleurs qui se laissent mener par le bout du nez par leurs patrons ?

L'opprimé a besoin d'incitations et d'encouragements, parce que la force d'une part, l'aptitude à l'initiative de l'autre, lui font défaut. Il en a été ainsi dans l'esclavage, le servage et la vassalité. Il en a été, il en est encore ainsi dans le mouvement prolétarien moderne ; il en est encore de même pour l'affranchissement et l'émancipation de la femme. Dans sa lutte pour son émancipation, la bourgeoisie était relativement bien placée pour réussir, et cependant ce furent des orateurs de la noblesse et du clergé qui lui frayèrent la route.

Quels qu'aient été les misères et les défauts naturels du moyen âge il n'en pas moins vrai qu'il y régna une sensualité que le christianisme ne parvint pas à comprimer, et qu'il resta étranger à cette pruderie hypocrite, à cette timidité, à cette lubricité sournoise de notre époque, qui font des façons, qui ont peur d'appeler les choses par leur nom et de parler naturellement des choses naturelles. Il ne connaissait pas davantage ces piquantes équivoques dont on enveloppe des choses que le manque de naturel et la pruderie entrée dans les mœurs ne permettent plus de nommer ouvertement, équivoques d'autant plus dangereuses que ce langage excite et ne satisfait pas, qu'il laisse tout soupçonner, mais n'exprime rien clairement. Nos conversations de société, nos romans, notre théâtre fourmillent de ces piquantes gravelures, et les résultats en sont visibles. Ce spiritualisme, qui n'est pas celui du philosophe trans-cendant, mais celui du roué, et qui se cache derrière le spiritualisme religieux, a de nos jours une force considérable.

La saine sensualité du moyen âge a trouvé dans Luther son interprète classique. Je n'ai pas affaire ici au réformateur religieux, que je juge autrement que Luther pris en tant qu'homme. À ce dernier point de vue, la nature vigoureuse et originale de Luther se détacha dans toute sa sincérité ; elle l'amena à exprimer sans ménagement, d'une façon frappante, son besoin d'aimer et de jouir. Sa situation d'ancien prêtre de l'Église romaine lui avait ouvert les yeux et lui avait appris, par l'expérience de son propre corps pour ainsi dire, à connaître dans la pratique ce que la vie des moines et des nonnes a de contre-nature. De là son ardeur à combattre le célibat des prêtres et des cloîtrés. Ses paroles s'adressent encore aujourd'hui à tous ceux qui se croient permis de transgresser les lois de la nature et pensent pouvoir accorder avec l'idée qu'ils se font de la morale et des mœurs ce fait que les institutions de l'État et de la société empêchent encore des millions d'êtres d'accomplir leurs fins naturelles. Luther a dit : « Une femme, à moins d'être douée d'une grâce extraordinairement rare, ne peut pas plus se passer d'un homme qu'elle ne peut se passer de manger, de dormir, de boire et de satisfaire à d'autres nécessités de la nature. Réciproquement, un homme ne peut pas davantage se passer d'une femme. La raison en est qu'il est aussi profondément implanté dans la nature de procréer des enfants que de boire et de manger. C'est pourquoi Dieu a donné au corps et renfermé en lui les membres, les veines, les artères et tous les organes qui doivent servir à ce but. Celui donc qui essaie de lutter contre cela et d'empêcher les choses d'aller comme le veut la nature, que fait-il, sinon essayer d'empêcher la nature d'être la nature, le feu de brûler, l'eau de mouiller, l'homme de manger, de boire et de dormir ? ».

Tandis que Luther reconnaissait ainsi la satisfaction de l'instinct sexuel comme une loi de la nature, et que par la suppression du célibat des prêtres et l'abolition des couvents, il accordait à des millions d'êtres la possibilité de satisfaire à cet instinct naturel, il n'en restait pas moins des millions d'autres exclus de ce droit. La Réforme fut la première protestation de la haute bourgeoisie en voie de formation contre son assujettissement au régime féodal dans l'Église, l'État et la Société ; elle cherchait à se délivrer des liens étroits dont l'enveloppaient les droits de contrainte, les droits de jurande et ceux du seigneur ; elle aspirait à centraliser l'organisation de l'État, à simplifier celle de l'Église somptueusement dotée, a supprimer les sièges nombreux occupés par des fainéants, et demandait que ceux-ci fussent employés à des travaux utiles. Dès lors que de la sorte la forme féodale de la propriété et de l'industrie disparaissait, la forme bourgeoise devait prendre sa place, c'est-à-dire que, la protection corporative de petits cercles fermés n'existant plus, la lutte individuelle et libre devait se développer en pleine concurrence.

Luther fut, dans le domaine religieux, le représentant de ces efforts. Et s'il prenait fait et cause pour la liberté du mariage, il n'entendait que le mariage bourgeois, tel qu'il n'a été définitivement établi en Allemagne que dans notre siècle par la loi sur le mariage civil et les autres dispositions légales émanant du monde bourgeois qui s'y rattachent, notamment celles qui régissent la liberté d'établissement et la liberté industrielle. On verra plus loin dans quelle mesure la situation de la femme en fut améliorée. En attendant, les choses n'avaient pas été poussées si loin au temps de la Réforme. Si, en raison des mesures connues prises par la Réforme religieuse, le mariage fut rendu possible à nombre de gens, on poursuivit d'autre part avec la dernière rigueur l'union libre des sexes. Si le clergé catholique avait montré un grand relâchement à l'égard du libertinage, le clergé protestant de son côté, muni pour lui-même, ne le combattit qu'avec plus de fureur. On déclara la guerre aux maisons publiques, on ferma ces « cavernes de Satan » ; les prostituées furent pourchassées comme « filles du diable », et toute femme qui avait commis une « faute » fut attachée au pilori comme un modèle de toutes les perversités.

Du joyeux petit citoyen du moyen âge qui vivait et laissait vivre sortit alors un bourgeois bigot, austère et sombre, qui « économisa » le plus possible afin que ses descendants, les gros bourgeois du XIXème siècle, pussent vivre d'autant plus largement et faire plus de prodigalités. Le bourgeois notable, avec sa cravate raide, son horizon borné, sa morale rigide, devînt le prototype de la société.

La femme légitime, que la sensualité catholique du moyen age ne satisfaisait pas depuis longtemps, se trouva en parfaite communion d'idées avec l'esprit puritain du protestantisme. Aucune amélioration ne se produisit pour cela dans le sort de la femme en général. La transformation que la découverte de l'Amérique et l'ouverture d'une route maritime vers les Indes orientales firent subir, spécialement en Allemagne, à la production, au capital et aux débouchés, ne tarda pas à déterminer une forte réaction dans le domaine social.

L'Allemagne cessa d'être le centre de la circulation et du commerce de l'Europe. L'Espagne, le Portugal, la Hollande, l'Angleterre, se faisant une concurrence acharnée, prirent la tête du mouvement, et l'Angleterre s'y est maintenue jusqu'à nos jours. C'est ainsi que tombèrent l'industrie et le commerce allemands. En même temps, la réforme religieuse avait ruiné l'unité politique de la nation. La Réforme devint le manteau à l'abri duquel les princes allemands cherchèrent à s'émanciper du joug impérial ; ces princes essayèrent en même temps d'assujettir la noblesse, et, pour atteindre ce but, ils favorisèrent les villes en les comblant de droits et de privilèges de toutes sortes. De nombreuses villes, en raison des conjonctures toujours plus sombres, se mirent volontairement sous le pouvoir des princes. La conséquence de tout cela fut que la bourgeoisie, effrayée du recul de sa production, établit autour d'elle des barrières toujours plus hautes pour se protéger contre une concurrence désagréable. Elle s'en encroûta davantage, et s'en appauvrit de même. Les luttes et les persécutions religieuses qui s'étaient déchaînées depuis la Réforme dans tous les pays de l'Allemagne, et auxquelles les princes et seigneurs, tant protestants que catholiques, prenaient part avec une égale intolérance et un égal fanatisme ; les guerres de religion qui les suivirent, comme celle de la ligue de Smalkalde et la guerre de Trente Ans, contribuèrent à sceller pour des siècles les divisions, l'impuissance politique, la faiblesse et le dépérissement économiques de l'Allemagne.

Si, au moyen âge, de nombreuses femmes furent admises dans les différents corps de métiers, tant comme ouvrières que comme patronnes (il y eut, par exemple, des femmes exerçant la pelleterie à Francfort et dans les villes de la Silésie, la boulangerie dans les villes du Rhin moyen, la broderie d'armoiries et la ceinturonnerie à Cologne et à Strasbourg, la corroyerie à Brême, le tondage du drap à Francfort, la tannerie à Nuremberg, la filerie et le battage d'or à Cologne), on les en repoussa plus tard partout. Et, comme il arrive toujours, là où une situation sociale est en décadence, que ses défenseurs adoptent précisément les mesures qui aggravent encore le mal, on prit une peur ridicule de la surpopulation et on s'ingénia à réduire plus que jamais le nombre des existences indépendantes et des mariages. Quoique des villes jadis florissantes, comme Nuremberg, Augsbourg, Cologne, etc., eussent vu leur population décroître dès le XVIème siècle parce que le commerce et le trafic s'étaient cherché d'autres chemins ; quoique la guerre de Trente Ans eût dépeuplé l'Allemagne de la façon la plus épouvantable ; chaque cité, chaque corporation n'en eut pas moins grand peur de voir augmenter le chiffre de ses membres. Et pourtant les choses n'allaient pas au mieux à cette époque, pour les compagnons. Les efforts des princes absolus devaient être aussi impuissants dans ce cas que l'avaient été, en leur temps, les lois faites par les Romains pour empêcher la dépopulation en récompensant le mariage. Louis XIV, pour avoir plus d'habitants en France et plus de soldats dans ses armées, accorda aux parents ayant dix enfants des pensions qui augmentaient encore lorsqu'ils en avaient douze ; son général, le maréchal de Saxe, alla plus loin, et lui proposa de n'autoriser les mariages que pour une durée de cinq ans. Cinquante ans plus tard, Frédéric le Grand écrivit dans le même esprit : « Je considère les hommes comme une harde de cerfs vivant sur les domaines d'un grand seigneur et n'ayant d'autre obligation que de peupler et de remplir le parc » ⊠. Frédéric a écrit cela en 1741. Plus tard, il a, par ses guerres, dépeuplé ferme le « parc aux cerfs ».

Dans de pareilles circonstances, la situation des femmes était la pire qu'on puisse penser. Exclues en grand nombre du mariage, considéré comme une « institution de refuge », empêchées de satisfaire leur instinct naturel, tenues le plus possible a l'écart du travail par suite de la perturbation des conditions sociales et pour qu'elles ne pussent faire concurrence aux hommes qui avaient peur d'eux-mêmes, les femmes étaient obligées de vivre misérablement, dans la domesticité, dans les travaux les plus vils et les plus mal rétribués. Mais comme l'instinct naturel ne se laisse pas étouffer et comme une partie du sexe masculin vivait dans des conditions analogues, le concubinage se pratiqua en masse, malgré toutes les tracasseries de la police, et le chiffre des enfants naturels ne fut jamais aussi élevé que dans ce temps où le « gouvernement paternel » des princes-despotes brillait dans toute sa chrétienne simplicité.

La femme mariée menait une vie rigoureusement retirée ; le nombre de ses obligations était si considérable que, ménagère consciencieuse, il lui fallait être à son poste du matin au soir pour remplir tous ses devoirs, ce à quoi il ne lui était possible d'arriver entièrement qu'avec l'aide de ses filles. Elle n'avait pas alors à accomplir seulement les travaux domestiques de chaque jour auxquels la maîtresse de maison bourgeoise a encore à vaquer aujourd'hui, mais une foule d'autres encore dont la femme est complètement débarrassée de nos jours, grâce au développement moderne de l'industrie et du commerce. Il lui fallait filer, tisser et blanchir la toile, faire la lessive et confectionner elle-même tous les vêtements sans exception, fondre le savon, plonger la chandelle et brasser la bière. À côté de cela, là où la situation le permettait, il lui incombait encore les travaux d'agriculture, le jardinage, le soin des bestiaux et de la volaille. Bref, elle était une simple Cendrillon, et sa seule distraction consistait à aller à l'église le dimanche. Les mariages ne se faisaient jamais que dans le même cercle social ; l'esprit de caste le plus rigoureux et le plus grotesque dominait toutes les relations et ne souffrait aucune infraction. On élevait les filles dans le même esprit, on les tenait étroitement renfermées à la maison ; leur éducation intellectuelle était pour ainsi dire nulle et ne sortait pas du cadre des occupations domestiques les plus ordinaires. À tout cela s'ajoutait une vide et creuse étiquette qui devait tenir lieu d'éducation et d'esprit et qui donnait à la vie entière, à celle de la femme en particulier, la marche d'un treuil à tambour.

C'est ainsi que l'esprit de la réforme dégénéra en la pire des routines et que l'on chercha à étouffer chez l'être humain les instincts naturels et la vivacité de l'esprit sous un armas confus de règles de conduite et d'habitudes compendieusement expliquées, mais banales.

Une liberté qui avait été particulièrement concédée aux femmes des campagnes au moyen âge se perdit aussi après la Réforme. Notamment dans l'Allemagne du Sud et de l'Ouest, en Alsace, etc., on avait coutume d'accorder chaque année aux femmes du peuple quelques jours pendant lesquels elles pouvaient rester à se distraire et à s'égayer entre elles seules, aucun homme n'ayant le droit de s'introduire au milieu d'elles, sous risque d'y être mal reçu. Dans cette naïve coutume se trouvait, sans même que le peuple s'en doutât, la reconnaissance de la servitude de la femme, à laquelle on voulait faire oublier son sort pendant quelques jours de l'année.

Chacun sait que les saturnales romaines et le carnaval du moyen âge qui leur a succédé avaient le même but. Durant les saturnales, le seigneur romain permettait à ses esclaves de se croire libres et de vivre à leur guise pendant quelques jours, après lesquels l'ancien joug leur était imposé à nouveau. La papauté romaine, qui avait l'œil toujours ouvert sur les coutumes du peuple et savait les faire servir à son intérêt, continua les saturnales sous le nom de carnaval. L'esclave, le serf était son propre maître pendant les trois jours de carnaval, c'est-à-dire avant le commencement des longs jeûnes qui vont jusqu'à la semaine de la Passion. Il était permis au peuple de jouir jusqu'à la licence de tous les plaisirs qu'il avait à sa disposition, de persifler et de railler le plus grossièrement les ordonnances et les cérémonies civiles et religieuses. Le clergé lui-même se laissait aller à prendre part à ces mauvaises farces et à tolérer, à encourager même des profanations qui, en tout autre temps, eussent entraîné les expiations temporelles et spirituelles les plus sévères. Et pourquoi pas, du reste ? Le peuple qui, pendant un si court espace de temps, se sentait maître et s'en donnait à cœur-joie, était reconnaissant de la liberté qu'on lui avait accordée, ne s'en montrait que plus maniable et se réjouissait d'avance à l'idée de recommencer la fête l'année suivante.

Il en fut de même de ces fêtes de femmes, sur l'origine desquelles on ne sait rien de plus, mais où il a dû souvent se commettre des folies et des actes licencieux. L'esprit prosaïquement ascétique et puritain du temps qui a suivi la Réforme les a réprimées autant qu'il fut en son pouvoir. D'ailleurs la transformation des mœurs les fit graduellement disparaître.

Le développement de la grande industrie, l'introduction du machinisme, l'application de la technologie et des sciences naturelles aux questions de production, de commerce et d'échange, ont fait sauter tout ce qui survivait des vieilles institutions sociales. Le renversement d'une organisation vieillie et intenable pouvait compter comme accompli pour l'Allemagne, au moment où celle-ci arrivait à son unité politique et où la liberté du mariage faisait son entrée dans la loi avec la liberté industrielle et la liberté d'établissement [1].

---

1 Des réactionnaires endurcis attendaient de ces mesures la perte de toutes mœurs et la ruine de toute morale. Le défunt évêque de Mayence, Ketteler, gémissait déjà en 1865, c'est-à-dire avant que les lois nouvelles eussent encore pris pied « que la destruction des obstacles actuellement apportés à la célébration du mariage équivaut au dénouement du lien conjugal, car désormais il sera possible aux gens mariés de se séparer selon leur bon vouloir ». Voilà une jolie façon d'avouer que les liens moraux du mariage actuel sont si faibles que la contrainte seule peut le maintenir.

    Les circonstances présentes, c'est-à-dire d'une part l'augmentation rapide de la population amenée par le chiffre aujourd'hui naturellement plus élevé des mariages, d'autre part les inconvénients de toutes sortes, jadis inconnus, causés par un système industriel qui a pris sous l'ère nouvelle un développement gigantesque, ont fait réapparaître aux timorés le spectre de la surpopulation. Les économistes bourgeois, tant conservateurs que libéraux, tirent tous sur la même corde. Je montrerai, à la fin de cet ouvrage, ce que signifient ces craintes et à quelles causes il faut les ramener. Le professeur A. Wagner est également du nombre de ceux qui sont malades de la peur de la surpopulation et qui réclament la limitation de la liberté du mariage, notamment pour les travailleurs. Il parait que ceux-ci se marient trop tôt comparativement à la classe moyenne. Mais la classe moyenne se

Depuis plusieurs dizaines d'années déjà il avait été fait dans certains États de l'Allemagne des progrès accentués dans ce sens. Ainsi s'ouvrait une ère nouvelle, et en particulier pour la femme, en ce que sa situation, tant comme être sexuel que comme individu social, se modifiait. Les lois rendant le mariage plus facile permirent à un plus grand nombre de femmes de remplir leur fin naturelle ; les lois sur la liberté de l'industrie et de l'établissement élargirent considérablement leur champ d'action et les rendirent plus indépendantes vis-à-vis de l'homme. La situation de la femme s'est aussi sensiblement améliorée au point de vue juridique. Mais est-elle vraiment devenue libre et indépendante ? A-t-elle atteint le complet développement de son être, est-elle arrivée à la mise on action normale de ses forces et de ses facultés ? C'est ce que montreront les recherches que nous allons faire dans la deuxième partie de ce livre.

---

sert de préférence de la prostitution, à laquelle ce serait renvoyer aussi les travailleurs que leur dénier le droit au mariage. Mais alors qu'on se taise donc aussi, qu'on ne crie plus à la « ruine de la morale », et que l'on ne s'étonne pas si les femmes, ayant les mêmes instincts naturels que les hommes, en cherchent la satisfaction dans des « relations illégitimes ».

Chapitre I

Chapitre II

La femme dans le présent

L'instinct sexuel. Le mariage. Obstacles et difficultés qu'il rencontre.

Au commencement de ce livre, j'ai émis l'opinion que la femme doit son infériorité vis-à-vis du monde masculin aux propriétés de son sexe, par suite desquelles elle est tombée sous la dépendance économique de l'homme.

Il ne manquera pas de sages précoces pour m'objecter que l'instinct naturel - que nous appelons instinct sexuel - se laisse surmonter, qu'il n'est pas nécessaire de lui donner satisfaction, et que par suite cette prétendue dépendance de la femme vis-à-vis de l'homme lui est facile à éviter. Eh bien, admettons qu'un individu, encore favorisé par une disposition naturelle, arrive - au prix de quelles difficultés - à dompter cet instinct : le sexe ne le domptera pas, car le sexe est fait pour servir à l'union. De plus, des individus isolés ne sauraient modifier une situation sociale donnée. L'objection est donc superficielle et sans valeur. Luther a merveilleusement dépeint l'instinct naturel, quand il a dit, comme nous l'avons rappelé déjà : « Celui donc qui essaie de lutter contre l'instinct naturel et d'empêcher les choses d'aller comme le veut et le doit la nature, que fait-il, sinon essayer d'empêcher la nature d'être la nature, le feu de brûler, l'eau de mouiller, l'homme de manger, de boire et de dormir ? » Ce sont là des paroles qu'on devrait graver dans la pierre au-dessus des portes de nos églises où l'on prêche contre « le péché de la chair ». Pas un médecin, pas un physiologiste, ne saurait démontrer d'une manière plus frappante la nécessité, pour l'homme sainement constitué, de satisfaire les besoins amoureux que l'instinct sexuel éveille en lui.

Il est une loi que l'homme est obligé de s'appliquer rigoureusement à soi-même s'il veut se développer d'une façon saine et normale, c'est qu'il ne doit négliger d'exercer aucun membre de son corps, ni refuser d'obéir à aucune impulsion naturelle. Il faut que chaque membre remplisse les fonctions auxquelles la nature l'a destiné, sous peine de voir dépérir et s'endommager tout l'organisme. Les lois du développement physique de l'homme doivent être étudiées et suivies avec autant de soin que son développement intellectuel. Son activité morale est l'expression de la perfection physique de ses organes. La pleine santé de la première est une conséquence intime du bon état de la seconde. Une altération de l'une trouble nécessairement l'autre. Les passions dites animales n'ont pas une racine plus profonde que les passions dites intellectuelles ; toutes sont le produit du même organisme général et les unes subissent constamment l'influence des autres.

Il suit de là que la connaissance des propriétés physiques des organes sexuels est aussi nécessaire que celle des organes qui produisent l'activité intellectuelle, et que l'homme doit apporter les mêmes soins à leur développement. Celui-ci doit comprendre que des organes et des instincts qui sont innés à tout être humain, qui forment partie intégrante de sa nature et qui même, dans certaines périodes de la vie, le maîtrisent complètement, ne doivent pas être l'objet de mystères, de fausse honte ou d'une complète ignorance. Il s'ensuit encore que la connaissance de la physiologie et de l'anatomie, celle des organes sexuels et de leurs fonctions, tant chez l'homme que chez la femme, devraient être aussi largement répandues que toute autre partie de la science humaine. Cette connaissance de notre nature physique une fois acquise, nous verrions nombre de circonstances de la vie d'un tout autre oeil que maintenant. La question de savoir s'il n'y aurait pas lieu de supprimer certains inconvénients devant lesquels la société actuelle passe silencieuse et prise d'une sainte horreur, mais qui ne s'en imposent pas moins à presque toutes les familles, se soulèverait d'elle-même. Partout ailleurs la science passe pour une vertu, pour le but le plus noble, le plus digne d'efforts, de l'humanité ; seule est exceptée la science en ces matières qui sont on relation étroite avec le caractère, avec les saines qualités de notre Moi, avec la base de tout développement social.

Kant dit : « L'homme et la femme ne constituent l'être humain entier et complet que réunis ; un sexe complète l'autre ». Schopenhauer déclare ceci : « l'instinct sexuel est la plus complète manifestation de la volonté de vivre ; c'est donc la concentration de toute volonté ». Et ailleurs : « l'affirmation de la volonté de vivre se concentre dans l'acte charnel, qui en est la plus éclatante expression ». Mainlaender est du même avis : « Le point essentiel de la vie humaine est dans l'instinct sexuel. Lui seul assure à l'individu la vie, qu'il veut avant tout... L'être humain n'attache à rien plus d'importance qu'aux choses de la chair ; il ne fixe et ne concentre au soin d'aucune autre affaire, d'une façon aussi remarquable qu'à l'accomplissement de l'acte sexuel toute l'intensité de sa volonté ». Et encore avant eux tous, Bouddha disait : « L'instinct sexuel est plus aigu que le croc avec lequel on dompte les éléphants sauvages ; plus ardent que la flamme, il est comme un dard enfoncé dans l'esprit de l'homme ».

Cette intensité de l'instinct sexuel étant donnée, il n'y a pas lieu d'être surpris de ce que la continence dans l'âge mûr influe comme elle le fait sur le système nerveux et sur tout l'organisme de l'être humain, et qu'elle conduise aux plus grands troubles, aux aberrations les plus extraordinaires, voire, dans certaines circonstances, à la folie et à une mort misérable. L'être humain, homme ou femme, se perfectionne au fur et à mesure que dans chaque sexe les penchants et les symptômes vitaux se manifestent et prennent une expression dans le développement organique et intellectuel, dans la forme et dans le caractère. Chaque sexe est alors parvenu à la perfection qui lui est propre. « Chez l'homme de bonnes mœurs, dit Klencke dans son ouvrage « la femme-épouse », la contrainte de la vie conjugale a sans contredit pour guide des principes moraux dictés par le bon sens, mais il ne serait pas possible, la liberté la plus exagérée fut-elle permise, de réduire complètement au silence les exigences de la conservation de l'espèce, que la nature a assurée par la formation organique normale des deux sexes. Lorsque des individus bien constitués, masculins ou féminins, se soustraient leur vie durant à ce devoir envers la nature, il n'y a pas là libre résolution de résis-tance, même dans le cas où cette résolution est présentée comme telle ou illusoirement érigée en libre arbitre ; mais c'est la conséquence de difficultés et de nécessités sociales qui portent atteinte au droit de la nature et en flétrissent les organes. Ces agissements impriment aussi à l'organisme général le type du dépérissement et du contraste sexuel, tant en ce qui concerne l'aspect extérieur que le caractère, et provoquent par l'atonie nerveuse, pour l'esprit conne pour le corps, des tendances et des dispositions maladives.

L'homme s'effémine, la femme prend des allures masculines dans la forme comme dans le caractère, parce que la conjonction des sexes ne s'est pas accomplie suivant le plan de la nature, parce que l'être humain n'a revêtu que l'une de ses faces, qu'il n'est pas parvenu à sa forme complète, au point culminant de son existence ». Et la doctoresse Elisabeth Blackwall dit, dans son livre : « The moral education of the young in relation to sex » : « L'instinct sexuel existe comme une condition inévitable de la vie et de la fondation de la société. Il est la force prépondérante dans la nature humaine. Il survit à tout ce qui passe. Même non encore développé, n'étant en rien l'objet de la pensée, cet instinct inéluctable n'en est que d'autant plus le feu central de la vie humaine et notre protecteur naturel contre toute possibilité d'extinction ».

Ainsi la philosophie moderne est d'accord avec les idées de la science exacte et avec le bon sens humain de Luther. Il suit de là que tout être humain doit non-seulement avoir le droit, mais encore le pouvoir, même le devoir, de satisfaire des instincts qui se lient de la façon la plus intime à son essence, qui constituent son essence même. S'il en est empêché, si cela lui est rendu impossible par les institutions et les préjugés sociaux, il en résulte que, gêné dans son développement, il est voué à l'étiolement, à la transformation régressive. Quelles en sont les conséquences, nos médecins, nos hôpitaux, nos maisons de fous, nos prisons en sont témoins, sans parler des milliers de familles qui en sont troublées.

Quelques faits à signaler éclairciront encore la question. Le docteur en médecine Hegerisch, le traducteur de « l'Essai sur la population » de Malthus, s'exprime ainsi sur les suites de la compression violente de l'instinct sexuel chez les femmes : « Reconnaissant avec Malthus toute la valeur de la continence, je suis cependant obligé, comme médecin, de faire cette triste remarque que la chasteté des femmes, qui passe chez tous nos peuples pour une haute vertu et qui n'en est pas moins pour cela un crime contre la nature, est fréquemment expiée par les maladies les plus terribles. De même que c'est avoir peur d'un fantôme que de craindre les suites fâcheuses de la continence masculine et de certaines façons de satisfaire l'instinct sexuel qui en résultent, de même il est certain que la chasteté des femmes exerce une influence considérable sur les redoutables métamorphoses de la poitrine, de l'ovaire et de la matrice. Les maux qui en résultent sont presque, entre tous, les plus désolants parce que, causés par les systèmes les moins appropriés à la vie individuelle, ils brisent la malade du haut en bas. Les pauvres femmes, pour la plupart distinguées, qui en sont victimes, et qui malgré les luttes cruelles qu'elles ont à soutenir contre un tempérament ardent finissent par triompher du mal, offrent aux yeux un spectacle triste entre tous. La jeune fille négligée, la veuve prématurée, se tordent sur leur couche... ! » - Et l'auteur cite ensuite à titre d'exemple comment les maux et les maladies qu'il a dépeints s'emparent notamment des religieuses.

À quel degré hommes et femmes souffrent de la compression de leur instinct sexuel, combien l'insuffisance des mariages vaut encore mieux que le célibat, les chiffres suivants vont nous l'apprendre. En Bavière, en 1858, le nombre des aliénés était de 4899, dont 2576 hommes (53 %) et 2323 femmes (47 %). Les hommes y étaient donc en plus forte proportion que les femmes. Les célibataires des deux sexes comptaient dans ce chiffre pour 81 %, les gens mariés pour 17 % ; 2 % de sujets n'avaient pas d'état civil. Ce qui atténue dans une certaine mesure cette effrayante proportion, c'est qu'une certaine quantité d'aliénés de naissance étaient comptés dans les non-mariés. Dans le Hanovre, un recensement fait en 1856 établit ainsi le chiffre des aliénés par rapport aux diverses positions de la population : un aliéné sur 457 célibataires, un sur 504 veufs et un sur 1310 mariés. En Saxe, le nombre des suicides était de mille pour un million de célibataires et de 500 pour un million de mariés. Parmi les femmes, qui ont beaucoup moins recours au suicide que les hommes, il y en avait 260 cas pour un million de tilles et 125 seulement pour un million de femmes. Des résultats analogues sont fournis par nombre d'autres États. Pour les suicides de femmes, le chiffre de ceux accomplis entre 10 et 21 ans est particulièrement élevé ; il est donc clair que ce qui est surtout en cause ici, c'est la non-satisfaction de l'instinct sexuel, les peines d'amour, les grossesses dissimulées, la tromperie de la part des hommes. Les mêmes causes déterminent la folie, et encore dans une proportion tout aussi désastreuse. C'est ainsi qu'en Prusse, en 1882, sur 10.000 habitants dont l'état civil a été dûment vérifié, on comptait en aliénés : 33, 2 garçons, 29, 3 filles, et seulement 9, 5 hommes mariés, 9, 5 femmes, 32,1 veufs et 25,6 veuves.

Il n'est pas douteux que la non-satisfaction de l'instinct sexuel a sur l'état physique et moral de l'homme et de la femme l'influence la plus pernicieuse et qu'il n'est pas possible de considérer comme saines des institutions sociales qui mettent obstacle à la satisfaction de l'instinct naturel par excellence.

Ici se pose maintenant cette question : La société actuelle a-t-elle fait le nécessaire pour assurer à l'être humain en général, et au sexe féminin en particulier un mode d'existence raisonnable ? Peut-elle le faire ? Et si : non ! comment ce nécessaire peut-il se réaliser ?

« Le mariage est la base de la famille, et la famille est la base de l'État. Quiconque s'attaque au mariage s'attaque à la société et à l'État et les détruit tous deux ». Voilà ce que disent les défenseurs de l' « ordre » actuel. Le mariage est assurément la base du développement social. Il s'agit seulement de savoir quel mariage est le plus moral, c'est-à-dire quel est celui qui répond le mieux aux fins du développement et de l'existence de l'humanité ; est-ce, avec ses nombreuses ramifications, le mariage forcé, basé sur la propriété bourgeoise et qui manque son but le plus souvent, c'est-à-dire une institution sociale qui reste lettre morte pour des millions d'êtres ; est-ce, au contraire, le mariage libre et sans obstacles, ayant pour base le choix de l'amour, tel que la société socialisée peut seule le rendre entièrement possible ?

John Stuart Mill, que personne ne peut avoir l'idée de prendre pour un communiste, va jusqu'à s'exprimer ainsi sur le mariage tel qu'il existe de nos jours : « le mariage est la seule véritable servitude que la loi reconnaisse ».

D'après la doctrine de Kant, l'homme et la femme ne forment que réunis l'être humain complet. Le sain développement de l'espèce humaine repose sur l'union normale des sexes. Exercer d'une façon naturelle l'instinct sexuel est nécessaire pour assurer le bon développement, physique et moral, de l'homme comme de la femme. Mais comme l'être humain est, non pas un animal, mais un être humain, il ne lui faut pas seulement, pour contenter son énergique et impétueux instinct, la satisfaction physique, il réclame en outre l'affinité intellectuelle et l'accord moral avec l'être auquel il s'unit. Si cet accord n'existe pas, alors l'union sexuelle s'accomplit d'une façon purement mécanique, et passe

Chapitre II

à bon droit pour immorale. Elle ne satisfait pas les nobles exigences de celui qui, dans la sympathie réciproque et personnelle de deux êtres, envisage l'ennoblissement moral de relations qui ne reposent que sur des lois purement physiques. Celui qui se place à un point de vue plus élevé demande que la force d'attraction réciproque des deux sexes se continue encore au-delà de la consommation de l'acte charnel, et qu'elle étende aussi tout ce que son action a de noble sur l'enfant qui naît de l'union réciproquement consentie de deux êtres [1].

Sous toutes les formes sociales, c'est donc le fait d'avoir en vue leur descendance et les devoirs que celle-ci leur impose qui rend durable la liaison intime de deux êtres humains. Tout couple qui veut en venir à l'union sexuelle doit se demander si ses qualités physiques et morales réciproques sont propres à cette union. La réponse, librement donnée, est-elle affirmative ? deux conditions sont encore nécessaires. Il faut d'abord écarter tout intérêt étranger à la véritable fin de l'union, qui est de satisfaire l'instinct naturel et d'assurer sa propre reproduction et celle de sa race ; il faut en outre avoir une certaine dose de raison qui maîtrise les aveuglements de la passion. Comme ces deux conditions font défaut, la plupart du temps, dans notre société actuelle, il en résulte que fréquemment le mariage d'aujourd'hui est détourné de son véritable but et qu'il ne peut, par suite, être considéré ni comme « sacré », ni comme « moral ».

La statistique ne permet pas d'établir combien grand est de nos jours le chiffre des mariages qui se concluent suivant des idées absolument différentes de celles que nous venons d'exposer. Les gens qui sont en cause ont intérêt à donner à leur mariage, devant le monde, une apparence autre que celle qu'il a en réalité. L'État actuel, en tant que représentant de la société, n'a pas non plus d'intérêt à faire, ne fût-ce qu'à titre d'expérience, des recherches dont le résultat pourrait mettre en curieuse lumière sa propre façon d'agir. Les principes qu'il suit en ce qui concerne le mariage de nombreuses catégories de ses fonctionnaires

---

1 « Les intentions et les sentiments avec lesquels deux époux s'unissent ont une influence incontestablement décisive sur les résultats de l'acte sexuel et transmettent certaines qualités caractéristiques à l'enfant qui doit en naître ». (Dr Elisabeth Blackwall : « The moral education of the young in relation to sex »). Voir aussi les « affinités électives » de Göthe, qui y dépeint d'une façon frappante l'action des sentiments.

et de ses employés ne comportent pas l'application du niveau qu'il qualifie lui-même de nécessaire.

Le mariage doit donc constituer une union que deux êtres n'accomplissent que par amour réciproque et pour atteindre leurs fins naturelles. Mais ce motif n'existe à proprement parler que très rarement de nos jours. Au contraire, le mariage est considéré par la plupart des femmes comme une sorte de refuge dans lequel elles doivent entrer à tout prix, tandis que l'homme, de son côté, en pèse et en calcule minutieusement les avantages matériels. Et la brutale réalité apporte, même dans les mariages où les motifs égoïstes et vils n'ont eu aucune action, tant de troubles et d'éléments de désorganisation que ceux-ci ne comblent que rarement les espérances que les époux caressaient dans leur jeune enthousiasme et dans tout le feu de leur premier amour.

Cela est très naturel. Si le mariage doit donner à chacun des deux conjoints une vie commune satisfaisante, il exige aussi, à côté de l'amour et du respect réciproques, la sécurité de l'existence matérielle et la somme de nécessaire et d'agréable qu'ils jugent indispensable pour eux et pour leurs enfants. Les lourds soucis de la dure lutte pour l'existence sont le premier clou du cercueil où viennent échouer le bien-être du ménage et le bonheur conjugal. Plus la communauté se montre féconde, plus le mariage remplit son but naturel, plus les charges deviennent lourdes. Le paysan, qui se réjouis de chaque veau que lui donne sa vache, qui compte avec anxiété le nombre des petits que sa truie met bas et annonce avec joie l'événement à ses voisins, ce paysan baisse les yeux d'un air sombre quand sa femme ajoute un rejeton au chiffre des enfants qu'il croit pouvoir élever sans trop de peine - et ce chiffre ne peut être gros. Son regard s'assombrit encore si le nouveau-né a le malheur d'être une fille.

Ce simple fait que la naissance d'un être humain, fait à « l'image de Dieu », comme disent les gens religieux, est dans un si grand nombre de cas taxée bien au-dessous de celle d'un animal domestique, fait éclater l'indignité de la situation dans laquelle nous nous trouvons. Et, en fait, c'est encore le sexe féminin qui en souffre le plus. Dans bien des cas, notre façon de voir les choses ne diffère guère de celle des peuples barbares de l'antiquité et de beaucoup d'autres qui vivent de nos jours.

Si chez eux on tuait les filles qu'il y avait en trop - et encore étaient-elles toujours en nombre superflu par suite des guerres meurtrières d'alors - il est vrai que nous ne les tuons pas ; nous sommes trop civilisés pour cela. Mais dans la famille et dans la société, nous traitons la plupart d'entre elles en parias. Partout dans la lutte pour l'existence, l'homme, étant le plus fort, repousse la femme, et là même où, poussée par son amour de la vie, elle entreprend la lutte, il lui arrive souvent d'être pourchassée avec haine par le sexe fort, comme une concurrente détestée. Les hommes, quelle que soit leur condition, ne font sur ce point aucune différence. Si des travailleurs peu clairvoyants veulent voir interdire tout travail de femme, - la demande en a, par exemple, été faite au congrès ouvrier français de 1877, mais elle a été rejetée à une grande majorité - il y a lieu d'excuser pareille étroitesse de cœur, car cette proposition peut se baser sur ce fait indéniable que l'introduction toujours croissante de la main-d'œuvre féminine dans l'industrie détruira complètement la vie de famille de l'ouvrier, et que par suite la dégénérescence de l'espèce est inévitable. Mais le travail de la femme ne peut pas être supprimé par l'interdiction pure et simple, car elles sont des centaines de mille, les femmes qui sont contraintes au travail industriel comme à d'autres travaux en dehors de leur ménage, parce qu'autrement elles ne peuvent pas vivre. La femme mariée elle-même est forcée aussi de se jeter dans l'arène de la concurrence, parce que trop souvent le salaire de l'homme ne suffit pas, à lui seul, pour entretenir la famille.

Sans doute, la société actuelle est plus cultivée que celle de jadis. La femme y occupe une place plus élevée, ses attributions sont, de bien des manières, changées et devenues plus dignes, mais, au fond, l'idée que l'on se faisait des relations entre les deux sexes est restée la même. Dans son ouvrage « La femme au point de vue de l'économie nationale » qui, remarquons-le en passant, répond peu à son titre et à ce que l'on en attendait, le professeur Lorenz von Stein nous a fait un tableau poétiquement flatté du mariage actuel tel qu'il le prétend être ; mais dans ce tableau encore se montre l'état de dépendance dans lequel la femme se trouve placée vis-à-vis du « lion », de l'homme. M. Von Stein écrit, entre autres : « L'homme veut un être qui non-seulement l'aime, mais encore le comprenne. Il veut quelqu'un dont non-seulement le cœur batte pour lui, mais dont la main lui éponge aussi le front ; qui, d'après l'idée qu'il s'en forme, fasse rayonner la paix, la tranquillité,

Auguste Bebel

l'ordre, une silencieuse autorité sur lui-même et sur les mille choses qu'il retrouve chaque jour en rentrant à la maison ; il veut quelqu'un qui répande sur toutes ces choses cet inexprimable parfum de la femme, qui est la chaleur vivifiante de la vie du foyer ».

Sous cet apparent dithyrambe chanté en l'honneur de la femme se dissimule son abaissement et le plus vil égoïsme de l'homme. Monsieur le professeur dépeint en toute fantaisie la femme comme un être vaporeux qui cependant, rompu aux nécessités pratiques de la science des chiffres, sait maintenir en équilibre le Doit et l'Avoir du ménage, qui, de plus, volète comme une douce brise printanière, autour du maître de la maison, du lion imposant, lit dans ses yeux le moindre de ses désirs, et de sa douce petite main éponge son front que lui, le « maître de la maison », a peut-être fait ruisseler de sueur sous l'enfantement de ses propres sottises. Bref, Monsieur le professeur von Stein dépeint une femme et un mariage comme il n'y en a, comme il ne peut y en avoir qu'un sur cent, tout au plus. Le savant homme ne voit et ne sait rien des milliers de mariages malheureux et de la disproportion qui y règne entre le devoir et la volonté de l'accomplir, ni des innombrables femmes qui vivent dans l'isolement et ne peuvent songer à se marier de leur vie, ni des millions d'autres qui sont obligées de peiner et de s'échiner du matin au soir à côté de leurs maris pour gagner, au jour le jour, un méchant morceau de pain. Chez tous ces pauvres gens, la dure, la cruelle réalité efface les poétiques couleurs du mariage plus vite que la main n'efface la poussière éclatante de l'aile du papillon. Un regard jeté sur eux eût tristement détruit le tableau poétiquement exhalé de Monsieur le professeur, et l'eût fortement dérouté.

On dit fréquemment : « le degré de civilisation d'un peuple se mesure le mieux à la situation que la femme y détient ». Nous tenons cette formule pour bonne, mais on s'aperçoit alors que notre civilisation si renommée n'en est pas encore arrivée bien loin dans ce sens.

Dans son livre « l'asservissement de la femme » (le titre indique l'idée que se fait l'auteur de la situation de la femme en général), John Stuart Mill dit : « La vie des hommes est devenue plus sédentaire. Le progrès de la civilisation unit l'homme à la femme par un plus grand nombre de liens ». La première proposition n'est pas exacte, la seconde ne l'est que conditionnellement ; celle-ci peut être juste dans le cas où les relations conjugales entre l'homme et la femme sont sincères. Tout homme sensé doit considérer comme avantageux pour lui-même et pour sa femme que celle-ci, sortant du cercle étroit de ses occupations domestiques, entre davantage dans la vie, se familiarise avec le courant de son époque et lui impose ainsi des « liens », peut-être, mais pas bien lourds. D'autre part, il y a lieu de rechercher également si notre vie moderne n'a pas introduit dans la vie conjugale des facteurs qui contribuent bien plus que jadis à détruire le mariage.

Il est certain que jadis aussi, dans les pays où la femme pouvait être propriétaire, les considérations matérielles influaient sur les mariages beaucoup plus que l'amour et l'affection réciproques, mais nous n'avons pas d'exemple que le mariage soit devenu autrefois, comme aujourd'hui, d'une manière aussi cynique, une espèce de marché public livré à la spéculation, une simple question d'argent. De nos jours le trafic matrimonial est pratiqué sur une vaste échelle parmi les classes qui possèdent - il n'a aucun sens pour ceux qui n'ont rien - avec urne impudeur qui permet de considérer comme une amère ironie le mot souvent répété de la « sainteté » du mariage. Comme toutes choses, cette manière de faire n'est pas sans avoir sa raison d'être. À aucune époque, il n'a été plus difficile qu'aujourd'hui à la grande majorité de l'humanité d'atteindre au bien-être tel qu'on le conçoit en général ; mais à aucune époque non plus on n'a mené aussi universellement la lutte - d'ailleurs juste en elle-même - pour arriver à une existence digne de l'être humain et à toutes les jouissances de la vie. Il n'y a pas, à proprement parler, de différences entre les positions et les classes. L'idée démocratique de l'égalité de tous dans le droit à la jouissance a réveillé dans tous les esprits le désir de transporter aussi ce droit dans la réalité. Mais la majorité ne comprend pas encore que l'égalité dans la jouissance n'est possible que s'il y a égalité dans les droits et les conditions de l'existence sociale. Par contre, les idées qui l'emportent aujourd'hui et l'exemple venu d'en haut apprennent à chaque individu à se servir de n'importe quel moyen de nature à l'amener, d'après lui, à son but, sans trop le compromettre. C'est surtout ainsi que la spéculation sur le mariage d'argent est devenue un moyen de parvenir. Le désir d'avoir de l'argent, le plus d'argent possible, d'une part, l'ambition du rang, des titres, des dignités, de l'autre, trouvent particulièrement à se satisfaire

Auguste Bebel

mutuellement dans ce que l'on est convenu d'appeler les hautes régions de la société. Le mariage y est le plus souvent considéré comme une simple affaire ; il constitue un lien purement conventionnel que les deux parties respectent extérieurement, tandis que pour le reste chacune d'elles agit à sa fantaisie. Et nous ne faisons ici qu'une demi-allusion aux mariages politiques dans les plus hautes sphères. Dans ces unions, le privilège d'entretenir impunément des relations extra-conjugales selon son caprice ou ses besoins s'est silencieusement établi en règle - à la vérité, encore, beaucoup plus au profit de l'homme qu'à celui de la femme. Il fut un temps où être la maîtresse d'un souverain était de bon ton, où chaque prince devait avoir au moins une maîtresse qui faisait dans une certaine mesure partie de ses attributs princiers. C'est ainsi que Frédéric-guillaume Ier de Prusse (1713-1740) entretint, au moins pour la forme, avec la femme d'un général, des relations dont l'intimité consistait en ce qu'il se promenait chaque jour pendant une heure avec elle dans la cour du château. D'autre part, il est connu de tout le monde que l'avant-dernier roi d'Italie, le « roi-gentilhomme », ne laissa pas moins de trente-deux enfants adultérins. Et l'on pourrait multiplier largement ces exemples.

L'histoire intime de la plupart des Cours et des familles nobles de l'Europe est pour tout homme qui « sait » une chronique scandaleuse presque ininterrompue, souvent assombrie par des crimes de la pire espèce. Il est donc on ne peut plus nécessaire que des sycophantes retraçant l'histoire, non-seulement mettent hors de doute la « légitimité » des différents « pères et mères de la patrie » qui se sont succédé, mais encore qu'ils s'évertuent à nous les présenter tous comme des modèles des vertus domestiques, comme des maris fidèles et de bons pères de famille.

Dans toutes les grandes villes, il y a des endroits et des jours déterminés où se réunit la haute société dans le but de provoquer des fiançailles et des mariages. Ces réunions, on les a fort proprement appelées la « Bourse du mariage ». Car, comme à la Bourse, la spéculation et le jeu y jouent le principal rôle ; ni la tromperie ni le mensonge n'y font défaut. Des officiers criblés de dettes, mais pouvant présenter un titre de vieille noblesse ; des roués, cassés par la débauche, cherchant à refaire dans le port du mariage leur santé ruinée et ayant besoin d'une garde-malade ; des industriels, des commerçants ou des banquiers frisant la banqueroute ou la prison et qui demandent à être « sauvés » ; enfin tous ceux qui ne songent qu'a acquérir de l'or et des richesses ou à augmenter celles qu'ils ont, s'y rencontrent avec des employés qui ont de l'avancement en perspective, mais qui, pour l'heure, ont des besoins d'argent. Tout ce monde vient s'offrir et passe marché sans s'occuper de savoir si la femme est jeune ou vieille, belle ou laide, saine ou malade, bien ou mal élevée, pieuse ou frivole, chrétienne ou juive. Et quelle est l'expression dont s'est servi un illustre homme d'État : « Un mariage entre un étalon catholique et une jument juive est chose on ne peut plus recommandable ». Cette image, empruntée d'une façon si frappante au langage de l'écurie, trouve, ainsi que l'expérience le démontre, une application vivante dans les hautes régions de notre société. L'argent égalise toutes les tares et l'emporte dans la balance sur toutes les imperfections. D'innombrables agences matrimoniales, puissamment organisées, des entremetteurs et des entremetteuses de tous genres opèrent le racolage et cherchent candidats et candidates pour le « saint état du mariage ». Ce commerce est particulièrement profitable lorsqu'il « travaille » pour des membres des hautes classes. C'est ainsi qu'en 1878 eut lieu à Vienne contre une entremetteuse un procès pour empoisonnement qui se termina pour l'accusée par une condamnation à 15 jours de prison, et au cours duquel il fut établi que l'ancien ambassadeur de France à Vienne, le comte Banneville, avait payé à cette femme 22.000 florins de commission pour lui avoir procuré son épouse. D'autres membres encore de la haute aristocratie furent fortement compromis dans le même procès. Il sautait aux yeux que pendant des années certains fonctionnaires de l'État avaient laissé cette femme accomplir ses menées ténébreuses et criminelles. Pourquoi ? Ce qu'on apprit ne laissait à cet égard aucun doute. On se raconte des histoires analogues qui se passent dans la capitale de l'empire allemand. Quiconque, jeune homme ou jeune fille, ne trouve aujourd'hui sous la main rien de convenable pour se marier, confie ses peines de cœur à des journaux pieusement conservateurs ou moralement libéraux qui veillent moyennant finances et sans bonnes paroles à ce qu'il se trouve des âmes sœurs. L'abus des entremises matrimoniales est devenu tel que les gouvernements se sont, de ci de là, vus forcés de combattre par des avertissements et des mesures répressives des escroqueries devenues trop manifestes. C'est ainsi qu'en 1876 la capitainerie générale de Leipzig publiait un avis pour appeler l'attention sur l'industrie clandestine des agences matrimoniales et invitait la police à lui signaler pour être punis les empiétements qui se produisaient sur les limites fixées. Du reste l'État qui, en d'autres cas, - par exemple lorsqu'il s'agit de partis politiques qui deviennent gênants - se pose volontiers en gardien de « l'ordre et de la morale », se décide assez rarement à lutter d'une façon sérieuse contre un scandale qui s'aggrave tous les jours.

Dans un autre ordre d'idées, l'État aussi bien que l'Église ne jouent pas un rôle bien brillant dans les mariages de ce genre, si « sacrés » soient-ils. Le fonctionnaire de l'État à qui revient la mission de conclure le mariage, a beau être fermement convaincu que le couple qui est devant lui a été réuni au moyen des pratiques les plus viles ; il a beau être de notoriété publique que les fiancés ne sont pas le moins du monde assortis ni par leur âge ni par leurs qualités physiques ou morales ; la femme a beau avoir vingt ans et l'homme soixante-dix, ou réciproquement ; la fiancée a beau être jeune, jolie, heureuse de vivre, et le futur vieux, rhumatisant et grognon : tout cela ne regarde ni le représentant de l'État ni celui de l'Église ; ils n'ont rien à demander à ce sujet. L'union est « consacrée », et consacrée par l'Église avec d'autant plus de solennité que la rétribution de ce « commerce sacré » a été plus abondante.

Mais qu'au bout de quelque temps un mariage conclu de cette manière se montre comme malheureux au possible, ainsi que tout le monde, la triste victime elle-même - qui est régulièrement la femme - l'avait prévu ; que l'une des parties demande sa séparation de l'autre ; alors l'État comme l'Église soulèvent les plus grandes difficultés, eux qui, précédemment, ne s'étaient pas inquiété de savoir si les liens qu'on leur demande de délier avaient été noués par un amour réel, par un penchant purement naturel et moral ou par un égoïsme cynique et malpropre. Ni l'État ni l'Église ne jugent de leur devoir de se renseigner avant le mariage sur ce que l'union peut avoir de manifestement contre-nature, et, par suite, de profondément immoral. Qu'il s'agisse de séparation, on n'admet que rarement la répulsion morale pour motif ; on exige des preuves palpables qui toujours déshonorent ou rabaissent l'une des parties dans l'opinion publique et faute desquelles la séparation n'est pas prononcée. L'Église romaine principalement, en n'accordant la dissolution du lien conjugal que par une dispense spéciale du pape, fort difficile à obtenir, et en ne prononçant tout au plus que la séparation de corps, aggrave l'état de choses sous lequel gémissent toutes les nations catholiques.

Voilà comment on enchaîne l'un à l'autre des êtres humains ; l'une des parties devient l'esclave de l'autre et est contrainte, par « devoir conjugal », de se soumettre à ses baisers, à ses caresses les plus intimes, qu'elle a peut-être plus en horreur que ses injures et ses mauvais traitements.

Et maintenant je pose cette question : un pareil mariage - et il y en a beaucoup de ce genre - n'est-il pas pire que la prostitution ? La prostituée est encore jusqu'à un certain point libre de se soustraire à son honteux métier et, si elle ne vit pas dans une maison publique, elle a le droit de se refuser à vendre ses caresses à un homme qui, pour une raison ou pour une autre, ne lui plaît pas. Mais une femme vendue par le mariage est tenue de subir les caresses de son mari, quand bien même elle a cent raisons de le haïr et de le mépriser.

Dans certains autres mariages conclus sous l'influence prépondérante de considérations matérielles, les situations sont moins mauvaises. On s'arrange, on établit un *modus vivendi*, on accepte le fait accompli comme une chose à laquelle on ne peut rien changer, parce qu'on a peur du scandale, parce que l'on craint de nuire à ses intérêts matériels, que l'on a des enfants auxquels il faut songer, - encore que ce soient précisément ceux-ci qui souffrent le plus, au milieu de l'existence froide et sans amour des parents qui m'a même pas besoin pour cela de se changer en hostilité ouverte, en disputes et en querelles. L'homme, de qui provient le plus souvent, comme le démontrent les procès en séparation, le scandale dans le mariage, sait, grâce à sa situation prépondérante, se dédommager ailleurs. La femme ne peut que bien plus rarement prendre ainsi les chemins de traverse, d'abord parce que s'y lancer est plus dangereux pour elle, pour des raisons d'ordre physique, en sa qualité de partie pre- nante, et ensuite parce que chaque pas fait en dehors du mariage lui est compté comme un crime que ni l'homme ni la Société ne pardonnent. La femme ne se résoudra à la séparation que dans les cas les plus graves d'infidélité ou de mauvais traitements de la part du mari, parce qu'elle est obligée, en pesant le pour et le contre, de considérer le mariage comme un asile. Elle ne se trouve le plus souvent pas dans une position matérielle indépendante, et une fois séparée, la société lui fait une situation qui n'a rien d'enviable. Si, malgré cela, l'énorme majorité des demandes en séparation proviennent de la femme (88 % en France, par exemple) [1], c'est là un symptôme de la dangereuse gravité des maux que le mariage entraîne pour elle. Le nombre chaque année croissant, dans presque tous les pays, des unions dissoutes, en témoigne largement. Il exagérait donc à peine, ce juge autrichien qui, d'après un feuilleton du « Journal de Francfort » de 1878, s'écriait : « les plaintes en adultère sont aussi nombreuses que les plaintes pour carreaux cassés ».

L'insécurité sans cesse croissante du travail, la difficulté chaque jour plus grande d'atteindre une position à moitié certaine au milieu de la lutte économique de tous contre tous, ne permettent pas d'entrevoir que, sous notre système social, toutes les misères dont le mariage est la cause puissent cesser ou même s'atténuer. Au contraire, les maux qui découlent du mariage ne pourront que grandir et s'aggraver par ce fait qu'il est étroitement lié aux conditions actuelles de la fortune et de la société.

D'une part la corruption croissante du mariage, de l'autre et surtout l'impossibilité pour un grand nombre de femmes d'arriver à conclure une union légitime, permettent de considérer comme des paroles irréfléchies les raisonnements comme celui-ci : la femme doit rester confinée dans son ménage ; c'est comme maîtresse de maison et comme mère qu'elle a sa mission à remplir. Par contre, la corruption forcément grandissante du mariage multipliera nécessairement les raisons qui y mettent obstacle - malgré les facilités que pourra accorder l'État - ainsi que les relations sexuelles extra-conjugales, la prostitution et toute la série des vices contre nature [2].

---

1 Il a été déposé en France les moyennes suivantes de plaintes en séparation de corps par an : De 1856 à 1861, 1729 par les femmes, 184 par les maris ; de 1861 à 1866, 2135 et 260 ; de 1866 à 1871, 2591 et 330. (Bridel : « Puissance maritale »).

2 Le Dr Karl Bücher, lui aussi, dans son ouvrage déjà cité « la question des femmes au moyen âge », déplore la déchéance du mariage et de la vie de famille. Il en accuse l'emploi croissant de travail des femmes dans l'industrie et réclame le « retour » de la femme à sa mission la plus appropriée, à la maison et à la famille, où seulement son travail acquiert de la « valeur ». Les revendications des partisans modernes des droits

Dans les classes qui possèdent, il n'est pas rare que, tout comme dans la Grèce antique, la femme tombe au rang de machine à produire des enfants légitimes, de gardienne de la maison, ou de garde-malade de son mari. L'homme entretien pour son plaisir et pour la satisfaction de ses fantaisies amoureuses des courtisanes et des hétaïres - qu'on appelle chez nous des maîtresses - avec les élégantes demeures desquelles on pourrait faire les plus beaux quartiers de nos villes. En dehors de cela, les mariages contre nature mènent à toutes sortes de crimes, comme l'assassinat du conjoint ou la recherche de jouissances artificielles. L'assassinat conjugal doit surtout se pratiquer fréquemment pendant les épidémies cholériques, étant donné qu'on pense généralement que les symptômes du choléra ressemblent en bien des points à ceux de l'empoisonnement, que l'émotion générale, le grand nombre des cadavres, le danger de la contagion diminuent ce que la visite peut avoir de méticuleux et rendent nécessaires le prompt enlèvement et l'enfouissement rapide des cadavres.

Dans les classes de la société où l'on n'a pas les moyens d'entretenir une maîtresse, on se rabat sur les lieux de plaisir publics ou intimes, les cafés chantants, les concerts, les bals, les maisons de femmes. Les progrès de la prostitution sont un fait partout reconnu.

Si, dans les classes moyennes et supérieures de la société, le mariage se trouve déconsidéré, d'une part en raison de son caractère mercantile, du superflu des richesses, de l'oisiveté, du sybaritisme, et d'un autre côté par une nourriture du cœur et de l'esprit correspondante, par la frivolité des spectacles, le caractère lascif de la musique, l'immoralité et la grivoiserie des romans et des illustrations, des causes analogues ou différentes produisent le même résultat dans les classes inférieures. La possibilité, pour le salarié, de se créer par son travail une situation, est aujourd'hui chose si précaire qu'il n'en est pas tenu compte par la

de la femme lui apparaissent comme du « dilettantisme » et il espère finalement que « l'on entrera bientôt dans une voie plus vraie » sans être lui-même manifestement en état d'indiquer un seul chemin menant au succès. Cela n'est pas davantage possible si l'on part du point de vue où se placent nos petits bourgeois démocrates ; d'après celui-ci, il faut considérer toute l'évolution moderne comme une sorte de cercle vicieux, comme une immense bévue commise par la civilisation. Seulement les peuples ne font pas de bévues dans leur développement ; leur évolution s'accomplit suivant des lois immanentes. Ces lois, il est du devoir des penseurs de les découvrir et, guidés par elles, de montrer le chemin qui doit conduire à la suppression des maux de l'heure présente.

Auguste Bebel

masse des travailleurs dans les questions qu'ils ont à agiter. Le mariage d'argent ou d'intérêt leur est, par lui-même, interdit aussi bien qu'à la partie féminine de leur classe. En règle générale, le mariage n'est pour le travailleur que la satisfaction du penchant qu'il a pour une femme ; cependant il n'est pas rare que le calcul de voir l'épouse gagner un salaire avec lui joue un rôle dans cette sorte d'unions, de même qu'il lui arrive d'envisager ce fait que les enfants pourront acquérir de bonne heure la valeur d'un instrument de travail et couvriront ainsi, dans une certaine mesure, les frais de leur entretien. Cela est triste, mais ce n'est que trop vrai. En dehors de cela, il ne manque pas d'autres motifs qui mettent obstacle au mariage de l'ouvrier. Une trop riche fécondité sexuelle affaiblit ou annihile même la main-d'œuvre de la femme, et augmente les dépenses du ménage ; les crises commerciales et industrielles, l'introduction de nouvelles machines ou de méthodes de production perfectionnées, les guerres, la fâcheuse action des traités de commerce et de douane, les impôts indirects, diminuent plus ou moins, pour une durée tantôt longue, tantôt courte, le gain de l'ouvrier, et finissent par le jeter tout à fait sur la paille. Tous ces coups du hasard aigrissent les caractères, et c'est sur la vie domestique qu'ils influent tout d'abord, quand chaque jour, à chaque heure, femme et enfants réclament à l'homme leur strict nécessaire sans qu'il puisse leur donner satisfaction. Trop souvent, de désespoir, il cherche sa consolation au cabaret dans son verre de mauvaise eau-de-vie ; le dernier sou du ménage se dépense ; les disputes et les querelles ne prennent plus fin. C'est là qu'est la ruine du mariage et de la vie de famille.

Prenons un autre exemple. L'homme et la femme vont au travail. Les enfants sont laissés à eux-mêmes ou à la surveillance de frères et sœurs plus âgés auxquels manque la première qualité nécessaire a cette mission : l'éducation. Ce qu'on appelle le dîner (repas de midi) est englouti au grand galop, à la condition encore que les parents aient le temps de revenir chez eux ; le soir, tous deux rentrent à la maison épuisés de fatigue. Au lieu d'un intérieur agréable et riant, ils trouvent un logis étroit, malsain, manquant d'air, de lumière et souvent des commodités les plus indispensables. La femme a maintenant de l'ouvrage plein les mains, du travail jusque par-dessus la tète pour ne mettre en ordre que le plus nécessaire. Les enfants, criant et faisant tapage, sont vivement mis au lit ; la femme s'assied, coud et raccommode jusque tard dans la nuit. Les distractions intellectuelles, les consolations de l'esprit font entièrement défaut. Le mari n'a pas d'instruction, ne sait pas grand chose, la femme encore moins, le peu qu'on a à se dire est vite épuisé. L'homme va chercher au cabaret la distraction qui lui manque chez lui ; il boit, et si peu qu'il dépense, c'est encore beaucoup pour sa position. Parfois, il s'abandonne aussi au jeu, vice qui fait plus particulièrement tant de victimes dans les classes élevées, et il perd trois fois, dix fois plus qu'il ne dépense à boire. Pendant ce temps, la femme, assise à sa besogne, se laisse aller à la rancune contre son mari ; il lui faut travailler comme une bête de somme, il n'y a pour elle ni un instant de repos ni une minute de distraction ; l'homme, lui, use de la liberté qu'il doit au hasard d'être né homme. La mésintelligence est complète. Mais si la femme est moins fidèle à son devoir, si rentrant le soir fatiguée du travail, elle cherche les délassements auxquels elle a droit, alors le ménage marche à rebours, et la misère devient doublement dure. Oui, en vérité, nous vivons dans « le meilleur des mondes ».

Toutes ces circonstances contribuent aujourd'hui à désorganiser davantage le mariage du prolétaire. Même les périodes pendant lesquelles le travail marche le mieux ont leur influence néfaste, car cela oblige l'ouvrier à travailler le dimanche, à faire des heures supplémentaires, et lui enlève le peu de temps qu'il lui restait à consacrer à sa famille. Dans des milliers de cas, il lui faut des demi-heures, des heures entières même pour se rendre à son travail ; utiliser le repos de midi pour revenir à la maison est presque toujours une impossibilité ; il se lève donc le matin à la première heure, alors que les enfants sont encore profondément endormis et il rentre tard le soir pour les trouver déjà couchés. Beaucoup de travailleurs, notamment les ouvriers du bâtiment dans les grandes villes, restent dehors toute la semaine à cause de l'éloignement de leur chantier et ne rentrent chez eux que le dimanche ; et l'on veut que la vie de famille prospère dans ces conditions-là ! D'autre part, l'emploi du travail de la femme et de l'enfant prend chaque jour plus d'extension, surtout dans l'industrie textile qui fait servir ses milliers de métiers à vapeur et de machines à filer, par des femmes et des enfants dont la main d'œuvre est peu rétribuée. Dans ce cas, les conditions des sexes et des âges sont presque retournées. La femme et l'enfant vont à la fabrique ; l'homme, n'ayant plus d'emploi, reste à la maison et vaque aux travaux domestiques. À Colmar, à la fin de novembre 1873, sur 8109 ouvriers employés à l'industrie textile, il y avait 3509 femmes, 3416 hommes seulement et 1184 enfants, de telle sorte que femmes et enfants réunis formaient un total de 4693 contre 3416 hommes.

Dans l'industrie cotonnière anglaise, il y avait en 1875, sur 479.515 travailleurs, 258.667 femmes, soit 54 % du chiffre total ; 38.558 ou 8 % de jeunes ouvriers des deux sexes, âgés de 13 à 18 ans ; 66.900 ou 14 % d'enfants au-dessous de 13 ans, et seulement 115.391 hommes, soit 24 %. Qu'on se fasse une idée de la vie de famille que ces gens-là peuvent mener !

Notre état « chrétien », dont on cherche inutilement le « christianisme » partout où il devrait être appliqué, quitte à le trouver partout où il est funeste ou superflu, cet état « chrétien » agit absolument commue le bourgeois « chrétien », ce qui ne saurait étonner aucun de ceux qui savent que le premier n'est que le commis du second. Non seulement il se garde bien d'édicter des lois qui fixent des limites normales au travail de la femme, et interdisent absolument celui des enfants, mais encore il n'accorde lui-même à beaucoup de ses employés ni le repos complet du dimanche, ni une durée normale de travail, et il trouble ainsi leur vie de famille. Les employés des postes, des chemins de fer, des prisons, etc., sont tenus en grand nombre de remplir leurs fonctions au-delà des limites de temps habituelles, et leur rétribution est en proportion inverse du travail qu'ils fournissent. Mais c'est là une situation partout normale aujourd'hui, et pour le moment la majorité la trouve parfaitement dans l'ordre.

Comme d'autre part les loyers sont trop élevés en comparaison des salaires et des revenus des petits employés et des petites gens, travailleurs et petites gens sont obligés de se resserrer à l'extrême. On prend à domicile ce qu'on appelle des logistes, hommes ou femmes, souvent même des deux sexes à la fois. Jeunes et vieux vivent dans le cercle le plus limité, sans séparation des sexes, étroitement entassés même dans les circonstances les plus intimes : ce qu'il en résulte pour la pudeur et la morale, des faits épouvantables le démontrent. Et quelle influence peut avoir, dans le même ordre d'idées, sur les enfants, le travail de la fabrique ? Incontestablement la plus mauvaise qui se puisse imaginer, tant au point de vue physique qu'au point de vue moral.

L'emploi toujours plus répandu des femmes même mariées est appelé à avoir les plus funestes conséquences, notamment pendant les grossesses, au moment des accouchements et durant le premier âge des enfants, alors que la nourriture de ceux- ci par la mère est indiquée. Il en résulte, pendant la grossesse, une foule de maladies qui influent d'une façon aussi pernicieuse sur l'enfant que sur l'organisme de la femme, des avortements, des venues avant terme ou de mort-nés. L'enfant une fois mis au monde, la mère est obligée de retourner le plus rapidement possible à la fabrique pour que sa place n'y soit pas prise par une concurrente. Ce qu'il on résulte inévitablement pour les petits nourrissons, c'est qu'ils ne reçoivent que des soins négligés, une nourriture mal appropriée ou complètement nulle ; on les bourre d'opiats pour les faire rester tranquilles. Conséquences : une mortalité considérable, les maladies de langueur, le dépérissement, en un mot la dégénérescence de la race. Les enfants grandissent, dans bien des cas, sans avoir eu quoi que ce soit joui de l'amour paternel ou maternel, et sans avoir, de leur côté, ressenti le véritable amour filial. Voilà comment naît, vit et meurt le prolétariat. Et l'état « chrétien », la société « chrétienne » s'étonnent de voir la grossièreté, l'immoralité, les crimes de toute nature, s'accroître sans cesse !

Lorsque, au début de la période décennale de 1860, des milliers et des milliers d'ouvriers des districts cotonniers d'Angleterre furent réduits au chômage par suite de la guerre de sécession de l'Amérique du Nord, les médecins firent cette découverte saisissante que, malgré la profonde misère de la population, la mortalité des enfants diminua. La raison en était fort simple. Les enfants étaient mieux soignés et recevaient la nourriture de la mère dont ils n'avaient jamais profité pendant les périodes de travail meilleures. Le même fait a été constaté par les hommes de l'art de l'Amérique du Nord, lors de la crise des années 1810, dans les états de New-York et du Massachusetts. Le manque général de travail força les femmes à chômer et leur laissa le temps de soigner leurs enfants.

Dans l'industrie à domicile, que les théoriciens romantiques aiment tant à nous présenter comme idyllique, les conditions de la vie de famille et de la morale n'en sont pas d'un cheveu meilleures. Du matin au soir la femme y est enchaînée au travail à côté de l'homme ; les enfants, dès leur plus jeune âge, sont employés à la même besogne. Entassés dans les locaux les plus exigus que l'on puisse imaginer, l'homme, la femme et la famille, filles et garçons, vivent au milieu des déchets du travail, parmi les exhalaisons et les odeurs les plus désagréables, privés de la plus indispensable propreté. Les chambres à coucher forment le pendant des locaux où l'on se tient dans le jour et où l'on travaille. Ce sont en général des trous obscurs, sans ventilation, qui reçoivent pour la nuit un nombre d'êtres humains dont le quart seulement y serait déjà logé dans les conditions les plus malsaines. Bref, il existe des situations telles qu'elles donnent le frisson à quiconque est habitué à une existence digne d'un être humain.

La lutte pour l'existence devenant chaque jour plus pénible, hommes et femmes en sont souvent réduits à commettre et à supporter des actes qu'ils auraient, autrement, en horreur. C'est ainsi qu'en 1877, à Munich, il fut constaté que, parmi les prostituées inscrites à la police et surveillées par elle, il ne se trouvait pas moins de 203 femmes mariées à des ouvriers ou à des artisans. Et combien de femmes mariées exercent ce honteux métier par nécessité, sans se soumettre au contrôle de la police, qui froisse au suprême degré le sentiment de la pudeur et la dignité humaine.

Si le prix élevé des grains pendant un an influe déjà dans une mesure appréciable sur l'abaissement du chiffre des mariages et des naissances, les crises, telles qu'elles sont inéluctablement liées à notre système industriel, et qui durent des années entières, ont, à ce point de vue particulier, une influence encore plus sensible. C'est ce que démontre d'une façon frappante la statistique des mariages dans l'Empire allemand. En 1872, l'année du « réveil » industriel, il fut conclu 423.900 mariages : en 1879, où la crise atteignit son maximum d'intensité, 335.133 seulement ; les mariages avaient donc diminué de 25 %, et même de 33 %, si l'on tient compte de l'augmentation de population qui s'était produite entre temps. En Prusse, pendant les années où la crise sévit véritablement, de 1876 à 1879, le chiffre des unions avait décru d'une façon remarquable d'année en année. Ces chiffres étaient de 224.773 en 1876, de 210.357 en 1877, de 207.754 en 1878 et de 206.752 en 1879. Le chiffre des naissances diminuait également d'une façon significative. La crainte de la misère, la pensée de ne pouvoir donner aux enfants une éducation en rapport avec leur situation, poussent encore les femmes de toutes classes à des agissements qui ne sont pas plus d'accord avec les lois de la nature qu'avec le Code pénal. À ces agissements appartiennent les différents moyens employés pour empêcher la conception, et, quand celle-ci a eu lieu malgré tout, la suppression du fruit importun, l'avortement. On ferait fausse route si l'on voulait affirmer que ces moyens ne sont employés que par des femmes à l'esprit léger et dénuées de conscience. Ce sont au contraire fort souvent des épouses fidèles à leurs devoirs qui, pour échapper à ce dilemme, ou de se refuser à leur mari en comprimant énergiquement leur instinct sexuel ou de pousser leur époux à des détours qu'il n'a en général que trop de propension à suivre, préfèrent se résoudre à employer des manœuvres abortives. À côté de celles-là, il y en a d'autres, particulièrement dans les classes élevées, qui, pour cacher une faute, ou par répugnance pour les incommodités de la grossesse, de l'accouchement, de l'élevage, ou encore par crainte de voir plus vite leurs charmes se flétrir et de peur de perdre alors en considération auprès de leur mari ou des hommes de leur monde, se soumettent à ces manœuvres coupables et trouvent au poids de l'or l'aide complaisante du médecin et de la sage-femme. C'est ainsi qu'au printemps de 1878, à New-York, se suicida une femme qui habitait un palais somptueux, qui pendant plus d'une génération avait exercé son honteux métier sous les yeux de la police et de la justice, et qui finit par payer sa dette à la vindicte publique à la suite d'une dénonciation qui faisait peser sur elle de lourdes charges. Cette femme, malgré son existence fastueuse, laissa une fortune qui fut évaluée à plus d'un million et demi de dollars. Sa clientèle se recrutait exclusivement dans les cercles les plus riches de New-York. À en juger par le chiffre croissant des offres non déguisées qui s'étalent dans nos journaux, chaque jour augmente le nombre des établissements de tout genre où l'on fournit aux femmes et aux filles des classes riches les moyens d'attendre dans le plus rigoureux secret les suites de leurs « fautes ».

La crainte de voir le nombre des enfants devenir trop considérable eu égard à la fortune que l'on possède et aux frais de leur entretien, a élevé dans des classes, dans des peuples entiers, les règles de continence à la hauteur d'un système et, dans certains cas, en a fait une calamité publique. C'est ainsi qu'il est un fait généralement constaté, à savoir que le malthusianisme est pratiqué à tous les degrés de la société française. Dans aucun pays civilisé le nombre proportionnel des mariages n'est aussi élevé qu'en France, et dans aucun le chiffre des naissances n'est aussi bas, l'augmentation de la population aussi lente. À ce dernier point de vue la France ne vient même qu'après la Russie. En France, le bourgeois, le petit propriétaire, le petit cultivateur, suivent ce système, et le travailleur français se laisse aller au courant général.

Il n'en est pas autrement chez les Saxons de Transylvanie ; soucieux de conserver compacte leur grande fortune pour rester parmi le peuple la classe prépondérante, et de ne pas trop affaiblir leur patrimoine par les partages, ils s'appliquent à réduire leur postérité légitime le plus possible. Par contre, les hommes cherchent en grand nombre la satisfaction de leur instinct sexuel en dehors du mariage. Ainsi s'explique ce qui a frappé les ethnologues, à savoir le nombre des bohémiens blonds et des roumains ayant le type ainsi que les qualités caractéristiques du germain, l'activité et l'économie, qualités qui en dehors de cela se trouvent si rarement chez eux. Grâce à ce système, les Saxons, bien qu'immigrés en grand nombre en Transylvanie dès la fin du XIIème siècle, s'y trouvent à peine portés aujourd'hui au nombre de 200.000. En revanche, en France, où il n'y a pas de races étrangères spécialement utilisées à la satisfaction des instincts sexuels, le chiffre des infanticides et des abandons d'enfants suit une progression significative, ces deux catégories de crimes étant encore favorisées par les dispositions du Code civil français qui interdit la recherche de la paternité. La bourgeoisie française, comprenant bien quelle monstruosité elle commettait, en mettant, de par la loi, les femmes trompées dans l'impossibilité de s'adresser au père de leur enfant pour le nourrir, a cherché à alléger le sort de celles-ci par la création d'orphelinats. D'après notre fameuse « morale », le sentiment paternel n'existe pas, on le sait, pour l'enfant naturel ; il n'existe que pour les « héritiers légitimes ». Par l'institution des orphelinats, la mère devait, elle aussi, être enlevée aux nouveau-nés. Ceux-ci viennent au monde orphelins. La bourgeoisie fait élever ses bâtards aux frais de l'État, comme « enfants de la Patrie ». Merveilleuse institution ! Cependant, malgré les orphelinats, où les soins à donner aux enfants leur font défaut et où ceux-ci meurent en masse, l'infanticide et l'avortement augmentent en France dans une proportion bien plus élevée que la population.

De 1830 à 1880, les cours d'assises françaises eurent à juger 8563 infanticides, et encore ce chiffre monta de 471 en 1831 à 980 en 1880. Dans le même laps de temps, il fut prononcé 1032 condamnations pour avortements, mais 41 en 1831 et 100 en 1880. Naturellement ce n'est que l'immense minorité des avortements qui vient à la connaissance de la justice et seulement, en règle générale, lorsqu'ils ont pour conséquences des maladies graves ou des cas de mort. La population des campagnes figure dans les infanticides pour 75 % ; celle des villes pour 67 % dans les cas d'avortements. À la ville les femmes ont sous la main plus de moyens d'empêcher la naissance ; de là un grand nombre de cas d'avortements et relativement moins d'infanticides. À la campagne, la proportion est renversée.

Telle est l'image que nous présente, dans la plupart des cas, le mariage actuel. Elle s'écarte, sérieusement, des jolies peintures que nous en font les poètes et des fantaisistes englués de poésie, mais elle a l'avantage... d'être vraie.

Cependant cette image serait incomplète si je négligeais d'y ajouter encore quelques traits essentiels.

Quel que soit le résultat des controverses sur les capacités intellectuelles des deux sexes - et nous reviendrons ultérieurement sur cette question - il n'existe aucune divergence d'opinion sur ce fait qu'à l'heure actuelle le sexe féminin, comparé au sexe masculin, lui est moralement inférieur. Il est vrai que Balzac, qui n'était pourtant pas un ami des femmes, a déclaré ceci : « Une femme qui a reçu une éducation masculine possède en réalité les qualités les plus brillantes et les plus fécondes pour fonder son bonheur propre et celui de son mari » ; et Göthe, qui connaissait à coup sûr bien les femmes et les hommes de son temps, dit finement dans les « Années d'apprentissage de Wilhelm Meister (Confessions d'une belle âme) » : « On avait rendu ridicules les femmes savantes et l'on ne voulait pas non plus souffrir les femmes instruites, probablement parce que l'on ne trouvait pas poli de faire honte à un aussi grand nombre d'hommes ignorants » ; mais de nos jours, la masse n'a rien résolu de ces deux opinions. La différence entre les deux sexes consiste et doit consister en ceci que la femme est ce que les hommes, ses maîtres, l'ont faite.

L'éducation de la femme, en général, a été, de tout temps, plus négligée encore que celte du prolétaire, et toutes les améliorations que l'on fait aujourd'hui dans cet ordre d'idées sont encore insuffisantes à tous égards. Nous vivons en un temps où le besoin d'échanger ses idées croît dans tous les cercles, même dans la famille ; la grande négligence dans l'éducation de la femme se présente donc comme une lourde faute qui porte en elle son châtiment pour l'homme.

Le fond de l'éducation morale de l'homme consiste, en deux mots, à éclairer sa raison, à aiguiser sa pensée, à étendre ses connaissances pratiques, à renforcer sa volonté, bref à perfectionner ses fonctions intellectuelles. Pour la femme au contraire, l'éducation, là surtout où elle se donne dans une large mesure, s'attache principalement à rendre plus profondes ses facultés sensitives, à lui donner une culture toute de forme et de bel esprit, qui agit au plus haut degré sur sa sensibilité et sa fantaisie, comme par la musique, les belles-lettres, l'art et la poésie. C'est là le système le plus fou, le plus malsain que l'on pût appliquer ; il fait voir que les autorités chargées d'établir la mesure d'éducation à donner à la femme ne se sont laissées guider que par leurs idées préconçues de la nature de son caractère féminin et de la position qui lui est assignée dans la vie humaine. Ce qui manque à nos femmes, ce n'est ni une vie surchauffée, toute de sensations et de fantaisie, ni un renforcement de leur nervosité, ni la connaissance du beau, ni celle du bel esprit ; le caractère féminin a été richement développé et perfectionné dans ce sens, et l'on n'a donc fait qu'accentuer le mal. Mais si la femme, au lieu d'avoir trop de sensibilité, ce qui devient souvent désagréable, avait une bonne portion de raison juste, de faculté de penser exacte ; si au lieu d'être nerveuse et timide elle avait du courage physique et les nerfs solides ; si elle avait la science du monde, des hommes et des forces de la nature, au lieu de les ignorer complètement et de ne connaître que l'étiquette et le bel esprit, elle s'en trouverait bien mieux et l'homme aussi, sans aucun doute.

En général, ce que l'on a jusqu'ici le plus nourri, et sans mesure, chez la femme, c'est ce que l'on appelle la vie de l'esprit et de l'âme : par contre, on a empêché ou profondément négligé le développement de sa raison.

Il en résulte qu'elle souffre littéralement d'une hypertrophie de vie intellectuelle et spirituelle, qu'elle en devient plus accessible à toutes les superstitions, à toutes les croyances miraculeuses, qu'elle constitue toujours un terrain inappréciable pour toutes les charlataneries, religieuses et autres, un instrument approprié à toutes les réactions. La masse des hommes, bornés comme ils le sont, s'en plaignent parce qu'ils en souffrent personnellement, mais ils n'y changent rien parce qu'ils sont eux-mêmes empêtrés dans les préjugés jusqu'aux oreilles.

La grande majorité des femmes étant, au point de vue intellectuel, formées comme nous venons de le dépeindre, il en découle naturellement qu'elles envisagent le monde sous un tout autre aspect que ne le font les hommes ; et la fin de l'histoire, c'est qu'il se soulève entre les deux sexes des différends continuels.

La participation à la vie publique est aujourd'hui, pour tout homme, un de ses devoirs essentiels ; que nombre d'individus ne le comprennent pas, cela ne change rien à l'affaire. Mais chaque jour s'élargit le cercle de ceux qui reconnaissent que la vie publique et ses institutions sont liées de la façon la plus intime à ce que l'on appelle les intérêts privés de chacun ; que le bien ou le mal, pour l'individu comme pour la famille, dépendent beaucoup plus de l'état des institutions publiques et communes que des qualités ou des actes d'un chacun, en raison de ce fait que tous les efforts tentés par l'homme isolé pour lutter contre des privations qui résultent de l'état des choses et constituent sa propre situation, sont absolument impuissants. Comme d'autre part la lutte pour l'existence exige une ténacité bien plus considérable que par le passé, il faut à l'homme, pour parer à toutes les obligations qui lui incombent, une dépense de temps qui diminue notablement celui qu'il consacrait ou devait consacrer à la femme. La femme, par contre, en raison de l'éducation qu'elle a reçue et de sa façon d'envisager le monde, ne peut absolument pas comprendre que l'intérêt que porte l'homme aux événements publics ait un autre but que celui de se trouver en la société de ses pareils, de gaspiller son argent et sa santé, de se créer des soucis nouveaux, toutes choses dont elle aurait seule le dommage. Voilà l'origine des querelles de ménage. Le mari se voit souvent placé dans l'alternative ou de renoncer à travailler à la chose publique et de se soumettre à sa femme, - ce qui ne le rend pas plus heureux-, ou de renoncer à une partie de la paix conjugale et des agréments du ménage s'il place au-dessus de tout cela la revendication du bien-être général, qu'il sait être étroitement lié au sien propre et à celui de sa famille. S'il réussit à faire entendre raison à sa femme et à la dompter, c'est qu'il a franchi un rude écueil ; mais cela n'arrive que rarement. En général, l'homme a cette idée que ce qu'il veut ne regarde pas sa femme et qu'elle n'y entend rien. Il ne prend pas la peine de l'éclairer. « Tu ne comprends rien à ces choses-là » est la réponse stéréotypée quand la femme se plaint et s'étonne d'être si complètement mise de côté à son sens. Si les femmes ne comprennent pas, cela provient du manque de raison de la plupart des hommes. Mais quand la femme en arrive à ce que l'homme emploie des faux-fuyants pour sortir de chez lui et aller satisfaire son besoin de conversation - besoin qui, en général ne répond pas à des prétentions élevées mais qui cependant ne peut être satisfait à la maison - alors surgissent de nouveaux motifs de querelles conjugales.

Ces différences dans l'éducation et dans les manières de voir passent presque inaperçues au début du mariage, quand la passion est encore dans toute sa force. Mais elles s'accentuent en même temps que mûrissent les années et se font alors d'autant plus sensibles, parce que la passion sexuelle s'éteint de plus en plus, et qu'elle devrait d'autant plus nécessairement faire place à l'harmonie morale entre les époux.

Laissons même de côté la question de savoir si l'homme a le sentiment de ses devoirs civiques et s'il les remplit. Sa situation naturelle, ses relations professionnelles avec le dehors, le mettent, dans une foule de circonstances, en rapports suivis avec les éléments et les opinions les plus divers, et le font ainsi pénétrer dans une atmosphère intellectuelle qui élargit le cercle de ses vues, même sans qu'il y soit pour rien. Il se trouve le plus souvent, de par son état, dans un milieu intelligent ; par contre la femme, en raison de ses travaux domestiques qui l'absorbent du matin au soir, se voit enlever ou diminuer le temps de s'instruire, quand même elle y serait disposée ; bref, elle s'encroûte et se pétrifie moralement.

Un passage de l'opuscule : « Notes à ajouter au livre de la vie », de Gerhard d'Amyntor (Sam. Lukas, Elberfeld) dépeint bien le genre de vie de la plupart des femmes mariées à notre époque. On y lit, entre autres, dans le chapitre intitulé « piqûres mortelles » :

« Ce ne sont pas les événements les plus terribles à l'abri desquels nul ne saurait être, la mort du mari, la ruine morale d'un enfant bien-aimé, une longue et cruelle maladie, l'écroulement d'un projet chèrement caressé, qui détruisent chez la mère de famille tout ce qu'elle a de fraîcheur et de force, mais bien les petits soucis, chaque jour renouvelés, et qui la consument jusque dans la moelle de ses os. Que de millions de braves petites mères de famille laissent leur esprit enjoué, leur teint de roses, leur gracieux minois s'étioler et s'user dans les soins du ménage jusqu'à ce qu'elles en soient réduites à l'état de vieilles momies ratatinées, desséchées, cassées. L'éternel retour de la question : « que faut-il faire cuire aujourd'hui ? »le renouvellement quotidien de la nécessité de balayer, de battre et brosser les habits, d'épousseter, tout cela, c'est la goutte d'eau dont la chute constante finit par ronger lentement, mais sûrement, l'esprit aussi bien que le corps. C'est sur le fourneau de cuisine que s'établit le plus tristement la balance entre les dépenses et les recettes, que se font les considérations les plus désolantes sur la cherté toujours croissante des vivres et la difficulté sans cesse plus grande de gagner l'argent nécessaire. Sur l'autel flamboyant où mijote le pot-au-feu, sont sacrifiées jeunesse, liberté, beauté, bonne humeur ; et qui pourrait reconnaître dans la vieille cuisinière à l'œil cave, courbée sous les soucis, la jeune mariée, joyeuse et rayonnante sous la coquette parure de sa couronne de myrte. Déjà les anciens tenaient leur foyer pour sacré, et plaçaient auprès de lui leurs Lares et leurs dieux tutélaires - ; qu'il nous soit sacré aussi le foyer sur lequel la ménagère allemande, toute à son devoir, offre sa vie en un long sacrifice pour tenir la maison toujours confortable, la table mise et la famille en bonne santé ».

Voilà tout ce que le monde bourgeois offre de consolations à la femme que l'ordre de choses actuel mène misérablement à sa perte.

Chez les femmes auxquelles leur situation pécuniaire ou sociale donne plus de liberté, l'éducation faussée, toute dans un sens et superficielle, unie aux facultés caractéristiques héréditaires du sexe féminin, exerce particulièrement une influence sérieuse. Elles n'ont de pensée que pour les choses extérieures, ne songent qu'à la toilette et aux chiffons et cherchent leur occupation et leur satisfaction dans la culture d'une élégance dépravée, en sacrifiant aux passions du luxe le plus exubérant. Une grande partie d'entre elles ne songent que fort peu à leurs enfants et à leur éducation, qu'elles abandonnent autant que possible à la nourrice et aux domestiques, pour les confier plus tard au pensionnat.

Il existe donc une série assez considérable de causes de toutes sortes qui exercent sur la vie maritale de nos jours une action perturbatrice et destructive, et par suite desquelles, dans un très grand nombre de cas, le but du mariage n'est atteint qu'en partie ou ne l'est même pas du tout. Encore ne peut-on pas connaître toutes les situations de ce genre, parce que chaque couple d'époux s'ingénie à jeter un voile sur sa position, ce qui s'explique fort bien, notamment dans les classes supérieures de la société.

Autres obstacles et difficultés. La proportion numérique des sexes ; ses causes et ses effets.

Dans les diverses situations que nous venons de décrire, il s'est formé chez la femme, à côté de qualités caractéristiques, des défauts qui, transmis par l'hérédité de génération en génération, ont pris un développement toujours plus considérable. Les hommes s'arrêtent volontiers à ce fait, oubliant qu'ils en sont eux-mêmes la cause et qu'ils y ont, par leur manière d'agir, prêté la main. À ces défauts de la femme appartiennent, ce qu'on lui reproche tant, sa volubilité de langage, sa manie de cancaner, sa disposition à tenir des conversations interminables sur les choses les plus vides et les plus insignifiantes, sa préoccupation de tout ce qui est purement extérieur, sa passion de la toilette et de la coquetterie, son faible qui en résulte pour toutes les folies de la mode, enfin sa facilité à prendre de l'ombrage ou de la jalousie de ses congénères.

Ce sont là des défauts qui, se faisant déjà remarquer chez le sexe féminin, bien qu'à des degrés différents, dès l'âge le plus tendre, peuvent être considérés comme essentiellement héréditaires, et que notre système d'éducation contribue encore à développer. Qui a été élevé d'une façon absurde ne peut pas élever les autres d'une manière sensée.

Chapitre II

Si l'on veut se rendre un compte exact des causes originelles et du développement ultérieur des qualités et des défauts des sexes ou même de peuples entiers, il faut employer la même méthode, en référer aux mêmes lois qu'appliquent les sciences physiques et naturelles modernes dans leurs recherches sur l'origine et le perfectionnement des genres et des espèces et sur leurs propriétés caractéristiques dans le monde organique. Ces lois, généralement appelées, du nom de leur principal inventeur, lois de Darwin, sont tirées des conditions matérielles respectives de la vie, de l'hérédité, de l'adaptation, ou de la culture et de l'éducation.

L'homme ne saurait faire exception aux lois qui régissent tous les êtres vivants, dans la nature entière ; il n'est pas en dehors de celle-ci, et considéré au point de vue physiologique, il n'est que l'animal le plus perfectionné. Mais l'on ne veut guère encore, aujourd'hui, admettre cette définition de l'homme. Dans cet ordre d'idées, les anciens, il y a des milliers d'années, et bien qu'ils ne connussent rien des sciences naturelles modernes, avaient dans nombre de choses touchant à l'humanité des façons de voir bien plus sensées que nous, et - c'est là le point essentiel - ils mettaient en pratique leurs idées basées sur l'expérience. On entend si souvent parler aujourd'hui, avec une admiration enthousiaste, de la grande beauté et de la vigueur des hommes et des femmes libres de la Grèce. Et l'on ne voit pas que l'heureux climat et la nature enchanteresse du pays baigné par la mer aux mille ports ne furent pas seuls à influer sur la vie et le développement de la population, mais qu'à leur action bienfaisante se joignait encore et surtout celle des principes de perfectionnement physique et d'éducation appliqués avec logique, et par loi de l'État, à tous les êtres nés libres, principes calculés tous de manière à unir la beauté, la vigueur et l'agilité physiques à l'élasticité et à la finesse de l'esprit. Et si, en ce qui concernait l'éducation intellectuelle, la femme était fort négligée comparativement à l'homme, il n'en était pas de même au point de vue du développement physique [1]. À Sparte, par exemple, où on alla le

1 C'est ainsi que Platon, dans sa « République », demande que les femmes soient élevées de la même façon que les hommes, et il réclame pour les chefs de son état idéal une soigneuse sélection. Il connaissait donc ce qu'une semblable sélection produisait de résultats sur le développement des êtres humains. Aristote pose en principe fondamental de l'éducation que « le corps doit être façonné d'abord, l'esprit ensuite. »

plus loin dans le perfectionnement physique des deux sexes, garçons et filles allaient tout nus jusqu'à ce qu'ils fussent nubiles, et se livraient en commun aux exercices du corps, aux jeux et à la lutte. L'exposition constante de la nudité du corps humain, la façon naturelle dont on en usait avec les choses naturelles, avaient aussi l'avantage d'empêcher de se produire cette surexcitation sensuelle que fait artificiellement naître aujourd'hui, dès l'enfance, la séparation dans les rapports des deux sexes. La constitution physique et le fonctionnement des organes particuliers de chacun des deux sexes n'étaient pas un secret pour l'autre. Il n'y avait donc là aucune place pour les gravelures. La nature restait la nature. Un sexe se réjouissait des beautés de l'autre. Et il faut que l'humanité en revienne à la nature et au commerce naturel des sexes, il faut qu'elle rejette loin d'elle les malsaines conceptions spiritualistes de l'être humain qui priment aujourd'hui.

Ce sont des idées diamétralement opposées, surtout en ce qui concerne l'éducation de la femme, qui l'emportent chez nous en ce moment. Que la femme doive, elle aussi, avoir de la force physique, du courage et de la résolution, on le tient encore couramment pour une hérésie, pour quelque chose « d'anti-féminin », bien que personne ne puisse nier que, grâce à de pareilles qualités, la femme pourrait se protéger contre une foule d'injustices et de désagréments, grands et petits. Au contraire, on s'efforce d'entraver la femme dans son développement physique aussi bien que dans son développement intellectuel. La séparation rigoureuse des sexes dans les rapports sociaux et à l'école, une méthode d'éducation qui repose entièrement sur les idées spiritualistes que le christianisme a profondément implantées en nous pour tout ce qui a trait à la nature humaine, favorisent ces errements.

Il est impossible que la femme, dont le développement physique est resté incomplet, dont on a faussé les facultés intellectuelles dans leur perfectionnement, qu'on a confinée dans le cercle d'idées le plus étroit et qui n'a de relations qu'avec les êtres de son sexe qui lui tiennent de plus près, s'élève au-dessus des banalités des habitudes quotidiennes. Son horizon intellectuel reste éternellement borné aux étroites limites des choses du ménage, aux occupations domestiques et à tout ce qui s'y rattache. Il en résulte nécessairement une tendance à bavarder, à disserter à perte de vue sur les choses les plus insignifiantes, car les qualités intellectuelles qui vivent en elle tendent à se faire jour et à s'exercer, de quelque manière que ce soit. Et l'homme, que tout cela empêtre souvent dans des affaires désagréables et met au désespoir, se répand en malédictions et en anathèmes contre des défauts dont il a, lui, le « roi de la création », le plus lourd sur la conscience.

La femme étant rattachée au mariage par toutes les fibres de son existence, il est fort naturel que tout ce qui touche à l'union conjugale tienne dans sa conversation et dans ses aspirations une place si importante. D'autre part, faible qu'elle est et subordonnée à l'homme par les mœurs et par les lois, la langue est la seule arme qu'elle puisse employer, et elle en use, cela va de soi. Il en est absolument de même pour sa coquetterie et son amour de la toilette dont on lui fait tant de reproches, qui ont atteint, dans les folies de la mode, un degré si effrayant, et font le désespoir des pères et des maris, sans que ceux-ci puissent rien de sérieux contre ces défauts.

L'explication, dans ce cas encore, est facile.

La femme est aujourd'hui, pour l'homme, avant tout un objet de jouissance ; subordonnée au point de vue économique, il lui faut considérer dans le mariage sa sécurité ; elle dépend donc de l'homme, elle devient une parcelle de sa propriété. Sa situation est rendue plus défavorable encore par ce fait que, en règle générale, le nombre des femmes est supérieur à celui des hommes - un chapitre sur lequel nous aurons a revenir. Cette disproportion numérique excite la concurrence des femmes entre elles, concurrence rendue plus âpre encore par suite de ce que nombre d'hommes, pour toute sorte de raisons, ne se marient pas. C'est ainsi que la femme est obligée, en donnant à son extérieur l'allure la plus avantageuse possible, d'entamer avec toutes celles de ses congénères du même rang qu'elle la « lutte pour l'homme ».

Que l'on considère maintenant que toutes ces disparités entre les deux sexes ont duré pendant des centaines de générations, et l'on ne s'étonnera plus de ce que, suivant les lois de l'hérédité et de l'évolution, et les mêmes causes ayant toujours produit les mêmes effets, les phénomènes que nous avons exposés aient fini par revêtir leur forme extrême d'aujourd'hui. Ajoutez qu'à aucune époque précédente les femmes ne se firent entre elles, pour trouver un mari, une concurrence aussi acharnée qu'aujourd'hui : cela tient en partie aux causes que nous aurons à exposer ultérieurement et qui ont toutes contribué à rendre plus considérable que jamais la supériorité du nombre des femmes par rapport à celui des hommes à marier. Enfin les difficultés que l'on trouve à s'assurer des moyens suffisants d'existence, ainsi que les nécessités sociales, renvoient plus qu'à aucune autre époque la femme au mariage comme à une « institution de refuge. »

Les hommes se complaisent volontiers dans cette situation et en retirent tous les avantages. Il plait à leur orgueil, à leur égoïsme, à leur intérêt, de jouer le rôle du plus fort et du maître, et, comme tous les despotes, ils se laissent difficilement influencer par des motifs puisés dans la raison. L'intérêt qu'ont les femmes à s'agiter pour arriver à un état de choses qui les délivre d'une situation indigne d'elles n'en est que plus évident. Elles n'ont pas plus à compter sur les hommes que les travailleurs n'ont à compter sur la bourgeoisie.

Si l'on examine en outre le caractère que revêt, sur d'autres terrains, le terrain industriel par exemple, la lutte pour la prépondérance ; si l'on considère les moyens vils et souvent criminels qui sont employés quand plusieurs entrepreneurs sont en présence et comment s'éveillent les passions de la haine, de l'envie, de la calomnie, on trouve l'explication de ce fait que la « lutte pour l'homme » menée par les femmes entre elles revêt un caractère absolument analogue. C'est ainsi que, comparativement, les femmes peuvent bien moins se supporter entre elles que les hommes, et que même les meilleures amies se prennent facilement de querelle quand il s'agît de questions comme leur prestige auprès de l'homme, du plus ou moins d'attraits de leur personne, etc. On peut également constater que, partout où deux femmes se rencontrent, même si elles ne se connaissent ni Eve ni d'Adam, elles se dévisagent toujours comme deux ennemies, et que, d'un seul coup d'œil, chacune a immédiatement découvert si l'autre a employé une couleur mal assortie, chiffonné un nœud de travers, commis enfin dans sa toilette quelque faute capitale de ce genre. Dans leurs deux regards se lit malgré elles le jugement que l'une porte sur l'autre. C'est comme si chacune voulait dire à l'autre : « je me suis tout de même mieux entendu que toi à me parer et à détourner les regards sur moi ».

Le caractère très passionné de la femme, qui trouve sa vilaine expression dans la furie, mais qui se révèle aussi dans son profond esprit de sacrifice et de dévouement (que l'on songe seulement avec quelle abnégation vraiment héroïque la mère lutte pour son enfant et la veuve livrée à elle-même prend soin de ses petits), ce caractère passionné a son origine dans les conditions de son existence et de son éducation, essentiellement dirigée en vue d'encourager la vie intérieure.

Tout ce que nous avons exposé jusqu'ici ira pas encore épuisé l'énumération des obstacles et des difficultés que rencontre le mariage. Aux résultats produits par une éducation intellectuelle faussée viennent se joindre les effets non moins considérables d'une éducation physique mal comprise ou incomplète en ce qui concerne le rôle assigné à la femme par la nature. Tous les médecins sont d'accord pour constater que la préparation de la femme à ses fonctions de mère et d'éducatrice laisse beaucoup à désirer. « On exerce le soldat au maniement de son arme et l'ouvrier à celui de ses outils ; tout emploi exige ses études ; le moine lui-même a son noviciat. Seule, la femme n'est pas dressée à l'accomplissement de ses graves devoirs maternels ». Les neuf dixièmes des jeunes filles qui ont le mieux l'occasion de se marier, entrent dans la vie conjugale avec une ignorance absolue de la maternité et de ses devoirs. La crainte incompréhensible dont nous avons déjà parlé et qu'ont les mères elles-mêmes d'entretenir leurs filles, arrivées à leur complet développement, des fonctions si importantes des sexes, laisse celles-ci dans l'ignorance la plus complète de leurs devoirs envers elles-mêmes et envers leurs maris. En entrant dans le mariage, la jeune fille pénètre dans un pays qui lui est totalement inconnu ; elle s'en est fait le plus souvent par les romans, et par les moins recommandables, une image fantaisiste qui rime avec la réalité comme hallebarde et miséricorde . Je ne veux parler que pour mémoire du manque de connaissances domestiques, qui sont pourtant nécessaires à la femme au point ou les choses en sont encore aujourd'hui et bien qu'on l'ait soulagée, pour des raisons que j'ai déjà exposées en partie, de certains travaux dont on trouvait tout naturel de la charger jadis. C'est un fait indéniable que nombre de femmes, sans qu'il y ait souvent de leur faute, et par suite de causes sociales générales, entrent dans le mariage sans avoir la moindre notion de leurs devoirs, ce qui constitue un fond suffisant au désaccord du ménage.

Auguste Bebel

Un autre motif qui empêche pas mal d'hommes de remplir le but du mariage ressort de la constitution physique de nombre de femmes. Une éducation absurde, de tristes conditions sociales dans leur genre de vie, leur logement, leur travail, créent des êtres féminins qui ne sont pas mûrs pour les devoirs physiques du mariage. Ces femmes sont faibles de corps, pauvres de sang, d'une extrême nervosité. Il en résulte pour elles des menstruations difficiles, et des maladies des différents organes qui se rapportent aux fonctions sexuelles, maladies qui vont jusqu'à les rendre impropres à la procréation ou à l'allaitement, sauf au péril de leur vie. Au lieu d'une compagne en bonne santé et de belle humeur, d'une mère féconde, d'une épouse veillant à tous les besoins du ménage, l'homme n'a qu'une femme malade, aux nerfs surexcités, pour laquelle le médecin ne sort pas de la maison, qui ne peut supporter un courant d'air ni le moindre bruit. Je ne veux pas m'étendre davantage sur cette situation. Chacun de mes lecteurs - et toutes les fois que dans ce livre je parle du lecteur, je m'adresse naturellement aussi à la lectrice - a, dans le propre cercle de ses connaissances, assez d'exemples sous les yeux pour pouvoir s'en faire à lui-même un tableau plus complet.

Des médecins expérimentés affirment que la grande moitié des femmes mariées, surtout dans les villes, se trouvent dans des conditions physiques plus ou moins anormales. Selon le degré du mal et le caractère des conjoints, de pareilles unions sont nécessairement malheureuses et elles donnent au mari, dans l'opinion publique, le droit de se permettre des libertés extra-conjugales qui, bien que connues de la femme, ne doivent rien enlever de la bonne entente et du bonheur du ménage. Souvent aussi la complète différence dans les appétits sexuels crée dans un couple des dissentiments profonds sans que la séparation, si souhaitable dans ce cas, soit possible, par suite de considérations de toute nature.

Nous avons donc passé en revue jusqu'ici une foule de raisons qui, dans la plupart des cas, ne permettent pas à la vie conjugale de nos jours d'arriver à être ce qu'elle doit : une alliance entre deux êtres de sexe différent, ne s'appartenant qu'en vertu d'un amour et d'une estime réciproques et qui, selon l'expression frappante de Kant, forment seulement à eux deux l'être humain complet.

Chapitre II

C'est donc à tous égards une proposition d'une efficacité douteuse que celle de ces gens, même savants, qui croient en finir avec les tendances émancipatrices de la femme en la revoyant à cette vie de ménage, à cette union conjugale qui, comme nous le démontrerons davantage encore, devient toujours de plus en plus un leurre, en raison de notre état social, et qui répond de moins en moins à son véritable but.

Mais une semblable proposition, inconsciemment applaudie par la plupart des hommes, tourne à la plaisanterie la plus amère quand ces donneurs de conseils et leurs claqueurs ne font eux-mêmes rien pour procurer à chaque femme un mari. Schopenhauer, le fameux philosophe, n'a pas non plus la moindre compréhension de la femme et de sa situation. La façon dont il s'exprime est non-seulement impolie, elle est encore souvent banale. C'est ainsi qu'il dit : « la femme n'est pas destinée aux grands travaux. Sa caractéristique n'est pas d'agir, mais de souffrir. Elle paie sa dette à la vie par les douleurs de l'enfantement, par les soins à donner à ses petits, par sa soumission à l'homme. Les manifestations les plus intenses de la force vitale et du sentiment lui sont interdites. Sa vie doit être plus silencieuse et plus insignifiante que celle de l'homme. La femme est destinée à soigner et à élever l'enfance, parce que, puérile elle-même, elle reste pendant toute sa vie un grand enfant, une sorte d'intermédiaire entre l'enfant et l'homme, qui lui, est le véritable être humain... Les jeunes filles doivent être élevées en vue de la vie domestique et de la soumission... Les femmes sont les « Philistins » les plus enracinés et les plus inguérissables ».

Il me semble que Schopenhauer, en prononçant cette condamnation de la femme, s'est montré bien moins philosophe que « Philistin » lui-même, et le plus enraciné de tous. Ce genre de philosophie, on le cherche chez un épicier et non chez un philosophe, qui doit avant tout être un sage. Schopenhauer n'a, non plus, jamais été marié ; il n'a donc pas contribué par lui-même pour sa part à ce qu'une femme de plus payât à la vie la dette qu'il leur assigne. Et nous en venons ici au revers de la médaille, qui n'en est à aucun titre le plus beau côté.

Beaucoup de femmes ne se marient pas parce qu'elles ne le peuvent pas, chacun le sait. La coutume leur interdit déjà de choisir et de s'offrir ; il leur faut se laisser rechercher, c'est-à-dire choisir ; elles n'ont pas le droit de rechercher elles-mêmes. Aucun prétendant ne se trouve-t-il ? la femme entre alors dans la grande armée de ces malheureux qui ont manqué le but de leur vie et qui, faute d'une situation matérielle assurée, sont livrés au besoin, à la misère, et trop souvent à la honte. Ceux qui savent les causes de la disproportion numérique des sexes sont la minorité et n'en connaissent même pas toute l'importance réelle. La majorité a de suite à la bouche, pour réponse, que l'on procrée trop de filles, et beaucoup concluent que si le mariage est pour la femme le seul but de sa vie, il faut introduire la polygamie. Ceux qui prétendent qu'il naît plus de filles que de garçons sont mal renseignés. Et ceux qui, obligés de reconnaître le caractère contre-nature du célibat, et voyant le grand nombre de femmes exclues du mariage, en viennent à penser que, dans ces conditions, il ne reste plus, que ce soit un bien ou un mal, qu'à introduire la polygamie, ceux-là ne voient pas quelle est la véritable proportion numérique des sexes. Sans nous arrêter à la façon dont nos mœurs, qui ne pourront jamais se concilier avec la polygamie, nous font envisager les choses, disons que la polygamie constitue pour la femme, dans toutes les conditions, une déchéance. Ce qui n'a pas empêché Schopenhauer, dans son dédain et son mépris de la femme, de déclarer tout net que « la polygamie est un bienfait pour le sexe féminin tout entier ». La polygamie se perd par les obstacles que la nature même lui oppose.

Beaucoup d'hommes ne se marient pas, parce qu'ils croient ne pas pouvoir entretenir convenablement une femme. Pour la même raison, l'immense majorité des hommes mariés ne pourraient pas en entretenir une seconde. Quant au très petit nombre de ceux qui le peuvent, il n'y a pas à s'en occuper ; ils ont déjà pour la plupart deux femmes et même davantage, une légitime et une ou plusieurs de la main gauche. Privilégiés par leur fortune, ceux-ci ne se laissent pas plus arrêter par les lois que par les considérations morales pour faire ce qu'il leur plaît. Même en Orient, où la polygamie est, depuis des millions d'années, reconnue par les mœurs et par les lois, les hommes qui ont plus d'une femme forment la minorité. Ainsi, l'on parle souvent, et avec raison, de l'action démoralisatrice de la vie de harem en Turquie, et de la dégénérescence de la race qui en résulte. Mais on oublie que cette vie de harem n'est possible qu'à une partie infime de la population masculine, et encore exclusivement aux classes dirigeantes, tandis que la masse du peuple vit, comme l'Européen, dans la monogamie. En 1869, il n'y avait à Alger, sur 18.282 hommes mariés, pas moins de 17.311 monogames, tandis qu'on ne comptait que 888 bigames et seulement 75 polygames. On peut admettre que Constantinople, la capitale de l'empire turc, ne donnerait pas de résultat sensiblement différent. Parmi la population des campagnes, en Turquie, la proportion est encore plus favorable à la monogamie. Là comme chez nous ce sont des considérations d'ordre matériel qui obligent la plupart des hommes à se contenter d'une seule femme. Et même si les conditions matérielles de l'existence étaient les mêmes pour tous les hommes, la polygamie n'en serait pas davantage applicable, parce qu'alors il n'y aurait pas assez de femmes dans la population. Dans des conditions normales, le nombre d'individus de chacun des deux sexes étant presque égal, la monogamie est tout indiquée. Nous le démontrerons d'une façon plus complète.

Les chiffres ci-dessous, et les éclaircissements qui en ressortent, prouveront qu'en principe il n'y a pas de différence bien appréciable dans le nombre des individus des deux sexes, et surtout qu'elle n'est pas au désavantage du sexe féminin. Voici quelles étaient au total, et dénombrées par sexe, les populations des divers pays.

Année	Pays	Population totale	Hommes	Femmes	En plus	
					Hommes	Femmes
1875	Allemagne	42752554	21005461	21787093	-	741632
1872	France	36102021	17982511	18120410	-	137899
1871	Italie	26801154	13472262	13328892	143378	-
1869	Autriche-Hongrie	35904435	17737175	18167270	-	430095
1871	Grande-Bretagne et Irlande	31845379	15584132	16261247	-	677115
1870	États-Unis	38558371	19493565	19064806	428759	-
1870	Suisse	2670345	1305670	1364675	-	59005
1869	Pays-Bas	3309128	1629035	1680093	-	51058
1866	Belgique	4827833	2419639	2408194	11445	-
1860	Espagne	15673481	7765508	7907973	-	142465
1864	Portugal	4188410	2005540	2182890	-	197330

1864	Suède et Norvège	5850513	2880339	2980164	-	99825
Totaux		248484524	123270837	125213687	583574	2536424

Il ressort donc pour les États ci-dessus mentionnés et pour une population totale de 248.484.524 individus, une différence en trop de 2.000.000 en chiffres ronds, au détriment du sexe féminin, de telle sorte que, pour 100 hommes, il y a 101,22 femmes. On le voit, cette différence est faible, mais elle se modifie beaucoup à l'avantage du sexe féminin, si l'on considère que dans les chiffres cités la plupart des États n'ont pas compris leurs marins, quelle que fût la distance à laquelle ils se trouvaient du pays. Cette partie de la population n'est entrée en ligne de compte que pour l'Italie et l'Angleterre, mais est aussi en forte proportion pour tous les autres États, notamment pour l'Amérique du Nord et l'Allemagne. D'autre part, ne sont pas comptées dans ces chiffres les troupes entretenues aux colonies par les diverses puissances. Les marins, qui n'ont pas été comptés, et ces troupes réunis donnent bien à peu près cent mille hommes. Il y a encore lieu de remarquer que la population mâle prend plus de part que la population féminine à l'émigration européenne pour tous les pays du monde ; c'est là un fait nettement démontré par l'excédent d'hommes que présentent les États-Unis.

Quelques autres chiffres vont nous le prouver encore. En 1878, dans la colonie de Victoria, sur une population de 863.370 individus, le sexe masculin comptait environ cent mille têtes de plus que le sexe féminin, soit une disproportion de plus de 20 % au détriment des hommes. La population de Queensland se composait en 1877 de 203.084 habitants, sur lesquels 126.900 du sexe masculin et 76.100 du sexe féminin, soit encore une forte disproportion au désavantage du premier. La colonie de la Nouvelle-Zélande, abstraction faite des indigènes et de 4.300 Chinois, comportait 414.171 habitants, dont 230.898 hommes et seulement 183.373 femmes. Au Pérou, il n'y a que 98 femmes pour 100 hommes. Bref, ces chiffres démontrent que si l'on totalisait exactement par sexe la population de la terre, le nombre des hommes dépasserait très vraisemblablement celui des femmes, et que le contraire est impossible. Et maintenant il y a lieu de tenir compte encore d'une foule de circonstances par suite desquelles, dans des conditions sociales plus favorables, le nombre des hommes en viendrait facilement à dépasser d'une façon sensible celui des femmes, comme nous allons le voir plus loin.

Il est intéressant de comparer entre eux les chiffres du tableau ci-dessus pour chaque État séparément. Il en ressort une forte disproportion des sexes dans tous les pays qui ont eu la guerre ou qui souffrent d'une émigration considérable, et, à la vérité, c'est cette dernière circonstance qui y influe le plus puissamment. Les États de race germanique, l'Allemagne, la Suisse, l'Autriche, l'Angleterre, fournissent les différences les plus élevées. Les pays de race latine ou mixte, tels que la Belgique et l'Italie, ont même un excédent de population masculine. Pour la France, dont l'émigration est presque nulle, la proportion n'est devenue mauvaise qu'à la suite de la guerre de 1870-71. En 1866, la France ne comptait qu'un excédent de 26.000 femmes, mais en 1872, la différence s'élevait à 137.899. Le grand excédent que l'on remarque pour l'Espagne et le Portugal a son explication dans les vastes colonies de ces deux pays, colonies où émigre la population masculine. En ce qui concerne l'Espagne, il y a à cet état de choses une raison de plus, qui découle des nombreux troubles intérieurs qui l'ont affligée, et de la situation misérable du peuple.

Par contre, les États-Unis offrent un spectacle tout différent. En raison de la forte immigration, composée en immense majorité d'individus du sexe masculin, on y constate en faveur de la femme une différence qui compense dans une certaine mesure la pénurie d'hommes en Europe. Si l'on connaissait les chiffres de la population européenne du Cap, de l'Australie, de l'Amérique du Sud et de toutes les autres possessions européennes des diverses parties du monde, il est probable qu'il en ressortirait même un excédent de mâles d'origine européenne, et si chaque homme se mariait effectivement, il ne pourrait pas rester une seule femme non mariée. Si tous tes hommes voulaient avoir une femme, il pourrait donc se faire qu'au lieu de parler d'introduire la polygamie on en vint à se demander si la polyandrie ne serait pas nécessaire.

La statistique des naissances est également d'accord avec cette idée. Il est établi que, dans tous les pays où ont été faits des recensements des naissances par sexe, il naît de 105 à 107 garçons pour 100 filles.

Auguste Bebel

D'autre part il est également constaté que, notamment dans la première année de la vie, il meurt proportionnellement plus de garçons que de filles, de même qu'on compte jusqu'à 138 mort-nés masculins pour 100 féminins.

Les publications concernant le rapport proportionnel des sexes dans les naissances pour la Ville de Paris en 1877, sont pleines d'intérêt pour la question qui nous occupe. Il en ressort qu'il naquit 27.720 garçons et 27.138 filles ; par contre, le chiffre des décès, sans considération d'âge, s'élevait à 24.508 pour les hommes et 22.835 pour les femmes. L'excédent des naissances était donc pour le sexe masculin de 528, celui des décès de 1788. On constate aussi une différence remarquable dans les chiffres des décès causés chez les deux sexes par la phtisie. Il mourut, en effet, de cette maladie, à Paris, 4.768 hommes et 3.815 femmes. La cause de cette mortalité considérable du sexe masculin, plus frappante dans les villes qu'à la campagne, se trouve évidemment dans son genre de vie plus négligé et plus malsain. C'est ainsi que, d'après Quetelet, il meurt plus d'hommes entre 18 et 21 ans que de femmes entre 18 et 25. Une seconde raison de ce fait consiste encore en ce que le genre d'occupations des hommes (travail de fabrique, navigation, voyages) est plus dangereux pour la vie que celui des femmes.

On cherche la raison de la proportion élevée des mort-nés masculins dans ce fait qu'en raison de la grosseur relativement plus considérable de leur tête, ils viennent plus péniblement au jour et sont surtout d'une gestation plus difficile, c'est-à-dire qu'ils souffrent plus que les filles de la faiblesse de constitution de la mère.

On essaie de donner à ce fait indéniable que partout il naît plus de garçons que de filles cette explication que, selon la plus grande vraisemblance, la naissance d'un garçon dépend de ce que l'homme est généralement supérieur à la femme en âge, en vigueur et en énergie. On affirme que, dans un ménage, il y a d'autant plus de naissances masculines qu'il y a plus de différence d'âge entre l'homme et la femme, mais que cependant une jeune femme l'emporte sur un vieillard. D'après cela on pourrait considérer comme une loi que, de deux conjoints, c'est celui qui a la nature la plus vigoureuse qui influe essentiellement sur le sexe de l'enfant.

Chapitre II

Il résulte de tout cela, d'une façon pour ainsi dire certaine, que partout où la femme se développe physiquement et moralement suivant un système d'éducation et un genre de vie conformes à la nature, le chiffre des mort-nés et celui de la mortalité des jeunes garçons diminuent. Il on ressort encore d'autre part que, par le développement des forces intellectuelles et physiques de la femme, et par le choix raisonné de l'homme en ce qui concerne l'âge, il serait parfaitement possible de régulariser le chiffre des naissances des deux sexes, et il est vraisemblable que, dans de saines conditions sociales, on arriverait à un bon résultat.

En Prusse, on comptait, on 1864, 3.722.770 garçons au-dessous de 14 ans ; mais seulement 3.688.985 filles du même age. Il y avait donc 33.721 garçons de plus. Cependant, il ressortit du recensement général de la population qu'il y avait 313.383 femmes de plus que d'hommes. La disproportion ne commençait donc que pour un âge plus avancé et résultait d'ailleurs principalement, comme nous l'avons déjà remarqué, de la guerre et de l'émigration. Immédiatement après les guerres de 1864, 1866 et 1870, l'émigration allemande prit des proportions considérables, tant parmi les jeunes gens qui allaient seulement avoir à faire leur service militaire que parmi ceux qui, revenus de la guerre comme réservistes ou soldats de la landwehr, ne voulaient pas s'exposer une seconde fois au danger d'un appel sous les drapeaux et aux sacrifices qui en découlent. C'est donc principalement la partie la plus saine et la plus vigoureuse de la nation qui émigre, empêchant ainsi des centaines de mille femmes allemandes de remplir dans le mariage le but de leur vie.

D'après les renseignements officiels sur le recrutement en 1876 dans l'empire allemand, sur 1.149.042 soumis au service militaire, on en comptait 35.625 impropres au service, 109.956 manquaient à l'appel sans excuse, 15.293 condamnés pour avoir émigré sans autorisation et 14. 934 sous le coup de poursuites pour la même cause. Ces chiffres se passent de commentaires. Mais les femmes qui liront ce que nous exposons ici comprendront à quel haut degré elles sont intéressées à l'état de notre situation politique et militaire.

La durée du service militaire sera-t-elle prolongée ou restreinte ? l'armée sera-t-elle augmentée ou diminuée ? suivons-nous une politique

Auguste Bebel

pacifique ou belliqueuse ? la façon dont on traite nos soldats est-elle digne d'hommes ou non, et le chiffre des désertions et des suicides dans l'armée s'en accroît-il ou diminue-t-il ? Ce sont là toutes questions qui intéressent la femme tout autant que l'homme. Le second peut bien plus facilement que la première se soustraire à cet état de choses. Les hommes ont encore une autre façon de se consoler. Ils croient que lorsque, par suite des tristes conditions indiquées, leur nombre décroît dans le pays, le salaire de ceux qui restent s'en augmente. Mais pour la femme grandit encore davantage, par ce fait même, le danger de ne pouvoir atteindre son but naturel et elle a une très large part dans tous les inconvénients qui ont pour origine les armées nombreuses, les guerres et les périls qu'elles engendrent.

En somme le sexe masculin, si haut qu'il ait porté le perfectionnement des lois de l'État, n'a pas fait preuve d'une sagesse, d'un discernement particuliers, sans quoi les conditions sociales actuelles ne seraient pas aussi désastreuses. La grande majorité des hommes s'est jusqu'à présent laissé opprimer et exploiter comme un simple bétail par une faible minorité. Cela soit dit surtout pour répondre à cette opinion que la politique ne regarde pas les femmes.

Une des causes qui ne contribuent pas le moins à déterminer une différence au détriment de la femme dans la force numérique des sexes, est le nombre des accidents de l'industrie qui se multiplient au fur et à mesure que progresse le machinisme, sans qu'il soit pris des mesures de protection suffisantes. Il est vrai, d'ailleurs, que le sexe féminin fournit, lui aussi, son contingent à ces accidents, parce qu'il trouve chaque jour davantage à s'employer dans toutes les branches de l'industrie.

D'après la statistique officielle des accidents survenus en Prusse dans l'industrie et dans l'exploitation agricole, il y a eu, en 1809, 4.709 cas de mort, dont 4.215 pour les hommes, et 524 pour les femmes ; le chiffre des femmes tuées, par rapport à celui des hommes, était donc, en chiffres ronds, de 12,5 %. En 1876, le total des morts s'élevait à 6141, et celui des accidents non mortels à 7.059. 5.749 des premiers portaient sur le sexe masculin, 663 sur le sexe féminin ; celui-ci fournissait donc un peu plus de 12 % du total des victimes. Pour 6693 hommes blessés, on comptait 366 femmes, soit 5,5 %. D'autre part, la statistique établit qu'il meurt beaucoup plus de femmes que d'hommes entre 24 et 36 ans ; il faut en chercher la cause dans les fièvres puerpérales, les couches pénibles et les maladies qui tiennent à la vie sexuelle de la femme ; par contre, ce sont les hommes qui meurent le plus, passé quarante ans.

Les accidents mortels sont plus nombreux encore dans la population maritime que dans l'industrie. Je n'ai pas les chiffres sous les yeux, mais le nombre élevé des veuves, universellement constaté chez les populations qui vivent du travail sur mer, est la conséquence des dangers du métier. Toutefois, toutes ces conditions désastreuses réunies ne parviendraient pas à disproportionner le chiffre des sexes au désavantage de la femme, si nous n'avions pas à compter encore avec l'émigration, et tous les maux dont nous venons de parler sont, sans exception, moins fâcheux que ce dernier.

Dès que la situation sociale de l'homme s'améliore d'une façon réelle, ses vues s'élargissent, il prend plus de respect de la vie humaine, la grande mortalité des enfants diminue, des mesures de précaution générales permettent de ne presque plus tenir compte du danger des machines, du travail dans les mines, etc., et il en va de même du travail sur mer. À ce dernier point de vue, on se livre aujourd'hui à des agissements inexcusables. Il est un fait maintenant connu de toute l'Angleterre, grâce à M. Plimsoll, c'est que de nombreux armateurs, dans leur criminelle âpreté au gain, jettent sans scrupules en proie aux plus minces tempêtes, avec leurs équipages, des navires impropres à la navigation et assurés à haut prix, dans le but de toucher de fortes indemnités ; et certains armateurs allemands ne doivent pas non plus être des modèles de conscience. D'autre part, les mesures de protection pour le sauvetage des naufragés sur les côtes sont encore fort rares et de peu d'efficacité, parce que leur adoption est presque exclusivement livrée à l'initiative privée. L'État passe presque indifférent à côté de cette question du salut annuel de centaines et de milliers de ses sujets. Il est désolant d'envisager ici où en est le sauvetage des naufragés sur les côtes peu connues. Un État qui ferait de la recherche du bien-être égal de tous son unique devoir et son plus élevé, pourrait améliorer les conditions de la vie et des voyages sur muer et les entourer de telles mesures de prévoyance, que ces désastres deviendraient des cas absolument exceptionnels. Mais le système d'industrie actuel, véritable piraterie, qui ne compte avec les hommes, comme avec les chiffres, que pour en retirer le plus de bénéfice possible, tient la vie d'un homme pour zéro quand il doit en ressortir un écu de profit.

L'amélioration radicale des conditions sociales supprimerait aussi les armées permanentes, les crises industrielles, et mettrait fin à l'émigration, en tant que celle-ci tient à ces deux causes.

D'autres raisons encore qui mettent obstacle au mariage sont les suivantes. Une quantité considérable d'hommes sont empêchés par l'État de se marier librement. Et l'on se met à gémir, on ne songe qu'à jeter les yeux sur l'immoralité du célibat du clergé catholique, sans avoir un mot de blâme pour ce fait qu'un bien plus grand nombre de soldats y sont condamnés. Les officiers n'ont pas seulement besoin du consentement de leurs supérieurs, ils sont encore considérablement gênés dans le libre choix d'une femme, en ce sens qu'il leur est prescrit que celle-ci doit posséder une certaine fortune, assez élevée. Voilà qui nous donne une idée très nette de la façon dont l'État envisage le mariage. Les sous-officiers rencontrent des exigences et des empêchements analogues lorsqu'il s'agit pour eux de se marier ; il leur faut une autorisation, qu'on ne leur accorde qu'avec la plus grande mauvaise volonté, et encore dans des proportions restreintes. Pour la grande masse de ce qu'on appelle le « commun des mortels », le mariage n'est même pas en question ; on le leur refuse, simplement.

L'opinion publique est généralement d'accord qu'il ne faut pas préconiser le mariage pour les jeunes hommes au-dessous de 24 ou de 25 ans ; 25 ans est également l'age que la loi de l'Empire sur le mariage civil considère comme la majorité maritale pour l'homme. C'est, il est vrai, en considération de ce que l'indépendance civique n'est atteinte qu'à cet âge. Ce n'est que pour les gens qui se trouvent dans l'heureux cas de n'avoir pas à se créer avant tout une situation indépendante - comme les princes, par exemple - que « l'opinion publique »trouve dans l'ordre que l'homme se marie dès 18 ou 19 ans, la jeune fille dès 15 ou 16. C'est aussi dès sa dix-huitième année que le prince est déclaré majeur et tenu pour capable de gouverner l'empire le plus étendu et le peuple le plus nombreux. Les mortels ordinaires atteignent la capacité de gérer eux-mêmes leur propre bien à l'âge de vingt-un ans. Cette différence dans la manière de juger l'âge où il convient de se marier établit que l'opinion publique ne base le droit au mariage que sur la position sociale du moment, et que son jugement ne tient pas plus compte de l'homme comme être naturel que de ses instincts. Mais l'instinct sexuel ne dépend ni de certaines conditions sociales déterminées, ni de la façon de voir et de juger les choses qui en résultent. Dès que l'être humain a atteint sa maturité, il se fait valoir avec toute l'énergie qui caractérise chez lui l'instinct le plus fort, le plus puissant. Il est l'incarnation de la vie humaine et exige impérieusement d'être satisfait, sous peine des douleurs physiques et morales les plus cruelles.

L'époque de la maturité sexuelle diffère suivant les individus, le climat et le genre de vie. Dans les pays chauds, elle se produit en général, chez les êtres du sexe féminin, dès dix ou onze ans ; on y trouve des femmes qui, à cet âge, portent déjà sur leurs bras leur premier enfant, mais qui, aussi, sont fanées dès 25 ou 30. Sous les climats du Nord, la femme est généralement nubile entre 15 et 16 ans, et plus tard encore dans bien des cas. L'âge de la puberté n'est pas non plus le même pour les femmes des campagnes et celles des villes. Chez les saines et robustes filles des champs, qui vivent en plein air et travaillent ferme, la menstruation se produit en moyenne un an plus tard que chez nos demoiselles des villes, amollies, énervées, vaporeuses. Pour les premières, la puberté se développe, en général, normalement, avec de rares perturbations ; pour les secondes, le développement normal est plutôt l'exception ; il se produit chez celles-ci une foule de symptômes morbides qui font le désespoir du médecin parce que les préjugés et les mœurs l'empêchent de prescrire et d'appliquer les remèdes qui seuls peuvent amener le salut. Que de fois les médecins ne sont-ils pas obligés de faire comprendre à nos dames de la ville, pâles, nerveuses, oppressées de la poitrine, que le remède le plus radical, outre un changement dans la manière de vivre, est le mariage ? Mais ce remède, comment l'appliquer ? Cette proposition rencontre des obstacles insurmontables, et certes on ne peut faire aucun reproche à l'homme qui y regarde à deux fois avant d'épouser un être qui, dans le mariage, n'est qu'une sorte de cadavre ambulant, et court le danger de succomber à ses premières couches ou aux maladies qui en proviennent ?

Tout cela montre à nouveau le point où il faut introduire des

Auguste Bebel

modifications, c'est-à-dire qu'il est nécessaire de refondre entièrement l'éducation, de donner à celle-ci comme but la formation tant intellectuelle que physique de l'être humain, en changeant radicalement les conditions de l'existence et du travail, - toutes choses qui ne sont possibles que par un remaniement fondamental de l'ordre social.

C'est cet état de contradiction entre l'homme, envisagé comme être naturel et sexuel, et l'homme pris comme être social, - contradiction qui ne s'est manifestée à aucune époque d'une façon aussi frappante qu'aujourd'hui - qui est la cause de tous les maux aussi nombreux que dangereux dont nous venons de parler. Lui seul occasionne une foule de maladies dans le détail desquelles je ne veux pas entrer ici, mais qui frappent surtout le sexe féminin. D'abord parce que l'organisme de la femme est bien plus étroitement lié que celui de l'homme à ses fonctions sexuelles, qu'elle subît beaucoup plus l'influence de celles-ci, notamment dans le retour périodique de ses règles, et ensuite parce que c'est surtout la femme qui trouve le plus d'obstacles à satisfaire d'une façon naturelle ses instincts naturels les plus vivaces. Cette contradiction entre l'instinct naturel et les contraintes sociales mène aux agissements contre nature, aux vices et aux dépravations intimes, en un mot aux jouissances artificielles qui tuent complètement tout organisme qui n'est pas d'une vigueur à toute épreuve.

Depuis quelques années, c'est de la façon la plus honteuse que, sous les yeux même des gouvernants, on favorise ces appétits contre-nature, surtout pour le sexe féminin, j'entends par là la préconisation dissimulée de certains artifices que l'on trouve recommandés dans les plus grands journaux et principalement dans les annonces des journaux amusants qui pénètrent dans l'intimité de la famille. Ces réclames sont spécialement à l'adresse de la partie la plus haut placée de la société, car les prix des produits dont nous parlons sont si élevés que les gens peu fortunés ne peuvent s'en payer la fantaisie. À coté de ces annonces sans pudeur se trouve, plus ouvertement étalée encore, l'offre d'images obscènes, principalement de séries entières de photographies, à l'usage des deux sexes, de poésies et d'ouvrages en prose dont les titres seuls sont calculés pour exciter les sens et qui demanderaient à être poursuivis par la police et le ministère public. Mais ceux-ci ont pour la plupart déjà trop à faire avec les démocrates-socialistes, ces perturbateurs

Chapitre II

de la « civilisation, de la morale, du mariage et de la famille ». Une notable partie de notre littérature de romans travaille dans le même sens. Dans ces conditions, il faudrait vraiment s'étonner si l'excitation et la dépravation des sens ne se manifestaient pas de la façon la plus dangereuse et la plus malsaine, jusqu'à prendre les proportions d'une calamité sociale. La vie indolente et luxueuse que mènent tant de femmes des classes riches, la surexcitation des nerfs par l'emploi des parfums les plus raffinés, l'abus de la musique, de la poésie, du théâtre, bref de tout ce qui porte le nom de jouissances artistiques et se cultive pour certains genres en serre chaude : toutes ces choses, le sexe féminin qui souffre à un si haut degré d'une hypertrophie des sens et des nerfs, les considère comme le moyen le plus distingué de récréation et d'éducation ; tout cela porte à l'extrême l'excitation sexuelle et pousse nécessairement aux excès.

Chez les pauvres, il existe certains genres d'occupations fatigantes, notamment des travaux sédentaires, qui favorisent l'accumulation du sang dans le bas-ventre et qui, par la compression des organes du siège, déterminent l'excitation sexuelle. L'une des occupations les plus dangereuses dans ce sens est le travail à la machine à coudre, aujourd'hui si répandue. Celle-ci excite et perturbe les nerfs et les sens à tel point qu'un travail de dix à douze heures par jour suffit pour ruiner en peu d'années le meilleur organisme. L'excitation exagérée des sens est également due au séjour prolongé dans des ateliers constamment tenus à une haute température, comme par exemple les raffineries de sucre, les teintureries, les imprimeries sur étoffes. Les mêmes effets sont produits encore par le travail de nuit à la lumière du gaz dans des ateliers encombrés et souvent même au milieu de la promiscuité des deux sexes.

Nous venons donc d'établir une série de faits qui jettent un jour éclatant sur ce que notre situation sociale actuelle a de malsain et d'insensé. Mais de pareils maux, ayant des racines aussi profondes dans l'organisation de notre société, ne se guérissent ni par des sermons de morale ni par les palliatifs dont les charlatans sociaux et religieux des deux sexes sont si prodigues.

C'est dans la racine même du mal qu'il faut donner de la cognée. Il faut chercher à créer une saine méthode de vie et de travail, un système d'éducation le plus large possible, à satisfaire d'une façon naturelle les instincts naturels et sains ; hors de là, pas de salut

Une foule de considérations dont la femme a à se préoccuper n'existent pas pour l'homme. En vertu de sa situation prédominante, il a le droit absolu de choisir librement ses amours, en tant que les barrières sociales ne lui font pas obstacle. Le caractère d'institution de prévoyance donné au mariage, la proportion exagérée du nombre d'êtres féminins, les mœurs enfin empêchent la femme de déclarer à son gré ses sentiments ; il lui faut attendre d'être recherchée et s'arranger en conséquence. En général, elle s'empresse de saisir l'occasion de trouver un « entreteneur » qui la sauve de l'abandon, de cette sorte de mise au ban de la société qui est le lot de ce pauvre être qu'on appelle une « vieille fille ». Et il n'est pas rare de lui voir hausser les épaules en jetant un regard dédaigneux sur celles de ses compagnes qui ont eu assez le sentiment de leur dignité d'êtres humains pour ne pas se vendre au premier venu pour une sorte de prostitution conjugale et préfèrent s'en aller seules par le chemin de la vie, semé d'épines.

Mais lorsque l'homme veut atteindre dans le mariage la satisfaction de ses besoins amoureux, il est lié, lui aussi, aux obstacles sociaux. Il lui faut, tout d'abord, se poser cette question : Peux-tu nourrir une femme et quelques enfants à venir, et peux-tu les nourrir de telle sorte que le poids des soucis, ces destructeurs de ton bonheur, ne t'écrase pas ? Plus il envisage noblement le mariage, plus il s'en fait une conception idéale, plus il est déterminé à n'épouser que par seul et pur amour une femme sympathisant avec lui, et plus il lui faut se poser sérieusement la question ci-dessus. Y répondre affirmativement, dans les conditions actuelles de l'industrie et de la propriété, est pour beaucoup chose impossible, et ils aiment mieux rester célibataires. D'autres, moins scrupuleux, obéissent à des considérations différentes. Des milliers de jeunes gens des classes moyennes n'arrivent que relativement tard à une position indépendante, en rapport avec leurs prétentions, mais ils ne sont en mesure de faire tenir son rang à une femme que dans le cas où celle-ci possède une fortune considérable. Tantôt un grand nombre de ces jeunes gens se font de ce que l'on appelle « tenir son rang » dans le mariage une idée qui ne s'accorde pas avec leurs ressources : il leur faut alors, par suite de l'éducation fondamentalement fausse de la plupart des femmes que nous avons dépeinte, se résoudre, de ce côté aussi, à des exigences qui dépassent de beaucoup leurs forces. Les femmes bien élevées, ayant des prétentions modérées, ne viennent pas en foule à leur rencontre ; celles-là se tiennent à l'écart et ne se rencontrent pas là ou l'on a petit a petit pris coutume de se chercher une épouse. Les femmes qui vont, au-devant d'eux sont souvent de celles qui cherchent à attraper un homme par leur extérieur brillant, en dissimulant sous un éclat factice leurs défauts personnels et notamment leur situation matérielle, sur lesquels elles veulent donner le change. Plus ces dames viennent à l'âge où, pour se marier, il faut se presser, plus elles emploient des moyens de séduction de toute nature. Une femme de ce genre réussit-elle a faire la conquête d'un mari, alors elle est tellement habituée a la représentation, aux futilités, aux colifichets et aux plaisirs coûteux qu'elle veut retrouver aussi tout cela dans le mariage. Il s'ouvre là pour les hommes un abîme tel que beaucoup d'entre eux préfèrent laisser tranquille la fleur qui s'épanouit au bord et qui ne peut être cueillie qu'au risque de se rompre le cou. Ils vont leur chemin tout seuls et se cherchent des distractions et des plaisirs en conservant leur liberté.

Dans les classes inférieures, moins fortunées, de nombreux obstacles au mariage proviennent de ce que les jeunes filles sont obligées d'embrasser une profession, comme ouvrières, vendeuses, etc. pour subvenir à leur entretien et souvent aussi à celui de la famille, de telle sorte qu'il ne leur reste ni le temps ni l'occasion de faire leur apprentissage de ménagères. Souvent encore la mère n'est même pas en mesure de donner à sa fille, en ces matières, l'éducation nécessaire, parce qu'elle est elle-même surchargée de travaux industriels, et dans bien des cas occupée en dehors de la maison.

Le nombre des hommes qui, pour toutes ces raisons, sont tenus à l'écart du mariage, croit dans une proportion effrayante. Comme, d'après le recensement de 1875, pour 1.000 hommes âgés de 20 à 80 ans on compte 1.054 femmes, et comme on peut calculer qu'au moins 10 % des hommes restent célibataires, il en découle que sur 100 femmes il y en a 84 seulement qui peuvent songer au mariage. Cette proportion se montre bien plus défavorable encore dans certains endroits et pour certaines positions. C'est précisément dans les situations élevées que les hommes se marient en moins grand nombre, d'abord parce que les exigences du mariage sont trop considérables et ensuite parce que les hommes appartenant à ces milieux trouvent ailleurs leurs plaisirs et leurs distractions. D'autre part la proportion dont nous parlons est particulièrement désastreuse pour les femmes dans les endroits où séjournent de nombreux étrangers avec leurs familles, mais peu de jeunes gens. Dans ces endroits, le chiffre des filles qui ne trouvent pas de mari s'élève facilement jusqu'à 30 et 40 %. Le défaut de candidats au mariage frappe donc le plus cette catégorie de filles qui, par leur éducation, par la position sociale de leur père, sont habituées à de hautes exigences, mais ne peuvent rien donner, en dehors de leur personne, au prétendant qui a la fortune en vue, et qui ne sont pas faites pour un homme de situation inférieure pour lequel elles n'ont même que du dédain. Cela s'applique surtout à une grande partie des membres féminins de ces familles qui vivent de forts traitements, respectables au point de vue social, mais dépourvues de ressources au point de vue économique. L'existence des femmes de cette classe est relativement la plus triste de celles de leurs compagnes d'infortune. Les préjugés sociaux les obligent à se tenir à l'écart d'une foule d'occupations par lesquelles elles pourraient peut-être se créer un sort plus doux. C'est au profit de cette classe de femmes qu'ont été calculés surtout les efforts faits de nos jours par les associations pour le relèvement du travail féminin, sous le patronage de grandes et de très grandes dames. C'est là un travail de Sisyphe, comme celui de ces sociétés coopératives du système de Schulze qui doivent améliorer le sort des travailleurs. On obtient des résultats en petit ; les obtenir en grand est chose impossible. Le patronage des grands a en outre pour inconvénient d'exercer une pression morale qui étouffe immédiatement toute aspiration à un changement fondamental, qui ne tolère pas qu'il s'élève le moindre doute au sujet de la régularité des bases de notre organisation politique ou sociale, toutes idées mises hors la loi comme crimes de haute trahison. Les travailleurs ont eu de la peine a s'arracher à la tutelle de leurs amis les grands seigneurs ; les femmes en ont bien davantage encore. Jusqu'à présent ces associations sont donc aussi restées à l'abri de ce que l'on appelle les tendances subversives : c'est pourquoi elles n'ont aucune signification pour la véritable émancipation de la femme.

Il est difficile d'établir combien grand est le nombre des femmes qui, par suite des circonstances que nous avons exposées, doivent renoncer à la vie conjugale. Il y a cependant quelques données sur lesquelles on peut s'appuyer. En Écosse, vers 1870, le nombre des filles non-mariées au-dessus de 20 ans était de 43 % de celui des femmes du même âge, et on comptait 110 femmes pour 100 hommes. En Angleterre, et il faut entendre par là l'Angleterre seule, sans le pays de Galles, on comptait 1.407.228 femmes de plus que d'hommes entre 20 et 40 ans et 359.969 femmes non-mariées passé cet age. Sur 100 femmes, il y en avait 42 qui n'étaient pas mariées. Que disent de cela les gens qui, dans leur légèreté, dénient à la femme le droit d'aspirer à une situation indépendante, égale en droits à celle de l'homme, en la renvoyant au mariage et à la vie domestique ? Ce n'est pas la mauvaise volonté des femmes qui fait que tant d'entre elles ne se marient pas, et quant à ce qu'il en est du bonheur conjugal, nous l'avons suffisamment dépeint déjà.

Et qu'advient-il de ces victimes de notre situation sociale ? La nature, outragée et blessée, imprime sa vengeance sur les traits même du visage et du caractère par lesquels ce que l'on appelle les vieilles filles comme les vieux garçons se différencient des autres êtres humains dans tous les pays et sous tous les climats. Ils sont le vivant témoignage de l'influence puissante et pernicieuse qu'exerce la compression de l'instinct naturel. Il est établi que des hommes fort remarquables, comme Pascal, Newton, Rousseau, ont dû à ces causes de souffrir dans les derniers jours de leur vie de cruelles altérations de leurs facultés morales et intellectuelles. Ce qu'on appelle la nymphomanie chez les femmes, aussi bien que les nombreux genres d'hystérie, découle des mêmes sources. Dans le mariage également l'absence de jouissance, avec un mari qui n'est pas aimé, conduit à des crises d'hystérie et cause souvent aussi la stérilité.

Voilà ce qu'il en est de notre vie conjugale actuelle et de ses conséquences. Nous voyons donc que le mariage est, de nos jours, une institution étroitement liée à l'état social existant ; il vit et meurt avec lui ; lui faire subir, au sein de ce même état social, des modifications telles que ses côtés sombres disparaissent, est impossible, et toutes les études qui ont ce point de départ n'ont aucune chance d'aboutir. Le monde bourgeois ne peut ni donner au mariage une forme satisfaisante, ni pourvoir à la satisfaction de ceux qui ne se marient pas.

Auguste Bebel

La prostitution est une institution sociale nécessaire du monde bourgeois

Si le mariage représente l'un des côtés de la vie sexuelle du monde bourgeois, la prostitution en représente l'autre. Le premier est la face de la médaille, la seconde en est le revers. Quand l'homme ne trouve pas sa satisfaction dans le mariage, il a le plus souvent recours à la prostitution, et c'est encore dans celle-ci que cherche l'apaisement de ses appétits celui qui, pour une raison ou pour une autre, renonce a se marier. Ainsi, qu'il s'agisse de ceux qui, de gré ou de force, vivent dans le célibat, ou de ceux auxquels le mariage ne donne pas ce qu'ils en attendaient, les circonstances leur sont infiniment favorables pour les aider à satisfaire leur instinct sexuel.

Les hommes de tous les temps et de tous les pays considèrent l'usage de la prostitution comme un privilège tout naturel, qui leur est acquis « de droit. » Ils n'en font que juger et surveiller avec plus de rigueur et de sévérité, en ces matières, toutes les femmes qui vivent en dehors du monde de la prostitution. Que la femme ait exactement les mêmes instincts que lui, mais que ces instincts se manifestent avec infiniment plus d'ardeur à certaines époques de sa vie (au moment de la menstruation), l'homme ne s'en embarrasse pas. En vertu de sa situation prépondérante, il oblige la femme à comprimer énergiquement ses instincts les plus vivaces, et il fait dépendre de sa chasteté sa considération sociale et son mariage.

C'est surtout le célibataire qui est favorisé. La nature a assigné à la femme seule les conséquences de l'acte charnel ; l'homme, une fois la jouissance passée, n'a ni peine ni responsabilité.

Cette situation privilégiée vis-à-vis de la femme a créé, au cours de la civilisation, la licence effrénée qui distingue une grande partie des hommes dans leurs exigences sexuelles. Et comme, ainsi que nous l'avons établi, cent causes pour une s'opposent à la satisfaction des sens sous la forme légitime ou ne la permettent qu'insuffisamment, il en résulte qu'on en pousse la recherche jusqu'à la bestialité.

La prostitution devient une institution sociale nécessaire, tout comme la police, l'armée permanente, l'Église, le patronat, etc. Cela n'a rien d'exagéré, et nous prouverons la justesse de cette allégation.

Nous avons déjà montré comment les anciens, en Grèce comme à Rome, envisageaient la prostitution, la tenaient pour nécessaire, et l'organisaient au nom de l'État. Nous avons également indiqué quelle fut, sur ce point, la manière de voir du Moyen-âge chrétien. Saint Augustin lui-même, le plus illustre défenseur du christianisme après saint Paul, tout en prêchant l'ascétisme, ne pouvait s'empêcher de s'écrier : « Si vous persécutez les filles publiques, la violence des passions détruira tout de fond en comble ». Le concile provincial du clergé tenu à Milan en 1663 s'exprima, lui aussi, dans le même sens.

Écoutons maintenant ce que disent les modernes.

Le Dr F. S. Hügel dit, dans son « Histoire, statistique et réglementation de la prostitution à Vienne » : « Le progrès de la civilisation dissimulera certainement la prostitution sous des formes plus agréables, mais ce n'est qu'avec la fin du monde qu'on pourra l'extirper du globe terrestre ». Sans doute c'est beaucoup dire, mais il est certain que quiconque ne se donne pas la peine de porter ses pensées au-delà de la forme bourgeoise de la société, quiconque ne sait pas quelle révolution celle-ci devra entreprendre sur elle-même pour en arriver à une situation sociale saine et naturelle, doit être d'accord avec le Dr Hügel.

Le Dr Wichern, le pieux et renommé directeur du Rauhe-Haus [1] de Hambourg, d'accord avec le Dr Patton, de Lyon, le Dr William Tait d'Édimbourg et le Dr Parent-Duchâtelet, de Paris, renommé pour ses recherches sur la prostitution et sur les maladies sexuelles, déclare de son côté : « La prostitution est inextirpable parce qu'elle est étroitement liée aux institutions sociales », et tous, unanimement, en réclament la réglementation administrative. Qu'il faille modifier les institutions sociales si elles sont la cause de la prostitution, aucun de ces hommes n'y songe, parce que le défaut d'études économiques et les préjugés de leur éducation leur font considérer une pareille réforme

---

1 Nom d'une maison d'éducation correctionnelle de Hambourg.

comme impossible. La « Semaine médicale de Vienne », année 1863, n° 35, pose cette question : « Quelle autre ressource reste-t-il au grand nombre de célibataires volontaires ou non pour satisfaire aux besoins de la nature, que le fruit défendu de la Vénus Pandemos ? » et elle conclut que, « si d'après cela la prostitution est nécessaire, elle a également droit à l'existence, à la protection et à l'impunité de la part de l'État ». Le Dr Hügel, dans son ouvrage cité plus haut, se déclare entièrement et absolument d'accord avec cette manière de voir.

Le Dr J. Kühn, médecin de la police de Leipzig, dit dans son ouvrage « La prostitution au XIXème siècle au point de vue de la police sanitaire » : « la prostitution n'est pas seulement un mal qu'il faut supporter, mais encore un mal nécessaire, car il garde les femmes de l'infidélité (que les hommes ont seuls le droit de commettre), il protège la vertu (naturellement celle des femmes, les hommes n'en ont pas besoin) contre les attentats (sic), et par suite contre la chute ». On le voit, cette courte citation des paroles du Dr Kühn caractérise l'égoïsme crasseux de l'homme dans sa forme la moins dissimulée. C'est le point de vue correct d'un médecin de police qui se sacrifie à surveiller la prostitution pour préserver ses congénères de maladies désagréables.

Avais-je tort, quand je disais : la prostitution est aujourd'hui une institution sociale nécessaire, tout comme la police, l'armée permanente, l'Église, le patronat, etc.. ?

Dans l'empire allemand, la prostitution n'est pas, comme en France, administrativement permise, organisée et surveillée, mais simplement tolérée. Les maisons publiques officielles ont été supprimées, là où elles existaient, par une décision du conseil fédéral. À la suite de cette mesure, il fut adressé au Reichstag, de 1875 à 1880, de nombreuses pétitions par lesquelles on le priait d'autoriser à nouveau l'ouverture des maisons publiques, parce que le vice, devenu clandestin, n'en sévissait que plus effréné et qu'il en résultait une progression terrifiante des maladies syphilitiques. Une commission du Reichstag nommée pour étudier la question, et à laquelle appartenaient notamment plusieurs médecins, en vint à conclure qu'il y avait lieu de renvoyer ces pétitions au chancelier de l'Empire en le priant de les prendre en considération, l'interdiction des maisons publiques devant avoir les conséquences les plus dangereuses pour la morale et la santé de la société, et en particulier pour la vie de famille.

Ces exemples doivent suffire. Ils démontrent que la suppression de la prostitution est pour la Société moderne aussi un Sphinx dont elle n'arrive pas à résoudre les énigmes ; elle juge nécessaire de la tolérer et de la surveiller administrativement, pour éviter de plus grands maux. Notre société, si frère de sa « moralité », de sa « religiosité », de sa civilisation et de sa culture intellectuelle, doit donc supporter que le dérèglement et la corruption fouillent son corps comme un poison subtil. Mais il ressort encore autre chose de tout cela. L'État chrétien déclare officiellement que la forme actuelle du mariage n'est pas satisfaisante et que l'homme a le droit de rechercher l'assouvissement illégitime de son instinct sexuel. La femme non mariée ne compte, pour le même État, comme être sexuel qu'en tant qu'elle veut se livrer aux passions illégitimes de l'autre sexe, c'est-à-dire quand elle devient une prostituée. Et cette surveillance, ce contrôle de la prostitution, exercés de diverses manières par les organes de l'État, ne s'appliquent pas à l'homme, ce qui serait pourtant absolument naturel si le contrôle médico-policier devait avoir un sens et des résultats, si minces qu'il pussent être, mais ils ne frappent que la femme. On ne peut donc même pas invoquer comme un acte de justice à l'appui de ces mesures l'application égale de la loi aux deux sexes.

Cette protection de l'homme contre la femme par l'État établit la véritable nature de leurs rapports. On dirait que les hommes constituent le sexe le plus faible, et les femmes le plus fort, que la femme est la séductrice et que l'homme, le pauvre faible homme, en est la victime. La légende de la séduction entre Adam et Eve au paradis terrestre se continue dans notre manière de voir et dans nos lois, et donne raison au christianisme : « La femme est la grande corruptrice, le vase d'élection du péché ». Et les hommes n'ont pas honte de se représenter comme d'aussi tristes sires

L'idée de la société, que l'État doit surveiller la prostitution pour préserver l'homme de certaines maladies, fait naturellement naître chez celui-ci la croyance qu'il est désormais à l'abri de la contagion, et cette croyance encourage la prostitution au plus haut degré. La preuve

Auguste Bebel

en est fournie par ce fait que partout où la police a sévi avec le plus de rigueur contre les prostituées non inscrites, le chiffre des maladies syphilitiques a considérablement augmenté, les hommes devenant plus légers et moins vigilants.

Il ne saurait faire doute pour aucun homme clairvoyant que ni la création de lieux de prostitution (maisons de tolérance, bordels) contrôlés par la police, ni les visites organisées par elle, ni l'inspection médicale, ne sont capables de donner la moindre sécurité contre la contagion. D'abord, la nature de ces maladies est souvent telle qu'elles ne se laissent pas si facilement ni si rapidement découvrir ; ensuite elles exigeraient - s'il devait y avoir sécurité - des visites renouvelées plusieurs fois par jour. Mais cette dernière mesure est complètement inapplicable en raison du nombre de femmes en question et en égard aux frais qu'elle entraînerait. Là où il faut « expédier » en une heure cinquante ou soixante prostituées, la visite n'est plus qu'une simple farce et le chiffre d'une ou de deux visites par semaine est également d'une insuffisance absolue. Enfin les résultats de cette mesure échouent par ce fait que l'homme qui porte la maladie d'une femme à l'autre n'est en aucune façon molesté. Une prostituée qui vient d'être visitée et reconnue saine, sera contaminée une heure après par un homme atteint d'une maladie vénérienne et communiquera le germe de la contagion, jusqu'au prochain jour de visite ou jusqu'à ce qu'elle s'aperçoive elle-même de sa maladie, à toute une série d'autres visiteurs. Le contrôle est donc non seulement illusoire, mais il se produit encore ce fait que ces visites, exécutées sur ordre par des médecins, au lieu d'être faites par des matrones, blessent la pudeur dans ce qu'elle a de plus intime et finissent par la détruire entièrement. Aussi les prostituées emploient-elles tous les moyens pour se soustraire à ce contrôle. Un autre résultat de ces mesures policières est qu'il devient extrêmement difficile, voire impossible, aux filles perdues de revenir à un travail honnête. Une femme tombée sous le contrôle de la police est perdue pour la société ; la plupart du temps elle périt misérablement en peu d'années.

L'Angleterre fournit un exemple frappant du peu d'utilité du contrôle médico-policier. Il avait été établi en 1866 une loi spéciale aux lieux où tenaient garnison les troupes de terre et de mer. Eh bien, tandis que, de 1860 à 1866, alors que cette loi n'était pas en vigueur, les cas de syphilis légère étaient tombés de 32,68 % à 24,73 %, après six ans de son application, en 1872, le chiffre des malades était toujours encore de 24,26 %, c'est-à-dire à peine 1/2 % de moins qu'en 1866. Mais la moyenne de ces six années était supérieure de 1/16 % à celle de 1866.

C'est alors qu'en 1873, une commission d'enquête spécialement nommée pour étudier les effets de la loi, en vint à l'unanimité à cette conclusion : « que la visite périodique des femmes qui entretenaient ordinairement un commerce sexuel avec le personnel de l'armée et de la flotte n'avait pas eu pour résultat d'amener la moindre diminution des cas de maladie », et la commission recommanda la suppression des visites périodiques.

Mais cette loi de visite eut sur les femmes qui y furent soumises un tout autre effet que sur les troupes. En 1866, il y avait pour 1.000 prostituées, 121 cas de maladie ; en 1868, alors que la loi avait fonctionné pendant deux ans, il y en eut 202 ; puis ils diminuèrent quelque peu, mais en 1874 ils dépassaient encore de 16 le nombre des cas constatés en 1866. Les cas de mort parmi les prostituées se multiplièrent, sous l'empire de la loi, d'une façon tout à fait effrayante. Ils étaient en 1865 de 9,8 pour 1.000 ; en 1874 ils atteignirent 23. Lorsque, vers 1870, le gouvernement anglais projeta d'étendre la loi de visite à toutes les villes du royaume, il s'éleva dans le monde féminin anglais une tempête d'indignation. Le bill « habeas-corpus », cette loi fondamentale qui protège le citoyen anglais contre les exactions de la police, allait être, disait-on, abrogé pour les femmes ; il appartiendrait à n'importe quel agent de police, brutal, vindicatif, ou guidé par d'autres vils motifs, d'arrêter la femme la plus honorable s'il lui passait par la tête qu'elle était une prostituée, tandis qu'au contraire la licence masculine continuerait à n'être pas inquiétée et serait même protégée et entretenue par la loi.

Bien que la lutte entreprise par les femmes anglaises en faveur du rebut de leur sexe les exposât facilement aux interprétations et aux commentaires méprisants de la partie bornée de leurs compatriotes, elles ne se laissèrent pas détourner de s'insurger avec la dernière énergie contre l'adoption de cette loi avilissante pour leur sexe. Hommes et femmes discutèrent le « pour » et le « contre » dans des articles de journaux et des brochures, la question fut portée devant le Parlement et enfin on empêcha tout au moins l'extension du bill. La police allemande a partout des pouvoirs de ce genre ; certains faits survenus à Leipzig, à Berlin et ailleurs, et rendus publics, montrent que les abus ou les « malentendus » sont chose facile dans l'exercice de ces pouvoirs, mais chez nous on n'entend pas parler d'une opposition énergique contre de semblables privautés. Madame Guillaume-Schack, à propos de ces « mesures de protection » prises par l'État en faveur des hommes, dit fort justement : « À quoi bon apprendre à nos fils à respecter la vertu et les mœurs, quand l'État déclare l'immoralité une chose nécessaire, quand le même État vient procurer au jeune homme, avant même qu'il ait atteint sa maturité intellectuelle, et pour servir de jouet à ses passions, la femme estampillée par l'autorité comme une marchandise » ?

Qu'un homme atteint d'une maladie vénérienne contamine dans sa lubricité autant qu'il voudra de ces pauvres êtres qui, cela soit dit à l'honneur des femmes, n'exercent le plus souvent leur honteux métier que sous la contrainte de la misère ou à la suite de leur séduction, il n'est pas inquiété. Mais malheur à la femme malade qui ne s'est pas immédiatement soumise à une visite médicale et à un traitement. Les villes de garnison, les Universités, etc., avec leurs agglomérations d'hommes pleins de vigueur et de santé, sont les foyers principaux de la prostitution et des dangereuses maladies qu'elle engendre, maladies qui, transportées de là jusque dans les coins les plus reculés du pays, propagent partout la corruption. Il en va de même pour les villes maritimes. « Pour expier ta faute, tu seras frappé dans ta descendance jusqu'à la troisième et à la quatrième génération ». Ce passage de la Bible s'applique dans toute l'acception du mot au débauché frappé d'une maladie vénérienne. Le virus syphilitique est de tous les poisons le plus tenace, le plus difficile à extirper. De longues années encore après la guérison d'une maladie, lorsque celui qui s'en est tiré en croit toute trace disparue, les suites s'en manifestent souvent dans le mariage, chez la femme ou chez les nouveau-nés [1]. Une partie des aveugles de naissance doit son malheur aux péchés paternels dont les suites se sont reportées d'abord sur la femme et de celle-ci sur le nouveau-né ; un grand nombre d'enfants idiots ou imbéciles sont redevables de leurs

---

1 En 1875, 14 % des enfants soignés dans les hôpitaux anglais souffraient de maladies vénériennes héréditaires. A Londres, sur 190 décès masculins, il y en a un dû à ces maladies ; dans toute l'Angleterre, 1 sur 159 ; dans les hospices français, 1 sur 160, 5.

défauts aux mêmes causes, et notre époque est en mesure de citer bien des exemples de ce que peut causer de malheurs, dans la vaccination, une minuscule goutte de sang syphilisé.

Les occasions de se livrer à la débauche se multiplient en raison directe de la proportion dans laquelle les hommes, volontairement ou non voués au célibat, cherchent à satisfaire leur instinct naturel dans la bestialité. Les gros bénéfices que donnent toutes les entreprises basées sur l'immoralité, déterminent nombre de gens d'affaires peu scrupuleux à attirer et retenir la clientèle par l'emploi de tous les raffinements possibles. Il est tenu compte, suivant le rang et la situation du client, de toutes ses exigences ; on tire parti de toutes les ressources d'exécution, de tous les artifices matériels. Si certaines de ces « maisons publiques » de nos grandes villes pouvaient raconter leurs secrets, on verrait que leurs pensionnaires, bien que pour la plupart de basse extraction, sans instruction ni éducation, sachant souvent à peine signer leur nom, mais d'autant plus brillamment dotées d'appas physiques, ont les relations les plus intimes avec des sommités sociales, avec des hommes de haute intelligence et d'éducation raffinée. On verrait entrer et sortir ministres, militaires haut gradés, conseillers intimes, députés, magistrats, etc., mêlés aux représentants des aristocraties de la naissance, de la finance, du commerce et de l'industrie. On y trouverait des hommes qui, pendant le jour et dans la société, se posent sérieusement et pleins de dignité en « représentants et gardiens de l'ordre, de la morale, du mariage et de la famille », et sont placés à la tête d'établissements de bienfaisance chrétienne et de sociétés pour la « répression de la prostitution ». Notre société bourgeoise ressemble à une société de carnaval où l'un cherche à tromper, à mystifier l'autre, où chacun se drape avec dignité dans son costume officiel pour pouvoir ensuite, dans l'intimité, se livrer avec d'autant moins de frein à ses caprices et à ses passions. Et avec cela, à l'extérieur, tout respire la morale, la religion, les bonnes mœurs. Le nombre des augures augmente tous les jours.

L'offre de la femme comme instrument de plaisir monte plus rapidement encore que la demande. Les conditions sociales chaque jour plus fâcheuses, la misère, la séduction, l'attrait d'une vie en apparence libre et brillante, fournissent des candidates de toutes les classes de la société. Un roman de Hans Wachenhufen dépeint d'une façon très caractéristique la situation sous ce rapport de la capitale de l'empire allemand. L'auteur s'explique comme suit sur le but de sort roman : « Mon livre parle notamment des martyrs du sexe féminin et de l'avilissement croissant de celui-ci par suite des conditions anormales de notre vie sociale et bourgeoise, par suite aussi de sa propre faute, de son éducation négligée, de son besoin de luxe et de la facilité croissante qu'ont les femmes de s'offrir sur le marché de la vie. Il parle de leur dispro-portion numérique qui s'augmente chaque jour, laissant moins d'espoir à celles qui naissent, moins de ressources à celles qui grandissent... J'ai écrit en quelque sorte comme le ministère public assemble toutes les circonstances de la vie d'un criminel pour en résumer sa culpabilité. Si donc on entend par « roman » une chose inventée, un mensonge impuni, alors ce qui suit n'est pas, dans ce sens, un roman, mais bien une image de la vie, vraie et sans retouche ». Du reste, il n'en va ni mieux ni plus mal à Berlin que dans les autres grandes villes. Est-ce Pétersbourg, l'orthodoxe grecque, Rome la catholique, Berlin le germano-chrétien, Paris le païen, Londres la puritaine ou Vienne si heureuse de vivre qui ressemble le plus à l'ancienne Babylone ? Il est difficile de le discerner. Des conditions sociales analogues produisent des effets semblables. « La prostitution possède ses lois écries et ses coutumes, ses ressources particulières, ses lieux de recrutement (various resorts), depuis la plus pauvre chaumière jusqu'au plus étincelant des palais ; ses innombrables degrés, depuis les plus infimes jusqu'aux plus raffinés et aux plus cultivés ; elle a ses divertissements spéciaux et ses lieux publics de réunion ; elle a enfin sa police, ses hôpitaux, ses prisons et sa littérature »

Dans ces conditions, le commerce le la chair féminine a pris des proportions énormes. Il s'exerce sur la plus vaste échelle, et de la façon la mieux organisée, échappant à l'œil de la police, au sein même de la civilisation et de la culture intellectuelle. Une armée de courtiers, d'agents, de convoyeurs des deux sexes traite ce genre d'affaires avec le même sang-froid que s'il s'agissait de n'importe quelle autre marchandise. On falsifie des pièces d'identité ; on établit des certificats qui donnent une description exacte de chaque « pièce » et que l'on remet aux convoyeurs pour leur servir de références auprès des acheteurs. Le prix s'établit, comme pour toute autre marchandise, suivant la qualité ; les diverses catégories sont assorties suivant le goût et les exigences de la clientèle, et expédiées ainsi dans toutes les villes et dans tous les pays. On cherche à échapper aux poursuites et à la vigilance de la police par les pratiques les plus subtiles, mais il arrive aussi fréquemment que l'on emploie de fortes sommes à fermer les yeux des gardiens de la loi. Plusieurs cas de ce genre ont notamment été constatés à Paris.

L'Allemagne, en particulier, a la renommée de fournir le marché aux femmes de la moitié du monde. Le besoin de l'émigration, inné chez tout Allemand, semble aussi animer une partie des femmes de notre pays, de telle sorte que, plus que celles de tout autre peuple, elles fournissent leur contingent à l'approvisionnement de la prostitution internationale. Des femmes allemandes peuplent les harems de la Turquie aussi bien que les maisons publiques du centre de la Sibérie

et celles de Bombay, de Singapour et de New-York. L'auteur du livre de voyages « Du Japon en Allemagne par la Sibérie », W. Joest, s'exprime en ces termes sur le commerce qui se fait des filles allemandes : « On crie souvent, dans notre morale Allemagne, contre le commerce d'esclaves que fait quelque roi nègre de l'Afrique occidentale ou contre la situation à Cuba et au Brésil ; on ferait pourtant mieux de se rappeler l'histoire de la paille et de la poutre, car il n'est pas de pays où l'on traite l'esclave blanche comme on te fait précisément en Allemagne et en Autriche, il n'est pas de pays qui exporte davantage de cette marchandise vivante. Il est facile de suivre exactement le chemin que prennent ces filles. À Hambourg, on les embarque pour l'Amérique du Sud ; Bahia, Rio de Janeiro en retiennent leur part, mais le plus gros du lot est destiné à Montevideo et à Buenos Aires, tandis qu'un faible reliquat va jusqu'à Valparaiso, à travers le détroit de Magellan. Un autre courant est dirigé, soit par l'Angleterre, soit par voie directe, sur l'Amérique du Nord, où il ne peut toutefois lutter que difficilement avec les produits indigènes, et d'où il se partage, en se dirigeant soit vers la Nouvelle-Orléans et le Texas en descendant le Mississipi, soit vers l'Ouest et la Californie. De là on dessert la côte jusqu'à Panama, tandis que Cuba, les Indes Occidentales et le Mexique sont approvisionnés par la Nouvelle-Orléans. Sons le nom de « bohémiennes » d'autres troupeaux de filles allemandes sont exportées à travers les Alpes en Italie et de là plus au Sud, sur Alexandrie, Suez, Bombay, Calcutta, jusqu'à Singapour et même jusqu'à Hong-Kong et Shanghaï. Les indes Hollandaises, l'Asie Orientale, et surtout le Japon, sont de mauvais

Auguste Bebel

marchés, parce que la Hollande ne tolère pas dans ses colonies de filles blanches de ce genre et qu'au Japon les filles du pays sont trop belles et à trop bon marché. La concurrence américaine par San Francisco contribue également à rendre les affaires plus difficiles de ce côté. La Russie se fournit dans la Prusse Orientale, la Poméranie et la province de Posen. La première étape est en général Riga. C'est là que viennent se réassortir les marchands de Petersbourg et de Moscou qui expédient leur marchandise en grandes quantités sur Nijni-Novgorod et jusque de l'autre côté de l'Oural, vers Irbit et Krestofsky, et au centre même de la Sibérie. C'est ainsi par exemple que j'ai trouvé une fille allemande vendue de la sorte à Tchita. Ce grand commerce est parfaitement organisé, il a comme intermédiaires des agents et des voyageurs, et si quelque jour le ministre des affaires étrangères de l'Empire allemand demandait à ce sujet des renseignements à ses consuls, il pourrait dresser des tableaux statistiques fort intéressants ».

Des plaintes analogues venant d'autres côtés déterminèrent le Reichstag allemand, dans sa session de 1882-1883, à inviter le chancelier de l'Empire à se joindre aux propositions faites par la Hollande pour enrayer et étouffer ce vil négoce. Pour une foule de raisons, le résultat de ces mesures est fort douteux.

En ce qui concerne le nombre des prostituées, il est difficile de l'évaluer, même approximativement. La police est en mesure d'établir à peu près le chiffre des femmes dont la prostitution est l'industrie principale, mais il lui est impossible de le faire pour le nombre bien plus grand de celles qui ne l'exercent que comme métier accessoire. Dans tous les cas, les chiffres approximatifs connus sont effrayants. D'après Oettingen, le nombre des prostituées à Londres était déjà évalué à 80.000 vers 1869. À Paris, le chiffre des femmes contrôlées par la police n'est que de 4.000, mais celui des prostituées s'élève à 60.000, et d'après certains auteurs même à 100.000. À Berlin, on compte à l'heure actuelle environ 2.800 femmes inscrites, mais d'après d'Oettingen, dés 1871, il y en avait 15.065, connues ou non de la police comme se livrant à la prostitution. Et comme, dans la seule année 1876, il fut procédé à 16.198 arrestations pour infraction aux règlements sur la police des mœurs, on peut en déduire que ceux qui estiment à 25 ou 30.000 le nombre des prostituées berlinoises n'exagèrent pas. À Hambourg, en 1860, on comptait une fille publique pour neuf femmes âgées de plus de 15 ans, et à Leipzig, à la même époque, il v avait 564 femmes inscrites, mais on évaluait à 2.000 le nombre de celles qui vivaient essentiellement ou exclusivement de la débauche. Ce nombre s'est considérablement élevé dans l'intervalle. On le voit, il y a des armées entières de femmes qui considèrent la prostitution comme un moyen d'existence, et on peut en tirer le nombre des victimes livrées à la maladie et à la mort.

D'un autre côté, ce qui augmente singulièrement, pour chaque période décennale, le nombre des prostituées dans les grandes villes et dans les régions industrielles, ce sont les crises économiques qui y sévissent. Avec la concentration de l'industrie, c'est-à-dire avec le développement et le perfectionnement du machinisme, s'est affirmée d'une façon toujours plus nette la tendance du système de production capitaliste à écarter les travailleurs adultes et à employer à leur place des femmes, en même temps que des enfants ou des adolescents. C'est ainsi qu'en Angleterre, en 1861, pour ne citer qu'un exemple, le chiffre des femmes employées comme ouvrières dans les industries soumises à la loi sur les manufactures était de 308.278 contre 467.261 hommes. Mais en 1868, époque à laquelle le nombre total des ouvriers de ces industries était monté à 857.964, le chiffre des femmes occupées était de 525.154, celui des hommes de 332.810 seulement. Les « bras » féminins s'étaient donc augmentés dans l'espace de sept ans du chiffre colossal de 216.881 ; les « bras » masculins avaient diminué de 131.531. Viennent maintenant des crises, telles qu'elles sont devenues une nécessité dans le monde bourgeois, et la majeure partie des femmes livrées au chômage chercheront leur salut dans la prostitution. Une fois qu'elles y seront tombées, elles seront perdues, pour la plupart. D'après une lettre adressée par le constable en chef Bolton à un inspecteur de fabrique le 31 octobre 1865, le chiffre des jeunes prostituées avait subi, par suite de la crise cotonnière anglaise amenée par la guerre de sécession, un accroissement plus fort que dans les vingt-cinq années précédentes réunies [1].

Pour ce qui est des effets désastreux des maladies sexuelles, rappelons seulement qu'en Angleterre, de 1857 à 1865, il est prouvé qu'elles causèrent la mort de plus de 12.000 individus, parmi lesquels il ne

---

1 Karl Marx : « Le Capital » 2e édition, page 480.

se trouva pas moins de 69 % d'enfants de moins d'un an qui périrent victimes de l'infection paternelle. Dès cette époque, S. Holland évaluait à 1.652.000 le chiffre des personnes contaminées annuellement dans le Royaume-Uni.

Le médecin parisien Parent-Duchâtelet a dressé une intéressante statistique, portant sur 5.000 filles publiques, des causes qui jettent principalement les femmes dans la prostitution. Sur ces 5.000 il s'en trouvait 1.440 qui s'étaient livrées à ce métier par misère et manque de ressources ; 1.250 s'étaient trouvées sans parents ni moyens d'existence, c'est-à-dire également dans la misère ; 80 s'étaient prostituées pour nourrir leurs parents, pauvres et âgés ; 1.400 étaient des concubines abandonnées par leurs amants ; 400 étaient des filles débauchées et amenées à Paris par des officiers et des soldats ; 280 avaient été abandonnées enceintes par leurs amants. Ces chiffres et ces catégories ont un langage significatif.

Qu'on se représente seulement le misérable salaire qui vient en partage à la majeure partie des ouvrières, salaire qui ne leur permet pas de vivre et qui les pousse à chercher des gains accessoires dans la prostitution. Et il y a pourtant des entrepreneurs assez infâmes pour prendre cet argument comme excuse de la modicité du salaire. C'est par centaines de mille que couturières, tailleuses, modistes, ouvrières de fabrique, se trouvent dans ce cas. Il n'est pas rare que des patrons et leurs employés, des commerçants, des chefs d'usine, des propriétaires, etc., qui ont des femmes pour ouvrières ou pour domestiques, considèrent comme une sorte de privilège de les regarder comme devant servir à leurs plaisirs. Le « *jus primae noctis* » des seigneurs féodaux du Moyen-age se maintient aujourd'hui sous une autre forme. Les fils de nos « classes dirigeantes » considèrent comme un droit à eux dévolu, pour la plupart, de séduire les filles du peuple et de pouvoir les planter là ensuite. Les filles du peuple, pleines de confiance, ne sachant rien de la vie, sans expérience, avec cela privées le plus souvent d'amis et de joies, ne tombent que trop facilement victimes d'une séduction qui se présente à elles sous une forme brillante et pleine de caresses. La désillusion, la douleur, et finalement le crime, voilà quelles en sont les conséquences. C'est à ces causes qu'il faut surtout faire remonter les suicides de femmes et les infanticides. Les nombreux procès d'infanticides fournissent un sombre tableau, plein d'enseignements. La femme séduite, lâchement abandonnée, jetée sans secours dans le désespoir et dans la honte, va à l'extrême, tue le fruit de son amour, est poursuivie devant la justice, condamnée à la prison ou guillotinée. L'homme sans conscience, l'auteur moral du crime, le vrai meurtrier, s'en va impuni, épouse peut-être peu après une fille de famille « honnête et comme il faut », et devient un brave homme, pieux et honoré. Plus d'un s'en va chargé d'honneurs et de dignités qui a souillé de la sorte son honneur et sa conscience. Si les femmes avaient leur mot à dire dans l'établissement des lois, il y aurait bien des changements dans cet état de choses.

La loi française, comme mous l'avons déjà montré, agit de la façon la plus barbare en défendant la recherche de la paternité, mais en créant par contre les orphelinats. Le décret de la Convention, rendu à ce sujet le 28 juin 1793, dit : « La nation se charge de l'éducation physique et morale des enfants abandonnés. Désormais, ils seront désignés sous le seul nom d'orphelins. Aucune autre qualification ne sera permise ». Cela était commode pour les hommes, les devoirs d'un seul passant à la communauté, et rien ne les compromettant plus ni devant le public ni devant leurs femmes. On établit, en conséquence, dans toutes les provinces du pays, des maisons d'orphelins et d'enfants abandonnés. Le chiffre des deux catégories s'éleva en 1833 à 130.945 enfants, sur lesquels on comptait un dixième d'enfants légitimes. Mais, comme ces enfants ne reçoivent pas de soins particulièrement dévoués, leur mortalité est très considérable. Il en mourait déjà à cette époque 50 %, soit la moitié, dans leur première année ; jusqu'à l'âge de 12 ans, il en mourait 78 %, de telle sorte que sur 100 d'entre eux 22 seulement dépassaient la douzième année.

Il en est de même en Autriche et en Italie, où la société, dans son « humanité », a pareillement fondé ces établissements d'infanticides. « Ici on fait mourir les enfants » : telle est l'inscription bien appropriée que certain monarque a, dit-on, recommandée pour les orphelinats. L'histoire ne dit pas que cet homme ait cherché à diminuer le meurtre en masse de ces petits êtres en ordonnant pour eux de meilleurs soins et une protection plus éclairée. En Prusse, où il n'y a pas de maisons d'enfants abandonnés, il mourait vers 1860, dans leur première année, 18,23 % d'enfants légitimes et 34,11 % d'enfants naturels, c'est-à-dire près du double, mais beaucoup moins cependant que dans les établissements français de ce genre. À Paris, il mourait 193 enfants naturels pour 100 légitimes ; en province, ce chiffre s'élevait même à 215. Le manque de précautions pendant la grossesse, l'état délicat à la naissance, le manque de soins ensuite, en sont les causes fort simples. Les mauvais traitements, les fameuses « faiseuses d'anges », contribuent à multiplier les victimes. Le chiffre des mort-nés est, pour les enfants naturels, le double de celui des légitimes ; cela doit surtout tenir aux manœuvres employées par la mère, dès la grossesse, pour amener la mort de l'enfant. Les bâtards qui survivent se vengent sur la société des mauvais traitements qu'ils ont subis, en ce sens qu'ils fournissent une proportion extraordinaire de criminels de tout ordre.

Il nous faut aussi toucher brièvement un mot d'un autre mal qui, dans cet état de choses, prend une extension chaque jour plus considérable. L'abus des jouissances sexuelles a des effets plus néfastes encore que l'abstention. Un organisme surmené se ruine même sans avoir à souffrir de maladies vénériennes proprement dites. En particulier l'impuissance, la stérilité, les maladies de la moelle épinière, le gâtisme, l'épuisement intellectuel, et une foule d'autres maladies sont la conséquence de cette sorte d'excès. Garder la mesure dans les plaisirs sexuels est donc aussi nécessaire que dans le boire et le manger et dans les autres besoins de l'humanité. Mais se retenir est surtout difficile pour la jeunesse. De là ce grand nombre de « jeunes vieillards », précisément dans les classes. élevées de la société. Le chiffre des « roués », jeunes et vieux, est énorme, et tous ont besoin d'excitations particulières parce que leurs sens sont émoussés et rassasiés par les excès. Les uns tombent dans les vices contre-nature de l'antiquité grecque, les autres cherchent l'excitation dans l'abus des enfants. Ce qu'on appelle les « carrières libérales », que ne professent que les classes élevées de la société, fournit 5,6 % des délits criminels, mais donne 12,9 % des attentats à la pudeur sur des enfants. Et encore cette proportion serait plus élevée si l'on n'avait pas, dans les milieux dont il s'agit, de nombreux moyens de voiler et de cacher le crime, de telle sorte que la plupart des cas échappent aux recherches.

Nous voyons de la sorte des vices, des dérèglements, des délits et des crimes de tout genre être la conséquence de notre situation sociale. La société tout entière est maintenue dans un état de trouble. Mais ce sont les femmes qui souffrent le plus de ce régime.

Nombre de femmes le sentent et y cherchent un remède. Elles réclament en première ligne le plus possible de personnalisme et d'indépendance économiques ; elles demandent que la femme soit, aussi bien que l'homme, admise à toutes les fonctions auxquelles ses forces et ses capacités, tant physiques qu'intellectuelles, lui paraissent appropriées ; elles demandent surtout à être admises aux fonctions que l'on désigne sous le nom de « carrières libérales ». Ces revendications sont-elles fondées ? Sont-elles réalisables ? Et leur réalisation peut-elle être de quelque secours ? Telles sont les questions qui se posent maintenant. Voyons plus loin.

La situation industrielle de la femme, ses facultés intellectuelles, le darwinisme et la situation sociale de la société.

Les aspirations de la femme vers la liberté industrielle et vers son indépendance personnelle ont été jusqu'à un certain point reconnues comme « fondées en droit » par la société bourgeoise, absolument comme celles des travailleurs vers la liberté de circulation. Au fond de ce bon accueil il y avait une chose : l'intérêt de classe de la bourgeoisie. Celle-ci avait besoin de bras, tant masculins que féminins, pour pouvoir porter la grande production à son maximum d'intensité. Et au fur et à mesure que le machinisme se développe, que le système de production se divise de plus en plus en spécialités et exige une moindre éducation technique, que d'autre part s'accentue la concurrence des fabricants et la lutte de branches entières d'industrie les unes contre les autres - pays contre pays, partie du monde contre partie du monde, - le nombre des femmes employées par l'industrie ira, tout particulièrement, en augmentant.

C'est dans la condition sociale et dans le caractère de la femme qu'il y a lieu de chercher les raisons de l'extension sans cesse croissante de son emploi dans une foule chaque jour plus considérable de branches d'industrie. La femme, de tout temps considérée par l'homme comme un être inférieur, a pris par suite, à un degré plus élevé, que le prolétaire masculin, un caractère fait d'effacement, de docilité et de soumission. Elle peut donc, de prime abord, compter ne trouver de l'occupation aux côtés de l'homme ou à sa place que là où ses exigences matérielles sont inférieures à celle de l'ouvrier masculin. Une autre particularité, provenant de sa nature même en tant qu'être sexuel, l'oblige principalement à offrir sa main d'œuvre à meilleur marché : c'est qu'elle est plus souvent, comparativement à l'homme, sujette à des accidents physiques qui amènent une interruption de son travail et déterminent facilement des dérangements dans la combinaison et l'organisation des forces productives, telles qu'elles existent aujourd'hui dans la grande industrie. La grossesse et les couches prolongent ces chômages. Le patron exploite cette situation et cherche une double compensation aux désagréments dont il est menacé dans la grande modicité du salaire.

Par contre, le travail de la femme, notamment celui de la femme mariée - comme nous l'avons vu dans la note de la page 70 - a aussi ses avantages pour le patron. La femme est plus soumise, plus patiente, elle se laisse mieux exploiter que l'homme et supporte plus facilement les mauvais traitements. Si elle est mariée, elle est - comme le dit la note en question - « bien plus attentive et plus apte à s'instruire que les filles, et obligée d'astreindre toutes ses forces au travail pour gagner ses moyens d'existence indispensables. » Le fait que l'ouvrière ne cherche que tout exceptionnellement à s'unir à ses camarades pour obtenir une amélioration dans ses conditions de travail augmente aux yeux du patron sa valeur comme sujet d'exploitation ; elle constitue même entre ses mains un excellent atout contre les récalcitrances des ouvriers masculins. D'autre part, il n'est pas douteux qu'une plus grande patience, une dextérité plus adroite, un sens du goût plus développé, la rendent bien plus habile que l'homme dans une foule de travaux, notamment dans les plus délicats.

Toutes ces qualités féminines, le vertueux capitaliste sait pleinement les apprécier, et c'est ainsi qu'avec le développement de notre industrie la femme trouve d'année en année à s'employer davantage, et - ceci est péremptoire - sans améliorer d'une façon notable sa situation sociale. Partout où la main d'œuvre féminine est employée, elle évince régulièrement la main d'œuvre masculine. Celle-ci, supplantée de la sorte, veut vivre ; elle s'offre moyennant un salaire plus bas. Cette offre influe encore sur le salaire de la femme. La diminution du salaire devient une sorte de vis sans fin qui fait mouvoir avec d'autant plus de force le mécanisme du progrès industriel, toujours en révolution, que ce mouvement progressiste évince aussi la main d'œuvre féminine et multiplie l'offre des « bras » pour le travail. Des découvertes, des procédés industriels nouveaux combattent dans une certaine mesure cet excès de main d'œuvre, mais pas avec assez d'efficacité pour arriver à de meilleures conditions dans le travail. Car tout accroissement de salaire ,au-dessus d'une certaine mesure, détermine le patron à se préoccuper d'améliorer encore son outillage et à remplacer le cerveau et les bras humains par la machine, automatique et sans volonté. Si, à l'origine du système de production capitaliste, le travailleur masculin s'est épuisé à lutter contre le travailleur masculin, aujourd'hui c'est un sexe qui lutte contre l'autre, et par la suite on luttera âge contre âge. La femme supplante l'homme, et elle sera supplantée à son tour par l'enfant. Voilà ce qui constitue « l'ordre moral » dans l'industrie moderne.

La tendance qu'ont les patrons à augmenter notamment la durée de la journée de travail pour exprimer de leurs ouvriers le maximum de production se trouve particulièrement favorisée par le peu de force de résistance qu'y opposent les ouvrières. De là ce phénomène qu'en Allemagne, par exemple, c'est dans l'industrie textile, à laquelle les femmes fournissent souvent plus de la moitié de la main d'œuvre totale, que la journée de travail est la plus longue. Habituées dès la maison, par les travaux du ménage, à ce que la durée du travail n'ait pas de limite, les femmes se laissent imposer, sans résistance, des exigences croissantes. Dans d'autres branches d'industrie, telles que les modes, la fabrication des fleurs artificielles, etc., où le travail à la main l'emporte, elles gâtent leur salaire et la durée de leur journée en emportant de l'ouvrage supplémentaire chez elles, où elles restent jusqu'à minuit et plus à la besogne sans s'apercevoir qu'à la fin du mois elles n'ont gagné, avec un travail de seize heures, que ce qu'elles auraient dû gagner avec un travail régulier de dix ou douze.

On a déjà maintes fois mis en évidence par des chiffres l'énorme extension prise graduellement par l'emploi de la femme dans l'industrie. Eu 1861, le chiffre des femmes utilisées par cette dernière était - en négligeant une série de petits métiers, - rien que pour l'Angleterre et le pays de Galles, de 1.024.277, et il a été certainement porté au double de nos jours. À Londres, on comptait, d'après le dernier recensement, outre 226.000 domestiques féminins, 16.000 institutrices et gouvernantes, 5.100 relieuses, 4.500 fleuristes, 58.500 modistes, 14.800 couturières, 26.800 lingères, 4.800 piqueuses de bottines, 10.800 couseuses à la machine et 41.000 blanchisseuses. On voit qu'il n'est fait ici aucune mention d'une longue série de branches d'industrie qui emploient les femmes en plus ou moins grand nombre.

Par suite du manque de ce genre de statistique pour l'Allemagne, nous n'avons pas sous les yeux de chiffres positifs sur l'extension du travail manuel et industriel de la femme dans ce pays ; ce que nous en savons n'embrasse que des branches d'occupations limitées, qui ne permettent pas d'établir une proportion.

À l'heure actuelle, les métiers et les industries dont les femmes sont encore exclues ne sont qu'en petit nombre. Par contre, il existe une quantité considérable de métiers, notamment ceux qui sont alimentés par la fabrication d'objets nécessaires à leur sexe, que les femmes exercent d'une façon exclusive ou à peu près. Dans d'autres branches d'industrie, telles que l'industrie textile déjà citée, le nombre des femmes n'a pas tardé à atteindre ou même à dépasser celui des hommes,. qu'elles supplantent de plus en plus. Le résultat total est que le chiffre des femmes employées en lui-même, aussi bien que celui des genres d'occupation qui leur sont accessibles dans l'industrie, dans les diverses professions et dans le commerce, est en voie de prendre urne extension rapide. Et ce développement ne s'applique pas seulement à cette catégorie de travaux qui conviennent davantage à la femme, en raison de sa faiblesse physique, mais il embrasse encore, sans tenir compte de cette situation, toutes les fonctions dans lesquelles l'exploitation moderne croit pouvoir retirer de la femme une plus grande somme de profits. À cette catégorie appartiennent les genres de travaux les plus pénibles physiquement, aussi bien que les plus désagréables et les plus nuisibles à la santé. Voilà qui contribue encore à réduire à sa véritable valeur cette conception fantastique par laquelle on ne voit dans la femme que l'être délicat et doucement sensible, tel que les poètes et les romanciers le dépeignent, pour chatouiller les sens de l'homme.

Chapitre II

Les faits sont des témoins opiniâtres, et nous n'avons à nous occuper que des faits, puisqu'eux seuls nous gardent des déductions fausses et des radotages sentimentaux. Or ils nous apprennent que nous trouvons actuellement la femme employée dans les industries suivantes : les tissages de lin, de coton et d'étoffes, les fabriques de draps ; les filatures mécaniques, les ateliers d'impression sur étoffes, les teintureries ; les fabriques de plumes métalliques et d'épingles ; les sucreries, papeteries et fabriques de bronzes ; les verreries, les porcelaineries, la peinture sur verre ; les filatures de soie, les tissages de ruban et de soieries ; la fabrication du savon, de la chandelle et du caoutchouc ; les fabriques d'ouate et de paillassons ; la maroquinerie et le cartonnage ; les fabriques de dentelles et de passementerie ; la fabrication de la chaussure et des objets en cuir ; la bijouterie, les ateliers de galvanoplastie ; les raffineries d'huile et de matières grasses ; les usines de produits chimiques de tout genre ; la manutention des chiffons et des guenilles ; les fabriques d'écorce, le découpage sur bois, la xylographie, la peinture sur faïence ; la fabrication et le blanchiment des chapeaux de paille ; les manufactures de vaisselle et de tabac ; les fabriques de colle et de gélatine ; la ganterie, la pelleterie et la chapellerie ; la fabrication des jouets ; les moulins à broyer le lin, l'industrie des laines de shoddy et celle des cheveux ; l'horlogerie, la peinture en bâtiments ; le nettoyage du duvet, la fabrication des pinceaux et des pains à cacheter ; la glacerie ; les poudreries et les fabriques de matières explosives, d'allumettes phosphoriques et d'arsenic ; l'étamage du fer blanc ; l'apprêtage ; l'imprimerie et la composition typographique ; la taille des pierres fines ; la lithographie, la photographie, la chromolithographie et la méta-chromotypie ; la tuilerie, la fonderie et les usines métallurgiques ; la construction des bâtiments et des chemins de fer ; les mines, le transport des bateaux par voie fluviale ou par les canaux, etc. Nous trouvons encore les femmes dans le vaste champ qu'ouvrent à leur activité le jardinage, l'agriculture, l'élevage du bétail et toutes les industries qui s'y rattachent, et enfin dans les différentes catégories de métiers dont elles se sont occupées depuis longtemps et jusqu'à certain point à un titre privilégié : le blanchissage du linge, la confection des vêtements de femmes, les différentes branches des choses de la mode ; nous rencontrons encore les femmes comme vendeuses et d'une façon de plus en plus fréquente, dans ces derniers temps, comme demoiselles de comptoir, institutrices, directrices d'écoles enfantines, auteurs et artistes, etc. Il y a encore des milliers de femmes des classes moyennes employées comme filles de magasin ou dans les marchés, qui par suite sont presque entièrement soustraites à toute fonction domestique et notamment à l'élevage des enfants. Enfin il y a lieu de mentionner encore une industrie dans laquelle les femmes jeunes et surtout jolies trouvent chaque jour davantage à s'employer, mais au grand détriment de leur développement physique, intellectuel et moral ; nous voulons parler des lieux publics de tous genres dans lesquels elles entrent pour servir et attirer par leurs séductions la clientèle masculine, toujours avide de jouissances.

Parmi ces divers métiers, il y en a beaucoup d'extrêmement dangereux. C'est ainsi que, dans la fabrication et le blanchiment des chapeaux de paille, les gaz sulfureux et alcalins présentent, par leurs effets, un danger constant ; il en est de même pour l'inspiration des vapeurs de chlore dans le blanchiment des étoiles végétales ; des dangers d'empoisonnement existent dans la production des papiers peints, des pains à cacheter de couleur et des fleurs artificielles, de la métachromotypie, des poisons et des produits chimiques, et surtout dans la peinture des soldats de plomb et des jouets de même métal. La manipulation du mercure dans la miroiterie constitue autant dire un arrêt de mort pour le fruit des femmes enceintes qui se livrent à cette occupation ; la fabrication des allumettes phosphoriques, la manutention des laines de shoddi, la filature de la soie, présentent également de grands dangers. La vie des travailleurs est encore menacée par les mutilations de membres auxquelles les exposent le machinisme de l'industrie textile, la fabrication des matières explosives et le travail aux machines agricoles. Un simple regard jeté par le lecteur sur la liste que nous venons de dresser lui prouvera qu'une foule des métiers cités appartiennent aux plus pénibles et aux plus fatigants, même pour l'homme. On se contente toujours de dire que telle ou telle occupation est indigne de la femme ; on n'arrivera à rien de bon avec cela aujourd'hui, si l'on ne trouve pas à lui assigner d'autres fonctions, plus convenables.

Vraiment, ce n'est pas un beau spectacle que de voir, sur les chantiers de construction des chemins de fer, des femmes, et même des femmes enceintes, lutter avec les hommes à qui poussera le plus de brouettes lourdement chargées ; ni de les apercevoir, dans la construction des bâtiments, faire office de manœuvres, gâcher la chaux et le ciment ou porter de lourds fardeaux de pierres ; ni de les voir occupées au lavage de la houille ou du mimerai de fer, etc. On dépouille ainsi la femme de ce qu'elle a de plus légitimement féminin, on foule aux pieds son sexe, de même que, par réciprocité, dans une foule de métiers différents, on enlève à nos hommes tout ce qu'ils ont de masculin. Ce sont les conséquences de l'exploitation et de la guerre sociales. Nos détestables conditions sociales mettent fréquemment la nature sens dessus dessous.

Il est donc compréhensible et naturel que, par suite de l'extension que prend et tend à prendre davantage encore le travail féminin dans tous les genres de métiers, les hommes ne voient pas d'un bon oeil ce qui se passe, et qu'il s'élève des réclamations comme celle par laquelle ou demande la suppression absolue et l'interdiction légale du travail de la femme. Il n'est pas douteux qu'avec le développement pris par le travail féminin, la vie de famille va se perdant de plus en plus pour l'ouvrier, que la désorganisation du mariage et de la famille en est la conséquence, et que l'immoralité, la démoralisation, la dégénérescence, les maladies de toute nature, la mortalité des enfants, augmentent dans d'effrayantes proportions. Et malgré tout cela, cette évolution, dans son ensemble, n'en constitue pas moins un progrès, exactement comme en a été un l'introduction de la liberté du travail, de la liberté d'établissement et de mariage, et la suppression de toutes les prohibitions, mesures qui ont favorisé le développement du grand capitalisme mais qui ont porté le dernier coup à la petite et à la moyenne industrie, et qui préparent leur ruine, sans salut possible.

Les travailleurs sont peu enclins à venir en aide à la petite industrie quand celle-ci cherche à prolonger encore un moment, d'une façon artificielle - car il ne saurait être question de faire davantage, - l'existence de professions d'une importance infime au moyen de mesures réactionnaires comme la limitation de la liberté du travail et d'établissement, des corporations et des corps de métier, etc. il est également impossible d'en revenir à l'ancien ordre de choses en ce qui concerne le travail des femmes, ce qui, bien entendu, n'empêche pas que des lois rigoureuses sur le régime des fabriques mettent obstacle à l'exagération de l'emploi de la main d'œuvre féminine et enfantine, et l'interdisent même absolument pour les enfants en âge de fréquenter l'école. Ici les intérêts des travailleurs se rencontrent avec ceux de l'État ☒, et les intérêts de l'humanité en général avec ceux de la civilisation. Le but final à atteindre doit être la suppression des inconvénients qui résultent des progrès réalisés tels que le développement du machinisme, le perfectionnement de l'outillage et toute la méthode de travail moderne, de telle sorte qu'il n'en reste que les avantages, mais que ceux-ci profitent à tous les membres de la société.

C'est un contre-sens et une criante anomalie, que les progrès de la civilisation et des conquêtes qui sont le produit du développement de l'humanité tout entière, ne profitent qu'à ceux qui peuvent se les approprier en vertu de leur puissance matérielle, que des milliers de travailleurs et d'ouvriers laborieux soient frappés de terreur et d'angoisse en apprenant que le génie humain vient encore d'inventer urne machine qui produit vingt et trente fois plus que le bras de l'homme et qu'il ne leur reste plus dès lors que la perspective d'être jetés sur le pavé comme inutiles et superflus [1]. Il en résulte que ce qui devrait être salué avec joie par tout le monde devient l'objet des sentiments les plus hostiles, sentiments qui, à des époques plus éloignées, ont déterminé plus d'une fois l'assaut des fabriques et la démolition des machines. Le même esprit d'hostilité existe aujourd'hui entre l'homme et la femme. Ceci est également contre-nature. il y a donc lieu de chercher à fonder un ordre social dans lequel la totalité des instruments de travail soit la propriété de la communauté, qui reconnaisse l'égalité des droits à tous, sans distinction de sexe, qui entreprenne l'application de tous les perfectionnements et de toutes les découvertes, tant techniques que scientifiques, qui enrôle en même temps pour le travail tous ceux qui, à l'heure actuelle, ne produisent pas ou emploient leur activité à

---

1 L'inspecteur de fabrique A. Redgrave prononça en 1871 à Bradford un discours dans lequel il dit entre autres choses : « Ce qui m'a frappé depuis quelque temps, c'est le changement d'aspect des fabriques de laine. Jadis elles étaient peuplées de femmes et d'enfants, maintenant le machinisme semble faire toute la besogne. Un fabricant a répondu à une de mes questions par cette explication : Avec l'ancien système, j'employais 63 personnes ; après l'introduction de machines perfectionnées, je réduisis mes ouvriers à 33, et plus récemment, par suite de nouvelles et importantes modifications, j'étais en mesure de les réduire de 33 à 13 ». Il résulte de là qu'en peu d'années, avec le système de grande production actuel, le chiffre des ouvriers a, dans une seule fabrique, diminué de près de 80 %, la production restant au moins la même.

       On trouvera, dans le « Capital » de Karl Marx, de nombreuses et intéressantes communications dans le même sens.

des choses nuisibles, les paresseux et les fainéants, de telle sorte que la durée du travail nécessaire à l'entretien de la société soit réduite à son minimum et que, par contre, le développement physique et intellectuel de tous ses membres soit porté à son plus haut degré. De cette façon seulement la femme deviendra, comme l'homme, un membre de la société utilement productif et à droits égaux ; de cette façon seulement elle pourra donner leur plein développement à ses facultés physiques et morales, remplir tous ses devoirs et jouir de tous ses droits sexuels. Une fois placée vis-à-vis de l'homme dans la plénitude de sa liberté et de son égalité, elle sera à l'abri de toute exploitation indigne d'elle.

La suite de cet exposé montrera que toute notre évolution actuelle tend à une situation de ce genre et que ce sont précisément les maux dont nous souffrons tant et si cruellement au cours de cette évolution qui amèneront, dans un temps qui n'est pas trop lointain, l'état de choses rêvé. Commuent ? - Nous le discuterons plus tard.

Bien que le progrès caractéristique réalisé dans la situation de la femme au sein de notre vie sociale se touche du doigt et que quiconque a les yeux ouverts soit obligé de le voir, on n'en entend pas moins tous les jours parler de la vocation naturelle de la femme qui la destinerait exclusivement au ménage et à la famille. Et même ce langage retentît le plus haut là où la femme cherche à entrer aussi dans le cercle de ce qu'on appelle les carrières élevées, par exemple dans les branches supérieures de l'enseignement et de l'administration, dans les carrières médicale et judiciaire, dans les sciences naturelles. On y va chercher les raisonnements les plus risibles et les plus absurdes, que l'on défend avec les apparences de l'érudition. Il en est souvent des appels à la science et à l'instruction comme des appels à l'ordre et à la morale. Bien qu'il ne se soit pas encore trouvé d'hommes pour présenter l'immoralité et le désordre comme une situation désirable (il faudrait faire une exception pour les individus qui se sont emparés du pouvoir et de la puissance au moyen du désordre et de l'immoralité, cas dans lequel ceux-ci se sont toujours efforcés de présenter leurs actes comme nécessaires à l'ordre, à la religion et à la morale), ces plaisanteries n'en vont pas moins, avec tous leurs effets préjudiciables, à l'adresse des hommes qui veulent fonder la vraie morale, le véritable ordre, en un mot un état de choses plus digne de l'humanité. De même l'appel à l'instruction et à la science

Auguste Bebel

doit faire aujourd'hui les frais des railleries pour défendre ce qu'il y a de plus absurde et de plus réactionnaire. On vient mous dire que la nature et la conformation physique de la femme la destinent à la vie domestique et à la famille, que c'est là qu'elle doit remplir le but de sa vie. Nous avons vu commuent elle peut le faire. Et le grand argument que l'on invoque, c'est que la femme est, au point de vue intellectuel, inférieure à l'homme, et qu'il est absurde de croire que dans cet ordre d'idées elle soit on mesure de produire quoi que ce soit de remarquable.

Ces opinions, émises par des « savants », répondent si bien au préjugé commun à tous les hommes sur la vocation essentielle et les capacités de la femme, que celui qui les produit peut toujours compter sur l'approbation de la masse des hommes et aujourd'hui encore sur celle de la majorité des femmes. Mais bien que la majorité doive décider, bien qu'elle ne laisse rien s'accomplir contre sa volonté et ses préjugés, cela ne veut pas dire qu'elle veuille toujours ce qu'il y a de plus raisonnable. Des idées nouvelles rencontreront toujours une résistance énergique, aussi longtemps que l'instruction et la faculté de comprendre seront aussi rudimentaires qu'aujourd'hui et que les conditions sociales seront telles que la réalisation de ces idées soit de nature à léser les intérêts des classes dirigeantes. Il est facile à ces classes intéressées d'exploiter à leur profit le préjugé des masses, et c'est ainsi qu'au début les idées nouvelles ne conquièrent qu'une faible minorité, qu'on les raille, qu'on les vilipende et qu'on les persécute par dessus le marché. Mais lorsque ces idées sont bonnes et raisonnables, lorsqu'elles surgissent comme une conséquence nécessaire des circonstances, elle gagnent du terrain et la minorité finit par devenir la majorité. Il en a été ainsi de toutes les idées nouvelles dans le cours de l'histoire de l'humanité, et celle du socialisme, avec laquelle la véritable et complète émancipation de la femme est en si intime corrélation, offre aujourd'hui le même spectacle.

Le Christianisme n'a-t-il pas été au début en infime minorité ? Les idées de la Réforme et de la bourgeoisie moderne n'ont-elles pas eu aussi leurs adversaires tout-puissants ? Et n'en ont-elles pas moins vaincu pour cela ? Et le socialisme est-il en quoi que ce soit perdu parce que, dans l'empire allemand il est garrotté par des lois d'exception et ne peut remuer ? Jamais sa victoire n'a été plus certaine que lorsqu'on a cru l'avoir tué.

Chapitre II

Il est des socialistes qui ne se montrent pas moins antipathiques à l'émancipation de la femme que ne le sont les capitalistes au socialisme. Tout socialiste se rend compte de la situation dépendante dans laquelle il se trouve vis-à-vis du capitaliste et il s'étonne que d'autres, et notamment les capitalistes eux-mêmes, ne veuillent pas s'en rendre compte comme lui ; mais il arrive dans bien des cas qu'il ne sent pas à quel point la femme est dépendante de l'homme, parce que son propre et cher moi en viendrait à être mis en question. C'est la tendance à sauvegarder des intérêts, réels ou supposés, qui alors sont toujours primordiaux et sacrés, qui rend les hommes aveugles de la sorte.

Invoquer la vocation naturelle de la femme à n'être qu'une ménagère ou une éleveuse d'enfants a juste aussi peu de sens que prétendre qu'il devra éternellement y avoir des rois parce qu'il y en a toujours eu partout, depuis que nous avons une « histoire ». Bien que nous ne sachions pas d'où le premier roi a tiré son origine, pas plus que nous ne savons où se révéla le premier capitaliste de vocation, il nous est cependant connu que la royauté a subi, dans le cours des siècles, des modifications profondes, qu'on tend de plus en plus à la dépouiller de sa puissance, et nous pouvons en conclure à bon droit qu'un temps viendra où on considérera la royauté comme superflue. Comme la royauté, toute institution gouvernementale ou sociale est soumise à des transformations, à des évolutions constantes, et finalement vouée à la disparition complète, il en va exactement de même pour le mariage et pour la condition de la femme dans celui-ci. La situation de la femme dans le mariage, au temps de l'ancienne famille patriarcale, diffère essentiellement de celle qu'elle occupait on Grèce où, comme nous le voyons d'après les paroles de Démosthène, la femme avait pour seul but « de faire des enfants légitimes et d'être une fidèle gardienne du foyer. » Qui donc oserait défendre aujourd'hui comme « conforme à la nature » une pareille situation, sans s'attirer le reproche de déconsidérer la femme ? Il m'est pas douteux qu'il existe encore aujourd'hui des originaux qui partagent dans leur for intérieur la manière de voir des Athéniens, mais nul n'oserait à l'heure actuelle exprimer hautement ce qu'un des hommes les plus remarquables de la Grèce pouvait reconnaître publiquement et en toute liberté comme naturel il y a 2.200 ans. C'est en cela que consiste le grand progrès réalisé. Si donc tout le développement moderne, notamment dans la vie industrielle, a sapé par la base des millions de mariages, il a d'autre part exercé sur l'union conjugale une action heureuse, notamment là où la situation sociale des conjoints permettait d'écarter les influences néfastes. C'est ainsi qu'il n'y a pas de longues années, on ne considérait pas seulement comme naturel, dans tous les ménages de bourgeois ou de paysans, que la femme s'occupât de la couture, du tricot, de la lessive - bien que cela soit dès aujourd'hui fort passé de mode -, mais encore elle cuisait le pain, filait, tissait et blanchissait la toile, brassait la bière, fabriquait le savon et la chandelle. Faire confectionner une pièce d'habillement hors de la maison était par toute la ville considéré comme une énorme prodigalité, discuté et jugé par les hommes aussi bien que par les femmes comme un événement. Cet état de choses dure peut-être encore par-ci par-là de nos jours, mais à l'état d'exception. Plus de 90 femmes sur 100 se dispensent aujourd'hui de la plupart de ces besognes, et avec juste raison. D'une part, beaucoup de ces travaux s'exécutent mieux, d'une façon plus pratique et à meilleur compte que ne pouvait les faire la ménagère, et d'autre part l'installation domestique qu'ils exigent ferait aujourd'hui défaut, tout au moins dans les villes. C'est ainsi qu'en une courte période d'années, il s'est réalisé dans notre vie de famille une grande révolution à laquelle nous ne prêtons si peu d'attention que parce que nous la considérons comme naturelle. L'homme s'accommode des faits nouveaux et ne les remarque même pas s'ils ne se produisent pas devant lui d'une façon trop subite ; mais en présence des idées nouvelles qui tendent à l'arracher à la routine consacrée, il se cabre avec entêtement.

Cette révolution qui s'est accomplie dans notre vie domestique et qui se poursuit toujours plus avant, a aussi, dans un autre ordre d'idées, modifié d'une façon profonde la situation de la femme dans la famille. Elle est devenue plus libre, plus indépendante. Nos grands mères n'avaient pas songé à cela, et ne pouvaient pas y songer, que des jeunes ouvriers, des apprentis, en viendraient à vivre hors de la maison et loin de la table de famille, à fréquenter les théâtres, les concerts et les lieux de plaisir, et souvent même - cela est terrible à dire - pendant la semaine. Et laquelle de ces bonnes vieilles femmes aurait pensé, aurait osé penser à se préoccuper des affaires publiques, quand bien même non politiques, comme cela arrive pourtant de nos jours pour beaucoup de femmes déjà ? On fonde des associations dans les buts les plus divers, on entretient des journaux, on réunit des congrès. Comme ouvrière, la femme entre dans des corporations, assiste aux réunions et aux assemblées d'hommes et se trouve déjà par-ci par-là - je parle de l'Allemagne - en possession du droit de vote pour la nomination des conseils de prud'hommes.

Quel est donc le routinier qui voudrait supprimer tous ces changements, bien qu'il soit indéniable que dans cet état de choses, à côté des rayons, il se trouve aussi des ombres qui précisément tiennent à nos conditions sociales gâtées et pourries, mais qui ne l'emportent pas sur le côté lumineux. Si l'on faisait voter les femmes, si conservatrices qu'elles soient jusqu'à présent en général, il en ressortirait qu'elles n'ont aucune disposition à revenir aux anciennes et étroites conditions patriarcales du commencement du siècle.

Aux États-Unis, où la société, il est vrai, est encore aussi placée sur le pied bourgeois, mais où elle n'a à se débattre ni avec les vieux préjugés européens ni avec des institutions surannées, et où l'on est bien plus disposé à adopter les idées nouvelles quand elles promettent des avantages, on envisage depuis longtemps et dans des milieux très étendus la situation de la femme tout autrement que chez nous. On y est par exemple déjà venu, en maints endroits, à cette saine pensée qu'il n'est pas seulement pénible, embarrassant et dangereux pour la bourse, que la femme cuise encore le pain et brasse la bière elle-même, mais on considère déjà comme superflu et nuisible à la caisse qu'elle prépare encore ses repas dans sa propre cuisine. La cuisine particulière est remplacée par des sociétés alimentaires, munies de fourneaux à vapeur et de machines ; les femmes font le service à tour de rôle, et le résultat est que le manger revient trois fois moins cher, qu'il a meilleur goût, qu'il offre plus de variété et coûte beaucoup moins de peine à préparer. Nos officiers qui, à part cela, ne sont pas décriés comme socialistes et communistes, font absolument de même ; ils forment dans leurs cercles une société à capital variable, nomment un administrateur qui veille aux achats et se procure les vivres en gros ; on convient du menu et la préparation se fait à la cuisine à vapeur de la caserne. Ils vivent à bien meilleur compte qu'à l'hôtel et ont une nourriture pour le moins aussi bonne.

Auguste Bebel

Qu'à côté de la cuisine on installe le lavoir et le séchoir à vapeur comme il en existe déjà ; qu'au chauffage par le fourneau, qui fait perdre du temps et n'est pas agréable, on substitue un système de chauffage central pratique comme il en existe déjà - bien qu'insuffisants et imparfaits - dans nos hôtels, nos riches maisons particulières, nos hôpitaux, nos écoles et nos casernes, et la femme sera déchargée de travaux éminemment pénibles et qui lui font perdre un temps précieux. On hausse volontiers les épaules en entendant exposer ces plans et d'autres analogues. Si, il y a cinquante ou soixante ans, on avait proposé à nos femmes d'épargner à leurs filles et à leurs domestiques la corvée d'aller puiser de l'eau par l'installation d'un service distributeur, elles n'auraient pas manqué de déclarer la chose insensée et inutile, bonne tout au plus à donner à leurs filles et à leurs servantes des habitudes de paresse. Napoléon Ier n'a-t-il pas proclamé absurde l'idée de faire marcher un navire à la vapeur ? Et combien n'a-t-on pas critiqué nos chemins de fer en considération de ces « pauvres rouliers » ?

Ainsi la société bourgeoise actuelle laisse entrevoir, dans tous les domaines, des germes que la société nouvelle n'aura qu'à développer en grand et d'une manière générale pour déterminer une puissante évolution vers le mieux.

Il ressort clairement de tout cela que l'évolution entière de notre existence sociale ne tend pas à renfermer à nouveau la femme à la maison et près de son foyer, comme le lui assignent nos fanatiques de la vie domestique, qui soupirent après cela comme au milieu du désert les Juifs pleuraient les platées de viande de l'Égypte perdues, mais bien au contraire à la faire sortir du cercle étroit de son ménage, à lui faire complètement prendre part à la vie publique du peuple - dans lequel on cessera de ne compter que les hommes - et à tous les devoirs civilisateurs de l'humanité. C'est ce qu'a pleinement reconnu aussi Laveleye, en écrivant [1] : « À mesure que progresse ce que nous nous plaisons à appeler la civilisation, le sentiment de la piété et les liens de la famille s'affaiblissent et exercent une moindre influence sur les actions des hommes. Ce fait est si général qu'on peut le considérer comme une loi d'évolution sociale ». Parfaitement exact. Ce n'est pas seulement la situation de la femme qui a subi des modifications profondes, mais

---

1 « De la propriété et de va forme primitive ». Chap. 20.

encore celle du fils et de la fille dans la famille ; ceux-ci ont acquis une indépendance inconnue jadis. Cela se voit surtout aux États-Unis où, grâce à l'atmosphère sociale entière, l'éducation est poussée à un degré bien plus élevé que chez nous dans le sens du personnalisme et de l'indépendance masculins. Les points sombres qui font également tache aujourd'hui à cette forme de l'évolution ne sont pas absolument nécessaires et, sous l'influence de conditions sociales meilleures, ils pourront fort bien se dissiper, et ils se dissiperont.

De même que Laveleye, le Dr Schaeffle reconnaît que la modification profonde du caractère de la famille à notre époque est due à ces causes sociales. Il dit : « La tendance qu'a la famille, comme il a été exposé dans le chap. 2, à revenir à ses fonctions spécifiques, se manifeste clairement au cours de l'histoire. La famille constitue une fonction dont on se sert provisoirement et pour suppléer aux autres. Quelle que soit la place qu'elle ait prise, à titre purement surrogatif, dans les lacunes des fonctions sociales, elle la cède aux institutions spéciales du droit, de l'ordre, de la puissance, de la religion, de l'instruction, de la science technique, etc., dès que ces institutions prennent naissance. »

Les femmes elles-mêmes vont plus loin, bien que tout d'abord en minorité seulement, et quoique leurs visées manquent de clarté complète. Elles ne veulent pas seulement pouvoir mesurer leurs forces avec celles de l'homme sur un terrain industriel plus étendu, elles ne veulent pas seulement conquérir une situation plus libre et plus indépendante dans la famille, elles veulent particulièrement utiliser leurs capacités intellectuelles dans les positions élevées. Il s'agit ici, maintenant, de cet argument aux termes duquel elles n'y seraient pas aptes, parce qu'elles n'y auraient pas été préparées par la nature. Bien que la question de l'exercice des hautes fonctions par les femmes n'en concerne, dans la société actuelle, qu'un petit nombre, elle n'en est pas moins d'une importance capitale. Car si on la résolvait négativement, la possibilité affirmée d'un plus complet développement et de l'égalisation des droits de la femme serait mise en question aussi. En outre, il faut détruire le préjugé qui consiste pour la grande majorité des hommes à croire très sérieusement que les femmes doivent rester et resteront toujours leurs inférieures au point de vue intellectuel.

Auguste Bebel

Il n'en est maintenant que plus facile de voir comment ces mêmes hommes, qui ne trouvent aucun moyen de remédier à ce que la femme soit occupée à des travaux dont beaucoup sont extrêmement pénibles, souvent dangereux, dans lesquels les plus grands périls menacent sa pudeur et où il lui faut manquer de la façon la plus éclatante à ses devoirs d'épouse et de mère, comment ces mêmes hommes, disons-nous, cherchent à l'écarter d'occupations où ces obstacles et ces dangers existent beaucoup moins et qui conviendraient bien mieux à son corps délicat, lequel malgré cela pourrait encore supporters pour la vigueur, une comparaison victorieuse avec celle de plus d'un savant.

Parmi les savants qui, en Allemagne, ne veulent pas entendre parler, ou tout au plus d'une façon très-restreinte, de l'accession de la femme aux hautes études, on compte, par exemple, le professeur Bischof, de Munich, le Dr Louis Hirt, de Breslau, le professeur H. Sybel, L de Baerenbach, le Dr E. Reich et nombre d'autres. De Baerenbach croit même pouvoir refuser à la femme l'accession à la science et lui en dénier les aptitudes, notamment par ce fait que jusqu'ici il ne s'est révélé parmi les femmes aucun génie et qu'elles sont manifestement inaptes à l'étude de la philosophie. Il me semble que jusqu'ici le monde s'est contenté de philosophes masculins et qu'il peut se passer des féminins. Et pour ce qui est de l'objection que les femmes n'auraient encore produit aucun génie, elle ne me paraît ni solide ni probante. Les génies ne tombent pas du ciel, il leur faut l'occasion de se former et de se développer ; cette occasion, l'historique que nous avons fait dans cet ouvrage de la formation intellectuelle de la femme l'a suffisamment prouvé, a jusqu'ici fait presque complètement défaut à celle-ci, que l'on a même, pendant des milliers d'années, opprimée de toutes façons. Dire que la femme n'a aucune prédisposition au génie parce qu'on croit pouvoir refuser tout génie au nombre pourtant élevé de femmes remarquables, est exactement aussi faux que si l'ont prétendait que parmi les hommes il n'y a pas eu d'autres génies possibles que ceux que l'on considère comme tels parce qu'ils ont en l'occasion de se manifester. Le dernier des maîtres d'école de village sait déjà quelle quantité d'aptitudes n'arriveront même pas à se former parmi ses élèves, parce que toute possibilité de se produire leur fera défaut. Les génies et les talents, dans l'humanité masculine, ont certainement été mille fois plus nombreux que ceux qui se sont manifestés jusqu'ici, les conditions sociales les avant étouffés ; il en est exactement de même pour les capacités du sexe féminin qui, depuis des milliers d'années, a été bien plus encore soumis à l'oppression, aux entraves et à l'étiolement. Nous n'avons malheureusement aujourd'hui pas la moindre donnée qui nous permette de juger de l'abondance de forces et de capacités intellectuelles qui se développeraient chez l'homme comme chez la femme, le jour où elles pourraient se former dans des conditions conformes à la nature.

Il en va aujourd'hui dans l'humanité exactement comme dans le monde végétal, où des millions de précieuses graines n'arrivent pas à percer parce que le sol sur lequel elles tombent est déjà occupé par d'autres plantes qui dérobent au jeune rejeton la nourriture, l'air et la lumière. Les mêmes lois qui régissent la nature règlent aussi la vie humaine. Si de nos jours un jardinier ou un cultivateur s'avisait d'affirmer que telle ou telle plante est incapable de se développer ou d'arriver à sa croissance, sans l'avoir expérimentée ou même après l'avoir gênée jusque-là dans son développement par un traitement mal approprié, ce jardinier ou ce cultivateur serait considéré comme un nigaud par tous ses voisins plus éclairés, et ce serait à bon droit. La même chose arriverait si, pour obtenir un animal de race plus parfaite, il se refusait à croiser une femelle de ses animaux domestiques avec un mâle de race supérieure.

Il n'y aurait pas en Allemagne un seul paysan assez ignorant pour ne pas se rendre compte des résultats que produirait un semblable traitement pour ses plantes et son bétail, -une autre question est de savoir si ses moyens lui permettent d'appliquer les meilleures méthodes - ; ce n'est que pour

l'humanité que des gens même pétris de science se refusent à admettre ce qu'ils considèrent comme une loi immuable pour tout le reste des objets terrestres. Et pourtant chacun peut, sans être un naturaliste, faire dams la vie de tous les jours ses remarques les plus instructives. Comment se fait-il que les fils de paysans se différencient des enfants des villes ? Comment se fait-il que les enfants des classes les mieux placées se distinguent de ceux des pauvres par la conformation de la figure et du corps, et même relativement par certaines qualités intellectuelles ? Cela provient de la différence dans les conditions de la vie et de l'éducation. L'exclusivisme qui existe dans l'éducation en vue d'une vocation définie imprime à l'homme son propre caractère. Un prêtre, un instituteur, se reconnaît facilement, dans la plupart des cas, à l'allure, à l'expression de la physionomie ; un militaire également, même quand il est en tenue bourgeoise. Un cordonnier se distingue aisément d'un tailleur, un menuisier d'un serrurier. Deux jumeaux qui, dans leur enfance, se seront ressemblés d'une façon frappante, offriront dans un âge plus avancé une différence remarquable si leur carrière n'a pas été la même, si l'un s'est livré à un rude travail manuel, comme forgeron par exemple, et si l'autre s'est adonné à l'étude de la philosophie. L'hérédité et l'adaptation jouent donc un rôle prépondérant dans le développement de l'être humain comme dans le règne animal, et l'homme parait même être, de toutes les créatures, la plus souple et la plus docile. Il suffit souvent de peu d'années d'un autre genre de vie et d'occupation pour faire de lui un homme tout différent. Ce changement rapide, au moins quant à l'extérieur, ne se manifeste nulle part d'une façon plus frappante que là où un homme de conditions chétives et pauvres passe brusquement à une situation de beaucoup meilleure. Si c'est la culture de son esprit qui lui permet le moins de renier son passé, cela ne tient pas à l'impossibilité de la perfectionner davantage mais bien à ce que, passé un certain âge, la majeure partie des hommes n'éprouvent plus le besoin d'acquérir davantage de connaissances intellectuelles, ou le tiennent pour parfaitement inutile. Voilà surtout pourquoi un parvenu de ce genre n'a que peu à souffrir de ce défaut. Notre époque, qui n'a de regards que pour l'argent et les moyens matériels, s'incline bien plus volontiers devant l'homme au gros sac d'argent que devant l'homme de génie richement doué au point de vue intellectuel, quand celui-ci a le malheur d'être pauvre et roturier. Il est certain que l'on ne reconnaît presque plus leur origine dans les manières et les allures des enfants d'un semblable parvenu, et moralement ils deviennent aussi de tout autres hommes.

Mais l'exemple le plus frappant de ce que font de l'homme le changement radical des conditions de la vie et l'éducation, nous le trouvons dans nos districts industriels. Les travailleurs et les bourgeois y offrent des contrastes extérieurs tels qu'on les dirait appartenir à deux races d'hommes différentes. Bien que je fusse habitué à ce contraste, il ne m'en frappa pas moins d'une façon presque effrayante à l'occasion d'une réunion électorale que je tins en 1877 dans une ville industrielle du cercle de l'Erzgebirge. La réunion, dans laquelle j'avais une discussion avec un professeur libéral, était organisée de telle sorte que les deux partis étaient fortement représentés et serrés l'un contre l'autre dans l'enceinte. Nos adversaires s'étaient emparés du devant de la salle ; c'étaient presque tous des hommes forts, vigoureux, souvent de haute taille, à l'aspect plein de santé ; dans le fond de la salle et sur les galeries s'étaient placés les ouvriers et les petits bourgeois, pour les neuf dixièmes des tisserands, petits, minces, à la poitrine étroite, aux joues pâles, dont les soucis et la misère se lisaient sur le visage. Les uns représentaient la vertu satisfaite et la morale solvable, les autres étaient les abeilles laborieuses et les bêtes de somme, grâce au produit du travail desquelles les premiers avaient si bonne mine, tandis qu'eux-mêmes souffraient de la faim. Que pendant une génération on les place dans des conditions d'existence également favorables et le contraste disparaîtra, il sera sûrement effacé dans leur descendance.

D'autre part il est visible qu'il y a plus de difficulté à discerner la situation sociale chez la femme que chez l'homme, parce qu'elle s'accommode à une situation nouvelle et adopte des habitudes d'existence supérieures avec bien plus de souplesse et d'habileté. Son aptitude dans ce sens dépasse celle de l'homme, plus embarrassé en tous points. Quelle raison a-t-on donc de douter qu'au point de vue intellectuel elle soit capable d'un grand développement ?

Tout cela nous permet de reconnaître les effets considérables qu'ont les lois de la nature sur le développement et sur les conditions sociales de la société.

C'est être borné ou de mauvaise foi que de nier qu'une condition sociale améliorée, au point de vue de l'existence et de l'éducation tant physiques que morales, pourrait élever la femme à un degré de perfection dont nous n'avons aujourd'hui aucune notion précise. Ce que jusqu'à présent des femmes isolées ont réalisé ne permet presque pas d'en douter, car ces femmes s'élèvent au-dessus de la masse de leur sexe, au moins d'autant que les hommes de génie dépassent la foule de leurs congénères. Dans le gouvernement des États, les femmes, eu égard à leur nombre, et en prenant pour établir la valeur de leurs actes la même mesure dont on se plaît à se servir pour juger aujourd'hui les princes, ont montré en général plus de talent même que les hommes. Rappelons pour exemples Isabelle et Blanche de Castille, Élisabeth de Hongrie, Élisabeth d'Angleterre, Catherine de Russie, Marie-Thérése, etc. Au reste, plus d'un grand homme de l'histoire se réduirait singulièrement si l'on savait toujours ce qu'il se devait à lui-même et ce qu'il devait aux autres. Des historiens allemands, par exemple Mr de Sybel, ont présenté comme l'orateur le plus remarquable et l'un des plus grands génies de la Révolution française le comte Mirabeau. Et voici que les recherches ont prouvé que ce génie si puissant doit le canevas de presque tous ses discours, et celui des plus remarquables sans exception, au concours obligeant et à l'assistance de quelques savants travaillant silencieusement, qu'il sut habilement employer. D'un autre côté, des figures de femmes comme Madame Roland, madame de Staël, George Sand, méritent la plus haute estime et plus d'une étoile masculine pâlit auprès d'elles. Ce que des femmes ont fait comme mères d'hommes remarquables est également connu. Pour tout dire en un mot, les femmes ont produit, dans l'ordre intellectuel, tout ce qu'il était possible de donner dans des circonstances éminemment défavorables, et cela justifie les meilleures espérances dans leur développement moral ultérieur.

Mais admettons que les femmes ne soient en général pas aussi susceptibles de développement que les hommes, qu'elles ne doivent devenir ni des génies ni de grands philosophes ; est-ce que cette circonstance a servi de règle pour la majorité des hommes lorsqu'on leur a accordé, tout au moins dans les termes de la loi, l'égalité de droits avec les « génies » et les philosophes » ? Les mêmes savants qui dénient à la femme des aptitudes élevées sont aussi facilement enclins à en faire autant à l'égard des travailleurs manuels et des ouvriers. Quand le noble se réclame de son « sang bleu » et de son arbre généalogique, ils sourient dédaigneusement et haussent les épaules ; mais vis-à-vis de l'homme des classes inférieures ils se tiennent pour une aristocratie qui doit ce qu'elle est devenue non pas à la faveur des circonstances de la vie, - il n'y a pas de danger ! ce serait ravaler leurs personnes - mais bien en tout et pour tout à leur propre talent, à leur propre intelligence. Les mêmes hommes qui, sur certains points, sont les plus dénués de préjugés, qui n'ont qu'une piètre opinion de ceux qui ne pensent pas librement comme eux sont, sur d'autres points, dès qu'il s'agit de leur intérêt d'état ou de classe, de leur présomption et de leur amour-propre, bornés jusqu'à l'étroitesse et animés d'une hostilité qui va jusqu'au fanatisme. Voilà ce que les hommes des hautes sphères pensent de ceux des classes inférieures, voilà comment ils les jugent, et voilà comment à son tour le monde masculin tout entier pense et juge lorsqu'il est question des femmes. Les hommes, pris en grande majorité, ne voient dans la femme qu'un instrument de profits et de plaisir ; la considérer comme leur égale en droits répugne à leurs préjugés. La femme, pour eux, doit être soumise, obéissante, rester confinée exclusivement dans son ménage et abandonner tout le reste comme domaine « au roi de la création. » Elle devrait comprimer ses pensées, ses aspirations personnelles autant que possible et attendre patiemment ce que sa Providence terrestre, le père ou le mari, décidera d'elle. Plus elle se soumet à toutes ces exigences, plus elle est estimée « raisonnable, morale et vertueuse », dut-elle périr à moitié ou complètement sous le poids des douleurs physiques et morales qui sont la conséquence de sa situation d'opprimée. Mais si l'on parle d'égalité entre tous les êtres humains, c'est une absurdité que de vouloir en exclure la moitié.

De par la nature, la femme a les mêmes droits que l'homme ; le hasard de la naissance n'y peut rien changer. L'exclure des droits de l'humanité parce qu'elle est née femme et non homme - ce qui n'est pas plus la faute de l'homme que la sienne - est aussi absurde et injuste que si l'on faisait dépendre l'exercice de ces droits du hasard de la religion ou des opinions politiques, ou que si deux individus se considéraient comme ennemis parce que le hasard de la naissance les a fait appartenir à des races ou à des nationalités différentes. Toutes ces entraves, toutes ces tendances oppressives sont indignes d'un homme libre et le progrès de l'humanité consiste à les écarter et même le plus rapidement possible. Nulle autre inégalité n'a le droit d'exister que celles créées par la nature pour l'accomplissement, différent dans la forme mais semblable au fond, du but naturel de la vie. Mais aucun sexe ne saurait dépasser les limites que lui impose la nature, parce que ce faisant il détruirait son propre but naturel. Nous pouvons en être assurés, et aucun sexe, pas plus qu'une classe, n'est fondé à imposer ses limites à l'autre sexe ou à une autre classe.

Nous pourrions arrêter ici notre argumentation contre ce qu'il y a

Auguste Bebel

d'injustifié à exclure la femme des hautes fonctions intellectuelles ou même à lui on dénier les capacités, mais il nous reste encore à examiner une objection capitale.

Le grand cheval de bataille de nos adversaires est que la femme a une cervelle plus petite que l'homme, ce qui démontrerait son éternelle infériorité. Le premier point est exact ; nous allons voir ce qu'il en est de la conclusion.

La grosseur du cerveau, et par suite le poids de la masse cérébrale, sont généralement inférieurs chez le sexe féminin. D'après Huschke ⊠, le volume moyen du cerveau de l'Européen est de 1.446 centimètres cubes, celui de la femme de 1.226. Différence : 220 centimètres cubes. Comme poids, le professeur Bischoff estime que le cerveau masculin est en général de 126 grammes plus lourd que le féminin. Le professeur Meinert estime que le rapport en poids du cerveau masculin au féminin est comme 100 à 90. Mais le poids de la masse cérébrale est très différent chez les divers individus de l'un et de l'autre sexe. D'après le professeur Reclam, le cerveau du naturaliste Cuvier pesait 1.861 grammes, celui de Byron 1.807, celui du mathématicien Dirichlet 1.520, celui du célèbre mathématicien Gaus 1.492 seulement, celui du philologue Hermann 1.358 et celui du savant Hausmann 1.226. Nous trouvons là une différence absolument énorme dans le poids du cerveau d'hommes richement doués au point de vue intellectuel. Le cerveau de Hausmann pesait à peu près le poids moyen du cerveau de la femme.

Ces différences dans les cerveaux permettent de constater tout d'abord que c'est aller trop vite en besogne que de faire dépendre exclusivement du poids de la masse cérébrale la mesure des capacités intellectuelles. Somme toute, les recherches sur ce point sont encore trop nouvelles et trop peu nombreuses pour rendre possible un jugement définitif. Mais, en dehors du poids moyen du cerveau chez les deux sexes, il faut aussi faire entrer en ligne de compte le reste de leur organisation physique, et alors on s'aperçoit qu'en prenant en considération la taille et le poids moyen du corps, le cerveau féminin est proportionnellement plus gros que celui de l'homme. Autant la taille du corps décide peu de sa vigueur, autant peut-être la seule masse cérébrale influe peu sur la masse intellectuelle. Nous voyons de très petits animaux (les fourmis, les abeilles) en surpasser en intelligence de bien plus gros (par exemple le mouton, la vache), de même que nous constatons souvent que des individus de belle prestance restent, pour leurs aptitudes intellectuelles, loin derrière d'autres, de petite taille et d'extérieur insignifiant. Tout cela dépend donc, très vraisemblablement, non pas seulement de la masse du cerveau, mais encore et surtout de son organisation, et tout d'abord de sa culture et de son exercice.

Le cerveau, pour pouvoir développer entièrement toutes ses facultés, doit, comme tous les autres organes, être soigneusement exercé et convenablement nourri. Si l'on néglige ce soin, ou si le façonnement du cerveau est entrepris d'après une méthode entièrement fausse, au lieu d'en stimuler et d'en développer les parties qui représentent surtout le discernement, on développera plutôt celles où le sentiment et la fantaisie ont leur siège ; de la sorte on ne l'entravera pas seulement, mais on ira jusqu'à l'atrophier. L'une des parties se nourrira aux dépens de l'autre.

Et maintenant, il n'est pas un homme connaissant un peu l'histoire de l'évolution de la femme qui puisse nier que, dans l'ordre d'idées qui nous occupe, on a commis une lourde faute à. l'égard de celle-ci depuis des milliers d'années et qu'on en commet encore. Lorsque le professeur Bischoff prétend que la femme a, tout aussi bien que l'homme, pu développer son cerveau et son intelligence, cela prouve une somme d'ignorance inouïe et interdite à un savant sur un sujet qu'il a lui-même mis en discussion. Comment donc expliquer ce fait frappant que, parmi les peuples peu cultivés, tels que les nègres et presque toutes les peuplades sauvages, la masse et le poids du cerveau chez l'homme et la femme se rapprochent beaucoup plus que chez les peuples civilisés ? Uniquement par ceci que les hommes de ces derniers peuples ont développé au plus haut degré leurs fonctions cérébrales et que celles-ci ont été enrayées chez les femmes. Dans la première partie de cet ouvrage nous avons montré comment, au début, les qualités physiques et morales des deux sexes ont pu n'être qu'à peine différentes, mais comment aussi, par suite de la situation prépondérante prise par l'homme sur la femme pendant une longue période d'évolution, cette différence a nécessairement dû aller en s'accentuant.

Auguste Bebel

Si nos savants veulent être des lumières de l'histoire naturelle, qu'ils daignent aussi comprendre que les lois de leur science trop étroite sont applicables à la vie et au développement des êtres humains. Qu'ils daignent apprendre que les lois de l'évolution, de l'hérédité, de l'adaptation, s'appliquent aussi exactement à l'homme qu'à tout autre être, que l'homme n'est pas une exception dans la nature, que la connaissance exacte des phases de son développement particulier et la doctrine de l'évolution appliquée à son cas nous font apparaître clair comme le jour ce qui sans cela reste obscur et voilé, et devient un sujet de mysticisme scientifique ou de science mystique.

Quelques savants, le Dr L. Büchner, par exemple, prétendent que la différence entre les cerveaux des deux sexes n'est pas la même chez les divers peuples civilisés. Elle serait la plus grande chez les Allemands et les Hollandais ; viendraient ensuite les Anglais, les Italiens, les Suédois, les Français. C'est chez ces derniers que les sexes se rapprocheraient le plus quant au cerveau. Mais Büchner ne s'explique pas sur la question de savoir s'il faut en conclure que chez les français les femmes ont acquis un plus grand développement et se sont ainsi rapprochées des hommes ou si, inversement, les hommes se sont moins développés et ont déterminé de la sorte cette plus grande ressemblance, - car les deux cas seraient possibles. D'après l'état de l'instruction en France, on peut fort bien admettre le premier.

Un fait certain, c'est donc que la forme du cerveau s'est également développée en raison de l'éducation donnée, si tant est que ce mot d'éducation puisse être employé surtout pour une grande partie des temps passés et que l'expression « d'élevage » ne soit pas plus exacte. Tous les physiologistes sont d'accord sur ce point que le siège propre de la formation de l'intelligence est dans les parties antérieures du cerveau, au-dessus des. yeux, c'est-à-dire la face immédiatement antérieure de la boîte crânienne. Les parties du cerveau qui intéressent la vie sentimentale et affective, comme nous la désignons, doivent se trouver dans la portion centrale de la tête. La différence de la forme de la tête chez l'homme et chez la femme corrobore cette opinion ; chez le premier, c'est la face antérieure de la tête qui est la plus développée, chez la femme c'en est le milieu.

Chapitre II

Et c'est d'après cette conformation de la tête, résultat de la condition prépondérante de l'homme d'une part et de l'état de sujétion de la femme de l'autre, que s'est développée la conception de la beauté pour les deux sexes. D'après l'idée du beau, telle que l'avaient les Grecs et telle qu'elle sert encore de règle aujourd'hui, la femme doit avoir un front étroit, plutôt bas, l'homme un front haut et particulièrement large. Et cette conception de la beauté, qui démontre leur infériorité, les femmes en sont pénétrées à tel point qu'elles tiennent pour une regrettable marque de laideur un front élevé, dépassant la moyenne, et cherchent à corriger artificiellement la nature en ramenant de force leurs cheveux sur le front, pour le faire paraître plus bas.

Après tout cela il n'y a donc pas lieu de s'étonner de ce que les femmes soient intellectuellement ce qu'elles sont. Certes Darwin a raison quand il dit que si l'on plaçait l'une à côté de l'autre une liste comprenant les hommes qui se sont le plus distingués dans la poésie, la peinture, la sculpture, la musique, la science et la philosophe, et une seconde liste des femmes les plus remarquables dans cet ordre d'idées, il n'y aurait aucune comparaison à établir entre les deux. Mais faut-il s'étonner de cela ? Il y aurait lieu de s'étonner s'il en était autrement. Le Dr Dodel-Port [1] répond aussi très justement à cette argumentation que les choses prendraient une tout autre tournure si, durant un certain nombre de générations, hommes et femmes recevaient la même éducation et la même instruction dans l'exercice de ces arts et de ces sciences. La femme, prise dans sa généralité, est aussi plus faible que l'homme, ce qui précisément n'est pas le cas chez beaucoup de peuples sauvages et se manifeste même fréquemment d'une façon inverse. Mais, quant aux modifications que l'exercice et l'éducation dès le jeune âge peuvent apporter à cet état de choses, nous le constatons chez les écuyères et les acrobates qui peuvent lutter de courage, de désinvolture, d'agilité et de vigueur avec n'importe quel homme et exécutent souvent des choses étonnantes.

Dés lors donc que tout cela n'est que la condition de la vie et de l'éducation, du « dressage », pour employer crûment une expression scientifique, et que l'application des lois de la nature produit aujourd'hui des effets tout à fait surprenants, notamment en ce qui

1 « La nouvelle histoire de la création ».

Auguste Bebel

concerne nos animaux domestiques, il ne saurait être douteux le moins du monde que l'application de ces lois à la vie physique et intellectuelle des êtres humains mènerait à de mien autres résultats encore, parce que l'homme, en tant que sujet d'éducation, connaissant son but et ses fins, y mettrait lui-même du sien.

On voit, d'après tout ce que nous venons d'exposer, en quelle corrélation étroite, voire intime, les sciences naturelles modernes sont avec toute notre existence sociale et son développement. On voit encore que les lois naturelles, appliquées à la société humaine, nous éclairent sur mos conditions respectives, que sans elles nous ne saurions atteindre dans toute leur étendue. Si, par l'application de ces lois naturelles au développement de l'être humain, nous poussons jusqu'aux causes premières , nous trouvons que l'autorité, le caractère. les qualités physiques, chez un individu comme pour des classes ou les peuples entiers, dépendent en première ligne des conditions de l'existence, c'est-à-dire de la puissance économique et sociale qui, à son tour, subit l'influence du climat, de la conformation et de la fertilité du sol. Marx, Darwin, Buckle ont tous trois, chacun dans sa propre sphère, la plus grande portée pour l'évolution moderne ; leurs doctrines et leurs découvertes influeront dans la plus large mesure sur la forme et le développement à venir de la société.

Si les tristes conditions et l'indignité de l'existence humaine, - c'est-à-dire l'imperfection de l'état social - sont reconnues être cause de l'insuffisance et de la défectuosité du développement individuel, il en découle nécessairement que l'amélioration des conditions de la vie doit également avoir de l'action sur les êtres humains. La conclusion en est encore que l'application rationnelle à ceux-ci des lois de la nature, connue sous le nom de Darwinisme, créera des êtres humains nouveaux, mais exigera aussi des conditions sociales appropriées et finira par mener ainsi, selon la doctrine de Marx, au socialisme. Il ne servira de rien de se rebiffer et d'essayer d'enrayer le mouvement... « Et si tu ne marches pas de bon gré, j'emploierai la force »... la force de la raison, s'entend.

La loi darwinienne de la lutte pour l'existence, qui a pour point essentiel dans la nature que l'être le mieux organisé et le plus robuste supplante et détruit l'être inférieur, amène pour l'espèce humaine cette conclusion que l'homme, en tant qu'être pensant et doué de discernement, peut modifier, améliorer et perfectionner d'une façon profonde les conditions de son existence, c'est-à-dire son état social et tout ce qui s'y rattache, de telle sorte qu'en fin de compte elles deviennent également favorables pour tous les êtres humains. L'humanité se crée petit à petit, sous forme de lois et d'institutions, des conditions qui permettent à chaque individu de développer ses aptitudes et ses capacités pour son bien propre comme pour le bien général, mais qui lui enlève le pouvoir de nuire a autrui ou à la collectivité parce qu'il est immédiatement compréhensible que ce faisant il se nuirait à lui-même. Cet état de choses agit finalement de telle sorte sur l'intelligence et sur les idées de l'homme que la pensée de dominer et de nuire finit par ne plus trouver la moindre place dans son cerveau.

Le Darwinisme est donc, comme toute science vraie, une science éminemment démocratique, et lorsque ses propres représentants se refusent à le reconnaître et vont même jusqu'à soutenir le contraire, c'est qu'ils ne savent pas apprécier la portée de leur propre science, ce qui d'ailleurs n'est pas nouveau. Ses adversaires, et tout particulièrement les honorables membres du clergé, qui ont toujours le nez creux quand il s'agit d'avantages terrestres ou de choses nuisibles pour eux, l'ont mieux compris, et ils dénoncent en conséquence le Darwinisme comme socialiste et athée. Il n'est pas du tout à l'honneur de M. le professeur Virchow d'être d'accord avec ces gens et d'avoir, en 1877, au Congrès des naturalistes à Munich, objecté au professeur Haeckel que « le Darwinisme mène au socialisme », naturellement pour discréditer et décrier la doctrine parce que Haeckel demandait l'introduction de la théorie de l'évolution dans les programmes d'études.

Si les théories Darwiniennes mènent au socialisme, comme le prétend Virchow, cela ne prouve rien contre ces théories, mais cela prouve en faveur du socialisme. Car la véritable science n'a en rien à se préoccuper de savoir si ses conséquences mènent à telle ou telle institution politique, à telle ou telle situation sociale. Elle a à examiner si les théories sont justes, et si elles le sont, on doit les accepter avec toutes leurs conséquences. Celui qui agit autrement, en vue de son avantage personnel, pour se ménager les faveurs d'en haut, dans un intérêt de

Auguste Bebel

classe ou de parti, commet un acte méprisable et fait tort à la science. La science professionnelle, telle qu'elle existe en particulier dans nos Universités, ne peut en effet que dans des cas extrêmement rares prétendre à l'indépendance et au caractère personnel. La peur de perdre leur place et les faveurs du pouvoir, d'être obligés de renoncer aux titres, aux décorations et à l'avancement, conduit la plupart des représentants de la science à plier l'échine, à cacher leurs convictions ou même à dire publiquement le contraire de ce qu'ils pensent et savent dans leur for intérieur. Quand, comme en 1870. à l'occasion d'une prestation de serment de fidélité, un Dubois-Reymond en vient à s'écrier en pleine Académie de Berlin : « Les Universités sont les centres d'éducation de la garde du corps intellectuelle des Hohenzollern », on peut juger par là de ce que pensent du but de la science le gros de ceux qui sont bien au-dessous de Dubois-Reymond comme savoir et comme importance [1]. La science est ravalée au rang d'humble servante de la force.

Il est par suite aussi fort explicable que le professeur Haeckel et ses adhérents, tels que le professeur Schmidt, M. de Hellwald et d'autres encore, se défendent énergiquement contre cet épouvantable reproche que le Darwinisme fait les affaires du socialisme, et prétendent de leur côté « qu'au contraire, le Darwinisme est aristocratique en ce qu'il enseigne que partout dans la nature l'être mieux organisé et plus robuste opprime l'être inférieur ; que, par suite, les classes instruites et possédantes, représentant dans l'humanité ces êtres mieux organisés et plus robustes, leur prédomination est justifiée parce qu'elle est conforme aux lois de la nature ».

Après les arguments que nous avons déjà produits, la fausseté de cette conclusion est évidente. Admettons que ce soit là la conviction de ces messieurs ; ils n'appliquent alors leurs théories à l'humanité que d'une façon brutalement mécanique. Parce que la lutte pour l'existence se poursuit inconsciemment dans la nature chez des animaux et des êtres qui n'ont aucune connaissance de ses lois, il doit donc en être de même pour l'espèce humaine ? Mais, heureusement que ces messieurs les savants le veuillent on non, l'humanité en vient à connaître les lois

---

1 M Dubois-Reymond a répété cette phrase au mois de février 1883, lors de la fête anniversaire de Frédéric le grand, en rappelant les attaques dont il avait été l'objet à ce propos.

Chapitre II

qui régissent son évolution et elle n'a donc besoin que d'appliquer cette connaissance à ses institutions politiques, sociales et religieuses, pour les transformer. Par conséquent, la différence entre l'être humain et l'animal consiste en ceci que l'homme est un animal pensant tandis que l'animal n'est pas un homme pensant. Voilà ce que, dans toute leur science, messieurs les Darwiniens n'ont pas entrevu. D'où le cercle vicieux dans lequel ils tournent.

Naturellement, M. le professeur Haekel et ses gens nient aussi que le Darwinisme conduise à l'athéisme, et ils font alors, après avoir, par toutes leurs déductions et toutes leurs démonstrations, écarté le « créateur », les efforts les plus énergiques pour le faire rentrer en contrebande par la porte de derrière. On se fabrique alors son genre personnel de « religion », que l'on appelle « haute moralité », « principes moraux », etc. M. le professeur Haeckel essaya même, en 1882, au Congrès des naturalistes d'Eisenach, et en présence de la famille grand-ducale de Weimar, non seulement de sauver la religion, mais encore de présenter son maître Darwin comme un homme religieux. L'entreprise échoua piteusement comme purent le constater tous ceux qui ont lu ce discours et la lettre de Darwin citée, et qui savent penser. La lettre de Darwin disait exactement le contraire de ce qu'elle devait dire d'après le professeur Haeckel, bien qu'avec précaution, parce que Darwin, tenant compte lui aussi de la « piété » de ses compatriotes les anglais, ne se risquait jamais à dire publiquement ce qu'il pensait en réalité de la religion. Il l'avait fait dans l'intimité, comme on le sut peu après le Congrès de Weimar, à l'endroit du Dr Büchner, auquel il avait avoué que, depuis sa quarantième année, c'est-à-dire depuis 1849, il ne croyait plus à rien parce qu'il n'avait pu arriver à aucune démonstration en faveur de la foi. Dans les dernières années de sa vie, Darwin a aussi soutenu secrètement un journal athée paraissant à New-York.

On peut en dire autant de la science moderne et de son influence sur le développement de l'espèce humaine, et des dénégations conscientes de ses principaux représentants en Allemagne ou de la portée inconsciente qu'ils lui donnent.

Avec le professeur Virchow le Dr Dühring tombe aussi sur Darwin et le Darwinisme, et il le fait, à la vérité, d'une façon parfaitement grossière. Pour y arriver il se dépeint le Darwinisme tel qu'il n'est pas et il le combat avec des armes qu'il a empruntées en partie au Darwinisme lui-même. Ce sont là des extravagances ave lesquelles on ne discute pas.

Pour en revenir à notre véritable sujet, faisons encore ressortir ceci. Si les sciences naturelles et le système d'élevage artificiel dont elles sont la base ont pu, on parfaite connaissance de leur objectif et de leur but, produire dans le monde animal et végétal des formes et des espèces entièrement nouvelles (ce système d'élevage va si loin pour les animaux domestiques que l'on arrive à rapetisser artificiellement la tête d'une certaine espèce de bœufs pour augmenter le poids de la viande dans les autres parties du corps, que pour la même raison on raccourcit les jambes des porcs et que l'on obtient, on appliquant les lois de l'évolution déjà connues, des modifications analogues et qui paraissent presque incroyables), les lois de l'évolution adaptées à l'éducation humaine devront finalement conduire à ce que l'on puisse susciter des qualités physiques et morales données et développer les individus avec harmonie.

• • •

Les femmes veulent donc, en vertu de leur instinct inné de perfectionnement, entamer aussi la lutte avec l'homme sur le terrain intellectuel, et se refusent à attendre qu'il plaise à celui-ci de développer leurs fonctions cérébrales. Elles y trouvent pour obstacle l'esprit du siècle, cette force latente mais dont les effets sont profonds, cette essence de tous les embarras matériels et moraux de l'humanité. Par-ci par-là elles ont réussi, d'accord avec les hommes, à supprimer toutes les entraves qui leur étaient imposées et à se jeter dans l'arène intellectuelle ; dans certains pays même elles ont pu le faire avec un succès particulier. Ces pays sont principalement l'Amérique du Nord et la Russie, qui, dans leur organisation politique et sur beaucoup de points de leur organisation sociale, sont les deux extrêmes. C'est ainsi qu'il y a aujourd'hui en Amérique et en Russie de nombreuses femmes médecins parmi lesquelles beaucoup jouissent d'une grande renommée et ont une grosse clientèle. Il n'est pas douteux que la femme, aux aptitudes de laquelle à soigner les malades on tend volontiers justice, est aussi particulièrement donnée pour l'exercice de la médecine. En dehors de cela, l'introduction de médecins féminins serait un grand bienfait pour nos femmes, car le fait d'avoir à se confier à des hommes en cas de maladie et à propos des perturbations physiques si diverses qui se rattachent aux fonctions de leur sexe, en empêche beaucoup d'en appeler en temps utile aux secours de l'art. Il en résulte une foule d'inconvénients, non seulement pour les femmes, mais encore pour les hommes. Il n'est pas un médecin qui n'ait eu à se plaindre de cette réserve souvent coupable des femmes et de leur répugnance à avouer franchement leur mal. Cela est naturel ; il est seulement insensé que les hommes, et tout particulièrement les médecins, ne veuillent pas reconnaître combien l'étude de la médecine est justifiée pour la femme.

L'étude de la médecine par la femme aurait encore une autre utilité par suite de ce fait qu'il y a pénurie de médecins, tout au moins dans les campagnes, et que notre jeunesse bourgeoise, reculant autant que possible devant les efforts sérieux,. ne s'y adonne pas en foule. En général le zèle et l'ardeur de cette jeunesse pour l'étude semblent assez louches - il suffit de voir les résultats annuels des examens pour le volontariat d'un an pour s'en convaincre - et la concurrence féminine produirait un effet très salutaire.

À ce point de vue encore les État-Unis fournissent de bons exemples. Il y existe, à la stupéfaction de toutes nos vieilles perruques savantes ou ignorantes des deux sexes, des écales supérieures où des élèves masculins et féminins réunis reçoivent l'instruction. Écoutons-en le résultat. Le président White, de l'Université du Michigan, déclare ceci : « Sur l.300 étudiants le meilleur élève pour la langue grecque est depuis plusieurs années une jeune fille : le meilleur élève pour les mathématiques, dans une des classes les plus fortes de notre Institut, est également une jeune fille, et nombre de nos meilleurs élèves en histoire naturelle et en science générale, sont encore des jeunes filles ». Le Dr Fairshild, président du collège Oberlin, dans l'Ohio, dont plus de mille étudiants des deux sexes suivent les cours en commun, dit : « Pendant mes huit années de professorat des langues mortes, - latin, grec et hébreu - et des sciences philosophiques et morales, ainsi que pendant mes onze années d'enseignement des mathématiques pures et appliquées, je n'ai remarqué aucune espèce de différence entre les deux sexes, sauf dans leur façon de s'exprimer ». Edouard H. Machill, président du collège

Swarthmore dans le Delaware, auteur de l'ouvrage auquel nous avons emprunté les données ci-dessus, dit qu'après une expérience de quatre années il en est arrivé à cette conclusion qu'au point de vue moral comme au point de vue des mœurs même, l'éducation commune des deux sexes a donné les meilleurs résultats. Cela soit dit incidemment pour ceux qui regardent les bonnes mœurs comme compromises par une éducation de ce genre. Il faudra couper encore bien des perruques en Allemagne avant que la raison se soit frayé la voie.

On objecte encore à cela qu'il n'est pas convenable d'admettre les femmes à côté des étudiants masculins dans les amphithéâtres, dans les salles d'opérations et d'accouchement. Si les hommes ne trouvent rien de choquant à procéder à leurs études et à leurs recherches sur des sujets féminins en présence d'infirmières et d'autres femmes malades, il n'y a aucune raison pour que cela ne convienne pas aussi pour des étudiantes. Le professeur peut également faire beaucoup par sa manière d'enseigner et exercer une grande influence sur le maintient de ses auditeurs des deux sexes. Il y a lieu d'admettre encore que les femmes qui, dans les conditions actuelles, se consacrent à des études de ce genre, sont animées d'un sérieux et d'une force de volonté tels qu'elles l'emportent de beaucoup à ce point de vue sur la plupart des étudiants masculins. Des professeurs qui ont simultanément enseigné à des élèves des deux sexes, constatent ce fait. Le zèle des femmes est généralement plus grand que celui des jeunes gens. Enfin les femmes, une fois leurs études de médecine achevées, pourraient aussi entreprendre l'instruction de leurs congénères - si décidément on s'obstine à tenir pour nécessaire la séparation des sexes, peu naturelle quand il s'agit des choses de la nature.

En réalité, ce sont de tout autres motifs qui portent la plupart des professeurs de médecine, surtout ceux de l'Université, à prendre vis-à-vis des étudiantes une attitude hostile. lis voient là une « diminution » de la science, qui pourrait perdre en considération aux yeux de la foule bornée si l'on voyait que les cerveaux féminins sont eux aussi capables de saisir une science qui jusqu'ici n'a été réservée qu'à l'élite du sexe masculin.

Malgré toutes les grandes phrases qu'on pourrait nous objecter, il n'en est pas moins vrai que notre état universitaire se trouve, comme notre état général d'éducation, dans une situation précaire. À l'école primaire on dérobe à l'enfant son temps le plus précieux pour bourrer sa cervelle de choses qui ne concordent ni avec la raison ni avec les constatations de la science ; on le charge d'un lourd bagage dont il ne trouvera pas l'emploi dans la vie et qui le gênera bien plutôt dans son avenir et dans son développement ; il en est de même pour nos écoles supérieures. Dans les établissements préparatoires aux études universitaires, on bourre la mémoire des élèves d'un tas de matières arides et inutiles dont l'étude absorbe le plus clair de leur temps et la force la plus précieuse de leurs cerveaux ; ont agit le plus souvent de la même façon dans l'Université, où on leur enseigne une masse de choses vieillies, surannées, superflues, à côté d'une minime proportion de choses utiles. La plupart des professeurs, leurs cahiers de cours une fois établis, les rabâchent pendant des années, semestre par semestre, sans omettre les plaisanteries dont ils sont parsemés. Les hautes fonctions de l'enseignement deviennent pour beaucoup un pur et simple métier, et les étudiants n'ont pas besoin de bien de la sagacité pour s'en apercevoir. L'idée que se font ceux-ci de la vie universitaire contribue aussi à ne pas leur faire prendre trop au sérieux leurs années d'études, et plus d'un qui voudrait les prendre au sérieux en est rebuté par la méthode d'enseignement pédantesque et fastidieuse de la plupart des professeurs. Vienne l'époque des examens et l'on se fourrera alors rapidement, mécaniquement, dans la tète, en une couple de mois, ce qui parait absolument indispensable pour pouvoir s'en tirer passablement. L'examen une fois heureusement passé et quelque situation administrative ou professionnelle obtenue, la majeure partie de ces « lettrés » continuent d'expédier leur besogne d'une façon purement machinale et routinière et trouvent fort mauvais que quelque « illettré » ne les accueille pas de la façon la plus respectueuse, en ne les considérant et traitant pas comme une race d'hommes à part et d'une noblesse supérieure. Seul l'homme qui a le désir de faire des progrès ne découvre que plus tard combien il a appris de choses inutiles, à l'exclusion précisément de celles qui lui seraient le plus nécessaires, et ne commence qu'alors à apprendre effectivement. Pendant la meilleure partie de sa vie on l'a importuné d'une foule de choses inutiles ou nuisibles ; il lui faut en consacrer une autre partie à se débarrasser de ce fatras et se mettre à force de travail à la hauteur des idées de son temps, et ce n'est qu'alors qu'il peut réellement devenir

Auguste Bebel

un membre utile de la société. Beaucoup n'arrivent pas à se tirer de la première phase, d'autres restent empêtrés dans la seconde, un petit nombre seulement parvient à s'élever jusqu'à la troisième.

Mais le « decorum » exige que l'on conserve tout cette défroque du Moyen-âge, toutes ces matières d'enseignement inutiles, et comme les femmes, en raison de leur sexe, sont de prime-abord exclues des écoles préparatoires, cette situation fournit un prétexte commode pour leur fermer les portes des amphithéâtres. Un des professeurs de médecine les plus renommés de Leipzig fit un jour franchement à une dame l'aveu suivant : « L'éducation de collège n'est, à la vérité, pas nécessaire pour comprendre la médecine, mais il faut l'exiger comme condition préliminaire d'introduction aux études, pour que le prestige de la science ne souffre pas ».

Le professeur Bischoff, de Munich, a donné entre autres pour raison du conseil qu'il donne aux femmes de ne pas se livrer à l'étude de la médecine « la brutalité des étudiants », ce qui est certes fort significatif. Le même professeur dit encore dans un passage de son travail sur le sujet en question - et ce passage est caractéristique : Pourquoi n'accorderait-on pas, même si l'on est professeur, par-ci par-là, à une femme intéressante, intelligente et jolie par-dessus le marché, de suivre un cours traitant de quelque science simple ? C'est là, une manière de voir que partage visiblement M. Von Sybel et qu'il exprime ainsi : « Rarement un homme a été en mesure de refuser à une écolière avide d'apprendre et aimable sou concours et son aide ».

Il serait dommage de perdre un seul mot de plus pour réfuter de semblables « raisons » et de pareilles idées. Le temps viendra où on ne se préoccupera ni de la brutalité des gens bien élevés, ni de l'esprit de routine on des velléités sensuelles des savants, mais où l'on fera ce qu'ordonnent la raison et la justice.

Comme nous l'avons déjà remarqué, les traditions pleines de préjugés dont souffrent l'Europe en général et l'Allemagne en particulier, se rencontrent bien moins dans l'Amérique du Nord. C'est ainsi que les femmes y sont arrivées à des situations très considérées comme médecins, avocats, professeurs, et cela dans les plus grands établissements d'instruction - les femmes détenant en Amérique la majorité des places de l'enseignement et dans les divers emplois publics des communes ou de l'État. En Russie également on professe à l'égard des femmes des idées bien plus libres et plus élevées qu'en Allemagne. Nombre de femmes russes se sont adonnées avec un grand succès aux différentes études scientifiques. Au printemps de 1878, une étudiante russe à Berne, Madame Litwinow, de Toula, passa ses examens avec une telle distinction, notamment pour les mathématiques, que la Faculté de Philosophie lui décerna le diplôme du Doctorat à l'unanimité, avec la note la plus élevée. Un fait analogue se produisit quelques mois après pour une autrichienne, mademoiselle Welt, devant la Faculté de médecine de Berne. Et depuis, nombre de cas de ce genre se sont présentés [1].

Le gouvernement allemand, dans le peu de cas où il a employé les femmes, par pur esprit de spéculation, ne les a considérées que comme une main d'œuvre moins chère, qu'il paie, pour des services identiques, beaucoup plus mal que celle des hommes. Mais comme ceux-ci, dans les conditions actuelles, sont personnellement animés déjà, vis-à-vis de la femme, de sentiments hostiles nés de la concurrence, et comme cette hostilité se double par le fait que leurs bras risquent d'être supplantés par d'autres moins coûteux, il en résulte pour les femmes une situation qui n'a rien d'agréable et qui amène de nombreux conflits. Ajoutez à cela qu'en Allemagne l'armée fournit chaque année, en sous-officiers libérés du service et en officiers réformés, une telle quantité d'aspirants à des emplois administratifs qu'il ne reste plus de place pour les autres forces actives. De là une rapide mise à l'écart des femmes déjà employées. Il ne faut pas non plus méconnaître que, par suite de l'exagération de la durée du travail quotidien que l'État comme les particuliers imposent à la main-d'œuvre féminine, il se produit partout de lourds inconvénients, notamment lorsque la femme a encore à remplir en outre des devoirs domestiques. Le système actuel de la vie de ménage est autant en contradiction avec les exigences que la vie impose à des millions de femmes que la forme économique générale l'est avec la dignité d'homme de chaque individu.

---

1 À Berlin aussi la glace est enfin rompue. On y comptait, au printemps de 1883 cinq femmes exerçant la médecine et jouissant d'une clientèle totale très étendue. Les vieilles perruques des savants allemands s'en agitent avec inquiétude.

Auguste Bebel

Les femmes ont démontré et démontrent chaque année davantage que, malgré toute la négligence apportée à la culture de leurs facultés intellectuelles, elles n'en manquent point, et que dès aujourd'hui elles sont en mesure d'entreprendre la lutte avec l'homme sur bien des terrains. Il y a parmi elles autant de bons écrivains et d'artistes, et cela dans les genres les plus divers, que de représentants de toutes les professions libérales. Cela tend à prouver, contre les clameurs réactionnaires, qu'on ne pourra pas, à la longue, leur refuser l'égalité des droits. Mais il n'est également pas douteux que, dans les circonstances actuelles, elles n'en ont pas davantage atteint pour cela leur but, ni pour elles, ni pour l'homme. L'entrée plus fréquente de la femme dans les hautes carrières - ce qui n'est jamais possible qu'à une minorité, - aura nécessairement là les mêmes effets que dans le domaine de l'industrie. Non-seulement la femme sera plus mal payée dans les carrières libérales, à mesure que l'offre grandira avec la concurrence, mais elle y sera encore bien plus opprimée, et cela pour les mêmes raisons que nous avons développées plus haut en ce qui concernait les femmes utilisées par l'industrie ; Je connais cependant un cas où une femme devait prendre la place d'un homme dans l'enseignement supérieur, mais... avec la moitié des appointements seulement. C'est là une proposition honteuse, mais parfaitement justifiée par les principes qui dominent dans le monde bourgeois ; elle a été faite et acceptée par la force des circonstances, il ne reste donc aucun doute sur ce point : la conquête de l'accès aux carrières libérales ne vaudra ni aux femmes, ni aux hommes qui en seront les victimes, d'être délivrés de la misère sociale. Il faut aller plus loin.

La situation de la femme devant le droit.
Sa place dans la politique.

Quand une catégorie, une classe d'individus, se trouve dans la dépendance et dans l'oppression, cette dépendance trouve toujours son expression dans les lois du pays où elle est en usage. Les lois constituent l'état social d'un peuple, ramené à certaines formules et exprimé par celles-ci ; elles en sont la propre image. Les femmes, en tant que sexe dépendant et opprimé ne font pas exception à cette règle.

Chapitre II

Les lois sont d'ordre négatif et d'ordre positif. Négatif, en ce sens que dans la répartition des droits elles ne tiennent pas plus compte des êtres opprimés que s'ils n'existaient pas ; positif, en ce qu'elles les instruisent de leur situation d'infériorité et indiquent, le cas échéant, certaines exceptions.

Notre droit commun est basé sur le droit romain qui ne connaissait l'homme que comme être possédant quelque chose. Cependant l'ancien droit germanique, qui concevait l'homme plus libre et se faisait également de la femme une idée plus digne - déjà, au temps de tacite, il existait des tribus qui avaient des femmes pour chefs, ce qui constituait une monstruosité aux yeux des Romains, - a conservé son influence. Par contre, chez les nations latines, les idées du droit romain dominent encore aujourd'hui, particulièrement en ce qui concerne le sexe féminin. Ce n'est pas l'effet du hasard si, dans la langue française, l'être humain pris en général et l'être humain masculin ne sont désignés que par un seul et même mot : « l'homme ». Le droit français ne connaît l'être humain qu'en tant qu'homme. Il en était de même à Rome. Il y avait des citoyens romains, et seulement des femmes de citoyens romains ; la citoyenne n'existait pas.

Il est superflu d'énumérer la liste variée des nombreux droits communs, particulièrement ceux de l'Allemagne. Quelques exemples suffiront.

D'après le droit commun allemand, la femme est partout une mineure par rapport à l'homme ; celui-ci est le maître auquel elle doit obéissance dans le mariage. Si elle n'est pas obéissante, le code prussien donne à l'homme de « basse » condition le droit de lui infliger une correction corporelle immodérée. Comme la vigueur et le nombre des coups ne sont inscrits nulle part, l'homme en décide souverainement. Dans le code de la ville de Hambourg il est dit : « Mais l'application équitable d'une correction légère est permise et accordée à l'homme sur son épouse, aux parents sur leurs enfants, aux instituteurs sur leurs élèves, au maître et à la maîtresse de la maison sur leurs domestiques ».

Des prescriptions de ce genre existent en grand nombre en Allemagne. D'après le code prussien l'homme peut encore prescrire à sa femme pendant combien de temps elle devra donner le sein à son enfant. C'est l'homme qui tranche toutes les questions concernant les enfants. Vient-il à mourir, la femme est partout obligée d'accepter un tuteur pour eux ; elle est considérée commue mineure et incapable de les élever seule, même quand il n'est subvenu à leur entretien que par sa fortune ou son travail personnels. Sa fortune est administrée par l'homme ; en cas de faillite, dans la plupart des États, on la considère comme la propriété de celui-ci et on en dispose lorsqu'un contrat passé avant le mariage n'en a pas assuré la possession à la femme. Là où le droit de primogéniture existe pour la propriété foncière, la femme, quand elle est l'aînée, ne peut entrer en possession du bien si elle a des frères ou s'il existe des hommes dans la famille ; elle ne recueille la succession que si elle n'a pas de frères ou si ceux-ci sont morts. Les droits politiques, qui, en général, reposent sur la même base, elle ne peut pas les exercer, sauf dans quelques cas particuliers, comme en Saxe, où la loi communale lui accorde comme propriétaire le droit électoral actif, mais lui refuse le droit passif, c'est-à-dire l'éligibilité. Mais si elle a un mari, tous les droits se reportent sur celui-ci. Dans la plupart des États, elle n'a pas le droit de conclure de traité sans le consentement de son mari, hors le cas où elle possède une maison de commerce personnelle, que la loi nouvelle lui permet de fonder. La femme est exclue de toute action. La loi prussienne sur le droit de réunion interdit aux écoliers, aux apprentis au-dessous de 18 ans et aux femmes de prendre part aux réunions et aux assemblées politiques. Il n'y a pas encore bien des années que plusieurs codes de procédure criminelle allemands interdisaient la présence des femmes dans l'auditoire pendant les débats publics des tribunaux. Une femme engendre-t-elle un enfant illégitime ? Elle n'a aucun droit à une pension alimentaire si, au moment où elle a été fécondée, elle a accepté un cadeau de son amant. Une femme fait-elle prononcer sa séparation de son mari ? Elle n'en porte pas moins son nom comme un souvenir éternel de lui ; c'est donc comme si elle se mariait une seconde fois.

Ces exemples doivent suffire. En France, la femme est plus mal partagée encore. Nous avons déjà parlé de la façon dont on y traite la recherche de la paternité dans les cas de naissance illégitime. À cela se rattache ce fait, qu'en cas de simple adultère de la part du mari, la femme ne peut pas porter de plainte en séparation de corps ; il faut que l'adultère ait été commis avec des circonstances aggravantes. Par contre, l'homme a le droit de demander la séparation de plano. Il en est de même en

Espagne, en Portugal et en Italie. D'après l'art. 215 du code civil, elle n'a pas le droit de tester en justice sans le consentement de son mari et de deux de ses plus proches parents, même si elle exerce un commerce public. D'après l'art. 213, l'homme doit aide et protection à son épouse, et celle-ci lui doit obéissance. L'administration de la fortune est l'affaire du mari, etc. Des dispositions analogues se rencontrent dans la Suisse française, par exemple dans le canton de Vaud. il existe un mot bien significatif, qui donne une idée de la façon dont Napoléon 1er concevait la situation de la femme en France : « Il y a une chose qui n'est pas française, c'est une femme qui puisse faire ce qu'il lui plaît [1] ».

En Angleterre, la situation de la femme devant le droit s'est sensiblement améliorée depuis le mois d'août 1882, et cela à la suite d'une énergique propagande faite par les femmes dans le peuple et dans le Parlement. Avant cela, la femme anglaise était purement et simplement l'esclave de son mari, qui pouvait en toute liberté disposer à sa guise de sa personne et de ses biens. Celui-ci était responsable du crime commis par elle en sa présence, à tel point elle était considérée absolument comme une mineure. La femme causait-elle un dommage à autrui, on condamnait le mari tout comme si le dommage avait été causé par quelqu'un de ses animaux domestiques ; c'était à lui d'en répondre. Par la loi d'Août 1882, la femme a été mise sur le même pied que l'homme au point de vue du Droit Civil.

De tous les États européens. c'est en Russie que la femme a la situation la plus libre. Aux États-Unis, tout au moins dans la majorité des États, elle a gagné de haute lutte sa pleine égalité devant le Droit Civil. Encore l'a-t-elle amoindrie dans ces pays par l'introduction des lois anglaises et analogues sur la prostitution.

L'inégalité évidente et tangible des femmes devant le droit, par rapport aux hommes, a fait naître cirez les plus avancées d'entre elles la prétention aux droits politiques pour pouvoir agir législativement en vue d'obtenir leur égalité. C'est la même pensée qui a déterminé la classe des travailleurs à diriger partout leur agitation sur la conquête du pouvoir politique. Ce qui semble juste pour la classe des travailleurs ne peut ne pas l'être pour les femmes. Opprimées, privées de droits,

---

[1] Bridel : « Puissance maritale ».

Auguste Bebel

partout traitées avec injustice, elles ont, non seulement le droit, mais encore le devoir de se défendre et de s'emparer de tous les moyens qui leur semblent bons pour conquérir une situation plus indépendante. Contre ces efforts s'élèvent naturellement encore les clameurs sinistres de la réaction Voyons de quel droit.

La grande Révolution française de 1789, qui disloqua tout le vieil organisme social et qui amena une délivrance des esprits telle que le monde n'en a point vu de pareille, fit aussi entrer les femmes en scène. Beaucoup d'entre elles, dans les vingt années qui précédèrent immédiatement l'explosion de la Révolution, avaient déjà pris urne part active aux grandes luttes intellectuelles qui passionnaient à cette époque la société française. Elles accouraient en foule aux discussions sérieuses, se mêlaient aux cercles politiques et scientifiques, et aidèrent pour leur part à préparer la Révolution qui fît passer les théories dans la pratique. La plupart des historiens n'ont pris acte que des excès commis, et comme toujours quand il s'agit de jeter des pierres au peuple et d'exciter l'horreur contre lui, ils les ont défigurés jusqu'au monstrueux pour pouvoir n'en embellir que plus facilement les infamies des grands. Ils ont diminué ou passé sous silence l'héroïsme et la grandeur d'âme dont ont fait preuve beaucoup de femmes de cette époque. Aussi longtemps que les vainqueurs seront seuls à écrire l'histoire des vaincus, il en sera de même. Mais les temps changent.

Dès le mois d'octobre 1789, les femmes demandèrent, par une pétition à l'Assemblée nationale, que l'on rétablît l'égalité entre l'homme et la femme, qu'on leur accordât la liberté du travail et qu'on les admit aux fonctions auxquelles leurs aptitudes les prédisposaient. La demande du « rétablissement » de l'égalité entre l'homme et la femme donne à penser que celle-ci aurait précédemment existé. Mais c'est là une erreur à laquelle on se laissait aller à cette époque pour tout ce qui concernait le passé de l'humanité. Trompé par une étude superficielle de l'histoire, sans notions des lois de l'évolution humaine, on professait la croyance que les hommes avaient jadis vécu plus libres et plus heureux. Cette idée est encore aujourd'hui répandue par-ci par-là, mais elle était alors enseignée et représentée par les écrivains les plus influents, et notamment par Rousseau. C'est pourquoi les « revendications » jouèrent un grand rôle dans toutes les discussions politiques et sociales ; on les retrouve fréquemment encore aujourd'hui chez les écrivains radicaux français.

Lorsqu'en 1793 la Convention eut proclamé les Droits le l'homme, les femmes perspicaces s'aperçurent bien que ce n'était que des droits des hommes qu'il était question. Olympe de Gouges, Louise Lacombe, et d'autres encore, leur opposèrent les « droits de la femme » en 17 articles, les basant le 28 Brumaire (20 novembre 1793), devant la Commune de Paris, sur cette déclaration : « Si la femme a le droit de monter à l'échafaud, elle doit avoir aussi celui de monter à la tribune ». Et lorsqu'en présence de toute l'Europe réactionnaire marchant contre elle, la Convention eut déclaré « la patrie en danger »et convié tous les hommes en état de porter les armes à accourir en toute hâte pour défendre la Patrie et la République, d'enthousiastes parisiennes s'offrirent à faire ce que réalisèrent effectivement vingt ans plus tard contre le despotisme de Napoléon des femmes prussiennes : défendre la patrie le fusil à la main. Le radical Chaumette alla au-devant d'elles en leur criant : « Depuis quand est-il permis aux femmes de renier leur sexe et de se changer en hommes ? Depuis quand est-il d'usage de les voir délaisser les soins pieux de leur ménage et les berceaux de leurs enfants pour venir, sur les places publiques, prononcer des discours du haut de la tribune, se mêler aux rangs des troupes, en un mot remplir des devoirs que la nature n'a donnés en partage qu'aux hommes ? La nature a dit à l'homme : sois homme ! Les courses, la chasse, l'agriculture, la politique, les fatigues de tout genre sont ton privilège. Elle a dit à la femme : sois femme ! Le soin de tes enfants, les détails du ménage, les douces inquiétudes de la maternité, voilà tes travaux Femmes impru-dentes, pourquoi voulez-vous devenir des hommes ? Le genre humain n'est-il pas assez divisé ? Que vous faut-il de plus ? Au nom de la nature, restez ce que vous êtes ; et, bien loin de nous envier les périls d'une vie si orageuse, contentez-vous de nous les faire oublier au sein de nos familles, en laissant nos yeux se reposer sur le délicieux tableau de nos enfants, heureux grâce à vos soins éclairés ».

Les femmes se laissèrent convaincre et s'en allèrent. Sans aucun doute, le radical Chaumette a nettement rendu la pensée d'une foule de nos hommes qui, à part cela, ont horreur de lui. Du reste, je crois aussi, pour ma part, que c'est faire une répartition convenable des devoirs de chacun que de confier à l'homme la défense de la patrie et à la femme la garde du pays natal et du foyer. En Russie, à l'époque actuelle, les hommes de villages entiers, une fois leurs champs labourés, s'en vont à la fin de l'automne vers les usines lointaines, laissant à leurs femmes la garde de la maison et l'administration de la commune. Au reste, les poétiques épanchements de Chaumette se trouvent détruits par tout ce que nous avons dit de la vie de famille et de l'existence de la femme à notre époque. Ce qu'il dit des fatigues de l'homme dans l'agriculture n'est pas exact non plus, car, depuis les temps les plus reculés jusqu'à nos jours, ce n'est pas le rôle le moins pénible que la femme y a joué. En ce qui concerne les « fatigues » de la chasse, des courses et de la politique, ces fatigues sont exclusivement, quant aux deux premiers objets, un plaisir pour l'homme, et la politique n'a de danger que pour ceux qui veulent lutter contre le courant ; du reste elle leur donne au moins autant de plaisir que de fatigue. C'est l'égoïsme masculin qui parle, dans ce discours. Mais le discours a été tenu en 1793 ; cela excuse l'orateur.

Aujourd'hui les choses vont un peu différemment. Les circonstances ont fortement changé depuis cette époque, et elles ont aussi modifié la situation de la femme. Mariée ou non, elle est plus intéressée que par le passé aux conditions sociales et politiques existantes. Il ne peut pas lui être indifférent que l'État retienne chaque année dans l'armée permanente des centaines de milliers d'hommes sains et vigoureux, que la politique soit belliqueuse ou pacifique, quelle charge d'impôts il y a à supporter et comment ils doivent être prélevés. Il ne peut pas lui être indifférent non plus que les choses les plus nécessaires à l'existence renchérissent par suite des impôts indirects qui favorisent la falsification des vivres et frappent la famille, d'autant plus lourdement qu'elle est plus nombreuse, dans un temps où les moyens d'existence sont eux-mêmes déjà réduits à l'extrême. Elle est intéressée au plus haut degré au système d'éducation, car elle ne peut pas rester indifférente à la façon dont son sexe sera élevé dans l'avenir ; comme mère elle y a un double intérêt.

D'autre part, il y a aujourd'hui, comme nous l'avons montré, des millions de femmes qui, dans des centaines de genres

de métier, sont intéressées à la manière dont est faite la loi sociale qui les concerne. Les questions qui ont trait à la durée de la journée, au travail de nuit et du dimanche, à celui des enfants, aux salaires, aux termes du congé, aux certificats, aux mesures de sûreté dans les usines, à la disposition des ateliers, etc., tous ces points essentiels de la loi les regardent aussi bien que les hommes. Les ouvriers ne connaissent que fort peu ou même ignorent complètement les conditions du travail dans un grand nombre de branches d'industrie où les femmes sont employées exclusivement ou en majorité. Les patrons ont tout intérêt à passer sous silence des vices d'organisation qui sont leur propre faute. L'inspection des fabriques, de son côté, ne s'étend pas à un grand nombre des métiers exclusivement exercés par les femmes ; elle est encore et surtout d'une inefficacité notoire, et cependant une foule de ces branches d'industrie auraient besoin de se voir appliquer des mesures de sûreté de tous genres. Il suffit de rappeler ici les ateliers de nos grandes villes où sont parquées en commun les couturières, les tailleuses, les modistes, etc. Aucune plainte ne s'en élève, et c'est à peine si on les inspecte. Le triste résultat de l'enquête officielle faite en 1874 sur les occupations auxquelles se livrent les femmes, montre au mieux combien l'organisation manque encore et combien il reste à faire de ce côté. Enfin, en tant que productrice, la femme est également intéressée à la législation commerciale et douanière, il n'existe donc aucun doute sur ce point qu'elle a le droit de réclamer une influence, au moyen de la loi, sur la forme des conditions sociales. Sa participation à la vie publique ne manquerait pas de donner à cette influence un essor considérable et d'ouvrir une quantité de points de vue.

À des réclamations de ce genre on coupe immédiatement court par cette réponse : les femmes ne comprennent rien à la politique, et pour la plupart ne veulent pas en entendre parler ; elles ne savent pas non plus se servir du droit de vote. cela est vrai et cependant ne l'est pas. Ce qu'il y a de certain, c'est que jusqu'à présent il n'y a eu qu'un très petit nombre de femmes, en Allemagne tout au moins, qui se soient risquées à réclamer pour leur sexe l'égalité des droits politiques. Une seule, à ma connaissance, Madame Edwige Dohm, est intervenue dans ce sens par ses écrits ; elle ne l'en a fait que plus énergiquement.

Exciper du peu d'intérêt que les femmes ont apporté jusqu'à présent au mouvement politique ne prouve absolument rien. De ce que les femmes ne se sont pas, jusqu'ici, préoccupées de la politique, il ne ressort pas qu'elles ne le devaient pas. Comment en a-t-il été jadis pour les hommes ? Les mêmes raisons que l'on fait valoir aujourd'hui contre le droit électoral des femmes, on les a invoquées en Allemagne contre le suffrage universel des hommes, pendant la première moitié de la période décennale de 1860-1870, et l'adoption de celui-ci en 1867 a fait évanouir d'un seul coup toutes les objections. Moi-même j'appartenais encore, en 1863, à ceux qui se déclaraient contre le suffrage universel, et quatre ans après je lui devais mon élection au Reichstag. Il en fut. de même pour des milliers d'autres qui trouvèrent leur chemin de Damas. Toutefois, ils sont encore nombreux les hommes qui ne se servent pas de leur droit politique essentiel ou qui ne savent pas s'en servir ; mais il ne viendra à l'idée de personne de vouloir le leur retirer pour cela. En Allemagne, dans les élections au Reichstag, il y a régulièrement 40 % de citoyens qui ne votent pas, et ces abstentionnistes se recrutent dans toutes les classes, il s'y trouve des savants comme des ouvriers manuels. Et parmi les 60 % qui prennent part au scrutin, la plupart, à mon sens, votent encore comme ils ne devraient pas le faire s'ils comprenaient leur véritable intérêt. Qu'ils ne le comprennent pas, cela tient au manque d'éducation politique, que ces 60 % ont néanmoins encore à un plus haut degré que les 40 % qui s'abstiennent complètement, déduction faite de ceux qui se tiennent à l'écart de l'urne électorale parce qu'ils ne peuvent pas voter suivant leur libre conviction.

Or l'éducation politique des masses ne peut se faire si on les tient un dehors des affaires publiques, mais seulement si on leur accorde l'exercice de leurs droits. Pas d'exercice, pas de maître. Jusqu'ici les classes dirigeantes ont cherché, dans leur intérêt, à tenir la majorité du peuple en tutelle politique, et cela leur a toujours parfaitement et complètement réussi. C'est ainsi que, jusqu'à l'heure actuelle, il n'a été réservé qu'à une minorité d'hommes privilégiés ou favorisés par les circonstances, de prendre la tête de l'attaque et de combattre avec énergie et enthousiasme pour tous, afin de réveiller peu à peu la grande masse engourdie et de l'entraîner après eux. Il en a été ainsi jusqu'à présent dans tous les grands mouvements d'opinion ; il n'y a donc pas plus lieu de s'étonner que de se décourager s'il n'en est pas autrement ni dans le mouvement du prolétariat moderne ni dans celui de la question des femmes. Les résultats obtenus déjà prouvent que peines, fatigues et sacrifices, trouvent leur récompense, et l'avenir nous donnera la victoire.

Dès le moment où les femmes auront obtenu l'égalité de leurs droits, naîtra aussi en elles la conscience de leurs devoirs. Sollicitées de donner leurs voix, elles se demanderont à leur tour : pourquoi ? pour qui ? Dès cet instant, il s'échangera entre l'homme et la femme des inspirations qui, loin de nuire à leurs rapports réciproques, ne feront au contraire que les améliorer dans une large mesure. La femme moins instruite, aura recours à l'homme, qui le sera davantage. il s'en suivra un échange d'idée s, de conseils, un état de choses enfin comme il n'en aura existé jusque-là entre les deux sexes que dans des cas extrêmement rares. Cela donnera à leur vie un charme tout nouveau. La malheureuse différence d'éducation et de conception que nous avons dépeinte plus haut, qui cause tant de divergences d'opinion, tant de querelles de ménage, fait hésiter le mari entre ses divers devoirs et nuit au bien de la communauté, s'effacera de plus en plus. Au lieu d'un obstacle, l'homme trouvera un soutien dans la personne d'une femme pensant comme lui ; elle ne grondera pas, même quand ses propres devoirs l'empêcheront d'y prendre part, lorsque l'homme remplira ses obligations. Elle trouvera également fort bien qu'une faible partie du salaire soit dépensée pour un journal, pour la propagande, parce que le journal servira aussi à son instruction et à sa distraction, parce qu'elle comprendra la nécessité de faire des sacrifices pour conquérir ce qui lui manque à elle, comme à son mari et à ses enfants : une existence vraiment humaine, une égalité de droits complète.

Ainsi l'entrée de chacun des deux membres du ménage dans la vie politique aura une action infiniment plus noble, plus moralisatrice, sur le bien-être commun, lequel est lié de la façon la plus étroite au bien-être individuel ; elle produira donc l'effet contraire de ce que prétendent les gens à courte vue ou les adversaires d'une république ayant pour base l'égalité des droits de tous ses membres. Et ces rapports entre les deux sexes s'amélioreront encore, à mesure que les institutions sociales délivreront l'homme et la femme des soucis matériels et du poids d'un travail exagéré.

Ici encore, comme dans beaucoup d'autres cas, l'habitude et

l'éducation seront donc d'un grand secours. Si je ne vais pas à l'eau, je n'apprendrai jamais à nager ; si je n'étudie pas une langue étrangère, si je ne la pratique pas, je ne la comprendrai jamais. Tout le monde trouve cela naturel et dans l'ordre, mais ne comprend pas que cela s'applique également aux conditions de l'État, de la société. Nos femmes sont-elles plus incapables que les nègres bien inférieurs à elles à qui on a reconnu, dans l'Amérique du Nord, l'entière égalité de droits politiques ? Et des milliers de femmes intelligentes doivent-elles jouir de moins de droits que l'homme le plus grossier, le moins civilisé, qu'un tâcheron ignorant du fond de la Poméranie, ou quelque terrassier ultramontain de la Pologne, pour cette seule raison que le hasard de la naissance a fait de ceux-ci des hommes. Le fils a plus de droits que la mère de laquelle il tient peut-être ses meilleures qualités et qui l'a fait ce qu'il est. C'est bizarre !

Au surplus, nous ne sommes pas, en Allemagne, les premiers qui aient risqué un saut dans l'inconnu, dans ce qui ne s'était jamais vu. L'Amérique du Nord et l'Angleterre ont déjà frayé la voie. Dans plusieurs États de la première, les femmes jouissent des mêmes droits électoraux que les bommes. Les résultats en sont excellents. Dans le territoire de Wyoming on a déjà expérimenté le droit électorat des femmes depuis 1869. Le rapport ci-dessous nous renseigne au mieux sur les effets de cette mesure.

Le 26 décembre 1872, le juge Kingmann, de Laramie-City, dans le territoire de Wyomning, écrivait au Journal des Femmes (Women's Journal) de Chicago :

« il y a aujourd'hui trois ans que, dans notre territoire, les femmes ont obtenu le droit de vote, en même temps que celui de participer aux emplois comme les autres électeurs. Dans ce laps de temps elles ont voté et ont été élues à différentes fonctions ; elles ont notamment rempli celles de jurés et de juges de paix. Elles ont en général pris part à toutes nos élections et, bien que je croie qu'au début un certain nombre d'entre nous n'approuvaient pas cette introduction de la femme dans la vie publique, je n'en pense pas moins que personne ne saurait se défendre de reconnaître qu'elle a exercé sur nos élections une influence heureuse au point de vue de la bonne éducation. Il se produisit ce fait que les élections se passèrent tranquillement, dans le plus grand ordre, et que, dans le même temps, nos tribunaux furent mis en mesure d'atteindre et de punir différents genres de crimes restés impunis jusque-là.

C'est ainsi, par exemple, que, lors de l'organisation de l'État, il n'y avait presque personne qui ne portât un revolver sur soi et qui n'en fît usage pour la moindre querelle. Je n'ai pas souvenir d'un seul cas ou un jury composé d'hommes ait reconnu coupable un de ceux qui avaient tiré, mais avec deux ou trois femmes dans le jury, celui-ci a toujours donné suite aux instructions judiciaires ».

Plus loin le juge Kingmann explique qu'à la vérité il arriva fréquemment que l'on ne put avoir des femmes dans le jury à cause de leurs occupations domestiques - ce que regrettaient les juges, - mais qu'une fois qu'elles avaient accepté une fonction, elles la remplissaient avec beaucoup de conscience. Elles donnaient, d'après lui, plus d'attention que les hommes à la marche des débats, étaient moins influencées par les relations d'affaires et des considérations étrangères au procès, et avaient une conscience plus scrupuleuse de leur responsabilité.

En outre, leur présence, commue jurés ou comme juges, aurait eu pour effet de faire régner dans la salle d'audience plus d'ordre et plus de tranquillité ; les hommes s'y seraient comportés avec beaucoup de respect et de politesse ; les auditeurs y auraient paru mieux habillés ; les débats auraient, à tous égards, pris un caractère plus digne, et les affaires se seraient dénouées plus rapidement.

Les femmes auraient eu la même heureuse influence saur les élections publiques. Celles-ci qui, précédemment, ne se passaient jamais sans force scandale, tumulte et violences de tous genres, et où les ivrognes ne manquaient pas auraient pris depuis un aspect tout autre et entièrement différent. Les femmes venant exercer leur droit de vote seraient traitées par chacun avec les plus grands égards, les braillards et les tapageurs auraient disparu, et les élections se passeraient aussi tranquillement qu'on peut le souhaiter. Elles ont également pris part aux élections en nombre toujours croissant, et il est arrivé fréquemment qu'elles votèrent dans un autre sens que leurs maris, sans que jusqu'ici cela ait rien amené de fâcheux.

Auguste Bebel

Le juge Kingmann termine sa lettre par ces paroles, dignes d'être remarquées : « Je proclame aussi hautement que possible que, tandis que j'ai vu de grands avantages et beaucoup de bien résulter pour la vie publique de cette modification de nos lois, je n'y ai pu découvrir ni un mal ni un inconvénient, malgré les mauvais présages que la concession accordée aux femmes avait fait émettre aux adversaires de cette mesure ».

En Angleterre également, où dans un grand nombre de communes les femmes qui paient le cens jouissent du droit de vote, il n'en est en aucune façon ressorti rien de fâcheux. Sur 27.946 femmes qui, dans 66 communes, possédaient le droit de voter, 14.415, soit plus de 50 %, prirent part au premier scrutin. Sur 166.781 hommes, à peu près 65 % y participèrent. En Allemagne aussi, par exemple en Saxe, le droit de vote est accordé à la femme, d'une façon tout exceptionnelle, il est vrai. D'après le code des communes rurales, elle a le droit « actif » de vote quand elle est propriétaire foncière et non mariée. Supposons le cas où, dans une commune, il se trouverait une majorité d'électeurs de cette catégorie : elles pourraient élire les deux tiers du conseil communal, mais il leur faudrait voter... pour des hommes. Dès que la femme prend un mari, elle perd son droit de vote qui passe sur la tète de celui-ci ; la propriété est-elle aliénée, ils perdent leur droit de vote tous deux. Le droit de vote n'est donc pas attaché à la personne, mais au... sol. Voilà qui en dit long sur la morale et sur les conceptions de l'État. Homme, tu n'es qu'un zéro, si tu ne possèdes ni argent ni bien ; la raison, l'intelligence sont des accessoires, elles ne comptent pour rien.

Maintenant, on objecte encore que le droit de suffrage des femmes est dangereux parce que la femme est facilement accessible aux suggestions religieuses et parce qu'elle est conservatrice. Bien ; mais elle n'est l'un et l'autre que parce qu'elle est ignorante. Qu'on fasse donc son éducation et qu'on lui apprenne où gît son véritable intérêt. Au reste, à mon avis, on s'exagère l'influence religieuse dans les élections. Si la propagande ultramontaine en Allemagne a été si fertile en résultats, c'est uniquement et absolument parce qu'elle a mêlé l'intérêt social à l'intérêt religieux. Les calotins de l'ultramontanisme ont lutté avec les démocrates socialistes à qui révélerait la pourriture sociale. De là leur influence sur les masses. Dès l'instant où la paix sera faite dans le « Kulturkampf », ces messieurs seront obligés de se calmer, le feuillet se retournera, et l'on verra alors combien est mince la véritable influence religieuse. Cela s'applique aussi à la femme. Dès qu'elle aura entendu, par les hommes, dans les assemblées, par les journaux, dès qu'elle aura appris par sa propre expérience où se trouve son véritable intérêt, elle s'émancipera du clergé aussi rapidement que l'homme. Mais admettons que cela n'arrive pas ; cela pourrait-il constituer une raison équitable pour lui refuser le droit de vote ?

Les adversaires les plus acharnés du droit de suffrage des femmes sont les prêtres. Ils savent pourquoi. C'est leur puissance dans leur dernier domaine qui serait en cause. Que diraient les travailleurs si les libéraux voulaient abolir le suffrage universel - qui leur est fort désagréable - parce qu'il sert de plus en plus aux socialistes ? Un droit bon en soi ne devient pas mauvais par le seul fait que celui qui l'exerce n'a pas encore appris à en faire bon usage.

Il va de soi que le droit de vote actif est lié au droit passif, autrement ce serait un couteau sans lame. J'entends encore cette objection : « Une femme à la tribune du Reichstag ! Ce serait du propre » Nous avons déjà pris l'habitude de voir les femmes à la tribune dans leurs Congrès et dans leurs réunions, en Amérique aussi dans la chaire et au banc des jurés, pourquoi donc alors ne monteraient-elles pas également à la tribune du Reichstag ? On peut être certain que la première femme qui entrerait au Reichstag en serait une qui saurait s'imposer aux hommes. Lorsque les premiers représentants des travailleurs y entrèrent, on crut aussi pouvoir se moquer d'eux et l'on prétendit que les travailleurs ne tarderaient pas à s'apercevoir de la folie qu'ils avaient commise. Mais ils surent rapidement se faire respecter, et maintenant on craint qu'ils ne deviennent bientôt trop nombreux. Des plaisantins font cette objection frivole : « Représentez-vous donc une femme enceinte à la tribune du Reichstag ! Ce que ça manquerait d' « esthétique » ! Mais ces mêmes messieurs trouvent parfaitement convenable que des femmes par centaines, et dans l'état de grossesse le plus avancé, soient employées aux occupations les moins « esthétiques », où dignité féminine, santé, mœurs, sont foulées aux pieds. C'est à mes yeux un triste individu que celui qui ne trouve que des plaisanteries pour une femme enceinte,

Auguste Bebel

quelle que soit la situation dans laquelle elle se trouve quand il la voit dans cet état. La seule pensée que sa propre mère a eu le même aspect avant de le mettre au monde devrait lui faire monter le rouge au visage ; et cette autre pensée que c'est, de par la nature, un homme qui a été le complice de cette position, et que lui-même, le brutal insulteur, attend d'un état semblable de sa femme la réalisation de ses vœux les plus chers, devrait le rendre muet de honte.

Si tout ne roulait que sur l'extérieur suffisamment esthétique des représentants du peuple, plus d'un parmi ces messieurs du Reichstag supporterait mal l'épreuve. Plus d'un d'entre eux est pourvu d'un embonpoint excessif qu'il ne doit pas à un effet primordial et essentiel de la nature, mais aux soins exagérés qu'il prend de sa chère personne, et par lequel il fait le plus grand tort à son caractère et à son intelligence. L'obésité est presque toujours le signe d'une existence de parasite, tandis que, pour une femme, la grossesse est un signe de santé physique, le témoignage de l'accomplissement consciencieux d'une fonction naturelle. La femme qui fait des enfants rend à la collectivité un service pour le moins égal à celui de l'homme qui défend, au péril de sa vie, son pays et son foyer contre le pillage ennemi. De plus, la vie de la femme est mise en jeu à chaque maternité nouvelle ; toutes nos mères ont, à notre naissance, vu la mort de près, et beaucoup ont payé cet acte de leur vie. Le nombre des femmes qui meurent pendant leurs couches ou qui dépérissent de leurs suites est vraisemblablement plus élevé que celui des hommes qui sont tués ou blessés sur le champ de bataille. Pour cette raison encore la femme a droit à l'égalité, notamment au cas où l'homme ferait valoir précisément ses devoirs de défenseur de la patrie comme un argument décisif contre la femme. D'ailleurs, en raison de nos institutions militaires, la plupart des hommes n'ont même pas à remplir ce devoir qui, pour la majorité d'entre eux, n'existe que sur le papier.

Toutes ces objections superficielles contre l'action de la femme dans les affaires publiques ne pourraient être formulées si la situation respective des deux sexes était naturelle, si elle ne constituait pas un antagonisme, dû à l'éducation, des rapports de maître à esclave, et si, dès l'enfance, elle ne séparait pas les deux sexes au point de vue social. C'est principalement cet antagonisme, dont le christianisme est coupable, qui tient constamment séparés l'homme et la femme, l'un au-dessus de l'autre maintenus dans l'obscurité, et qui entrave leur liberté d'allures, leur confiance mutuelle, le développement réciproque complet de leurs qualités caractéristiques.

Un des premiers et des plus importants devoirs d'une société rationnelle sera de supprimer cette mésintelligence entre les deux sexes et de replacer la nature en pleine possession de ses droits. Dès l'école, on commence à agir contre la nature. On commence par séparer les garçons des filles ; puis on ne leur donne qu'une instruction fausse, voire nulle, sur tout ce qui concerne l'être humain considéré au point de vue sexuel. Pourtant aujourd'hui on enseigne l'histoire naturelle dans toute école passable : l'enfant apprend que les oiseaux pondent des oeufs et les couvent ; on lui dit aussi à quelle époque se forment les couples, qu'il faut pour cela des mâles et des femelles qui se chargent de concert de construire le nid, de couver les oeufs et de soigner les petits. Il apprend encore que les mammifères mettent au monde leurs petits tout vivants ; on lui parle de l'époque à laquelle ces animaux entrent en rut et des combats que se livrent les mâles entre eux pendant ce temps ; on lui fait connaître le nombre habituel des petits, peut-être aussi la durée de la gestation chez la femelle. Mais on le laisse dans l'ignorance complète en ce qui concerne la formation et le développement de son propre sexe ; on lui cache cela sous un voile plein de mystère. Et lorsque l'enfant cherche à satisfaire par des questions à ses parents - il s'adresse rarement pour cela à son maître - son désir bien naturel de savoir, on lui fait avaler les histoires les plus bêtes, qui ne peuvent le contenter, et produisent un effet d'autant plus fâcheux lorsqu'un beau jour il apprend quand même le secret de sa naissance. Il doit y avoir peu d'enfants qui, à l'âge de douze ans, ne le connaissent pas déjà. Ajoutez à cela que, dans toute petite ville ainsi qu'à la campagne, les enfants ont sous les yeux, dès leur première jeunesse. L'accouplement de la volaille, le rut des animaux domestiques, et cela à proximité d'eux, dans la cour de la maison, dans la rue, quand les animaux sont menés au pâturage, etc. Ils entendent comment l'état de chaleur et son assouvissement chez les différents animaux domestiques, de même que la mise au monde de leurs petits font, de la part de leurs parents, des domestiques, de leurs frères et soeurs aînés, l'objet des discussions les plus approfondies et les moins gazées pendant les repas du matin, de

Auguste Bebel

midi et du soir. Tout cela fait naître dans l'esprit de l'enfant un doute au sujet de la description que lui a faite sa mère de sa propre entrée dans la vie. Le jour où il sait tout arrive quand même, mais dans des conditions bien différentes de celles dans lesquelles il serait venu si on avait suivi un système d'éducation naturel et rationnel. Le secret de l'enfant a pour conséquence de l'éloigner de ses parents et notamment de sa mère. Il arrive juste le contraire du résultat que l'on voulait atteindre par imprévoyance et manque de bons sens. Quiconque se rappelle sa propre enfance et celle de ses camarades du premier âge sait quelles sont fréquemment les suites de cet état de choses.

Il a été écrit sur ce sujet, par une américaine [1], un livre dans lequel celle-ci nous dit entre autres choses que, pour satisfaire aux questions que lui posait sur son arrivée au monde son fils âgé de huit ans, et ne voulant pas lui faire de contes - ce qu'elle tenait pour immoral -, elle lui révéla sa véritable origine. L'enfant, raconte-t-elle, l'écouta avec la plus grande attention, et du jour où il sut ce qu'il avait coûté à sa mère de soins et de douleurs, il s'attacha à elle avec une tendresse et un respect jusque-là inconnus et reporta même ce respect sur les autres femmes L'auteur part de ce point de vue très juste qu'une éducation conforme à la nature peut seule avoir pour conséquence nécessaire une amélioration sensible des rapports entre les deux sexes et notamment le développement du respect et de la retenue de l'homme à l'égard de la femme. Quiconque, libre d'idées préconçues, pense d'une façon naturelle, ne saurait arriver à une conclusion différente.

Quel que soit le point d'où l'on parte pour critiquer notre situation, on en revient toujours, en fin de compte, à ceci : une modification essentielle des conditions sociales et, par là, des rapports entre les sexes. Mais dès lors que la femme, livrée à ses propres forces, ne pourrait jamais atteindre ce but, il lui faut s'enquérir d'alliés, qu'elle trouve tout naturellement dans l'agitation prolétarienne considérée comme le mouvement d'une classe opprimée. Les travailleurs ont, depuis longtemps déjà, entrepris de donner l'assaut à cette forteresse, l'État de classes, qui représente la domination d'une classe aussi bien que celle d'un sexe sur l'autre. Cette forteresse, il faut de toutes parts

---

1 Womanhood : its Sanctities and Fidelities by Isabella Beecher-Hooker. Boston : Lee and Shepard, Publishers. New-York : Lee Shepard and Dillingham, 1874.

l'entourer de tranchées et de chemins couverts ; il faut. employer des armes de tous les calibres pour l'obliger à se rendre. Notre armée trouve partout ses officiers et les munitions nécessaires. L'économie sociale et les sciences naturelles, unies aux recherches historiques, à la pédagogie, à l'hygiène, et la statistique viennent à notre aide pour des raisons diverses ; la philosophie ne veut pas rester en arrière et nous annonce, par la« Philosophie de la délivrance », de Maïnland, la réalisation de l' « État idéal » comme étant d'un avenir prochain.

Ce qui facilite la conquête finale de l'État de classes actuel et son renversement, c'est la division qui règne parmi ses défenseurs qui, malgré leur association d'intérêts contre l'ennemi commun, ne s'en combattent pas moins constamment dans leur lutte « pour l'assiette au beurre ». Les intérêts des deux factions se combattent. Ce sont ensuite les révoltes qui éclatent chaque jour plus nombreuses dans les rangs de nos ennemis, dont les troupes, pour la plupart corps de notre corps, chair de notre chair, n'ont jusqu'ici combattu contre nous et contre elle-mêmes que fourvoyées par suite de malentendus, et en arrivent à voir toujours plus clair. Et ce n'est pas en dernier lieu qu il faut compter les désertions des hommes honorables appartenant aux milieux de nos adversaires, mais dont les yeux se sont dessillés, que leur haute science, leur connaissance plus approfondie des choses, excitent à se soustraire aux misérables intérêts de classe et à l'égoïsme, et qui, obéissant à l'impulsion de leur idéal, apportent à l'humanité altérée de liberté le secours de leur enseignement.

Mais comme le degré complet de désagrégation où se trouvent déjà dès aujourd'hui l'État et la société ne ressort pas encore clairement aux yeux de beaucoup de gens, bien que nous en ayons à maintes reprises montré les parties sombres, il est nécessaire d'en faire aussi l'exposé. C'est le sujet du chapitre suivant.

L'État et la Société.

Le développement rapide pris par la vie sociale depuis quelques dizaines d'années, dans tous les pays civilisés, et que chaque nouveau progrès dans n'importe quelle branche de l'activité humaine accélère encore, a eu pour résultat de mettre en mouvement et en dissolution nos conditions sociales. Rien, ni les institutions, ni les personnes, n'est plus sous ses pieds un terrain solide. Il s'est emparé de toutes les classes, des plus basses comme des plus élevées, un sentiment de malaise, d'inquiétude, de mécontentement. Cela est hors de doute. Les efforts convulsifs que font les classes dirigeantes pour mettre fin, par une foule d'expédients et de replâtrages, à une situation devenue intolérable particulièrement pour elles, restent vains et impuissants, et l'état de choses plus précaire encore qui en résulte ne fait qu'augmenter leur inquiétude et leurs craintes. À peine ont-elles, sous forme de quelque loi, amené une poutre d'étai à leur édifice branlant, qu'elles découvrent qu'il en faudrait une pareille en dix autres endroits. En outre elles sont constamment en lutte entre elles et en profonde divergence d'idées. Ce qui parait nécessaire à une fraction de ces classes dirigeantes, pour tranquilliser les masses dont le mécontentement va croissant et se réconcilier avec elles, va trop loin pour une autre fraction qui considère les mesures proposées comme une impardonnable faiblesse et une condescendance qui ne ferait qu'éveiller le désir d'en obtenir davantage.

Les gouvernements - et non pas seulement ceux de l'Allemagne - sont balancés comme le roseau sous le vent ; il leur faut un appui, sans lequel ils ne peuvent exister, ce qui fait qu'ils s'étayent tantôt d'un côté, tantôt de l'autre. Aujourd'hui tel parti est l'enclume, tel autre le marteau ; demain les rôles seront renversés. L'un détruit ce que l'autre a péniblement édifié. La confusion va toujours en augmentant ; le mécontentement devient plus tenace ; les conflits, plus nombreux et plus âpres, ruinent aujourd'hui en quelques mois plus de forces que jadis en quelques années. Enfin les exigences matérielles, sous forme des diverses taxes et contributions, augmentent sans mesure et sont de beaucoup hors de proportion avec l'accroissement de la population et le progrès de ce qu'on appelle le bien-être national.

Au milieu de tout cela, nos politiques gouvernementaux se bercent de remarquables illusions. Pour ménager la propriété et les gens riches, ils créent et développent chaque jour de nouvelles formes de taxes et d'impôts qui, dans leur idée, n'ont rien d'oppressif, parce que la foule, dans son ignorance, les reconnaît moins clairement. Mais ils oublient que ces taxes, étant principalement fournies par la masse, sont injustes, et que l'effet en est ressenti d'autant plus qu'elles sont établies par tête ; ils vident par conséquent plus vite les bourses et rendent plus mauvaise la façon de vivre de la foule en faisant augmenter le prix des vivres ou en favorisant leur falsification. Qu'un père de famille paie par petites fractions quotidiennes dix pfennigs d'impôts, ou qu'il en paie dans le cours d'une année 365 fois plus en fractions plus fortes, c'est la même chose au point de vue de l'effet produit sur la caisse. Mais ce qui ne serait pas la même chose, c'est si le pauvre, étant donné son revenu, ne devait payer sur cette somme qu'un Marck, et si le riche devait en fournir à titre de surtaxe la plus grosse part, dont on le dégrèverait en échange sous forme d'impôts fonciers et sur le revenu. Les effets d'un pareil système se font nécessairement sentir. Le mécontentement du pauvre, dû à la charge trop lourde de l'impôt direct, se dirige contre l'État, mais en ce qui concerne les impôts indirects, c'est à la société qu'il s'en prend, parce qu'il reconnaît là un mal social. Voilà le progrès. « Les Dieux frappent de cécité celui qu'ils veulent perdre ».

On entasse organisations sur organisations, mais on n'en met pas radicalement de côté une seule vieille et ont n'en mène pas une seule nouvelle à complète bonne fin. Les besoins d'instruction qui naissent de l'existence même du peuple obligent à quelque circonspection si l'on ne veut pas tout risquer à la fois, et exigent aussi pour leur réalisation partielle des sacrifices considérables, d'autant plus lourds que partout, dans notre organisation publique, il pullule des parasites qui écrèment tout à leur profit. Non seulement toutes les institutions improductives, en contradiction formelle avec le progrès, subsistent entières, mais encore elles s'étendent, deviennent plus lourdes et plus oppressives, à mesure que le progrès de l'opinion les démontre plus clairement superflues. Les institutions de la police et de l'armée, l'organisation de la justice, les prisons, deviennent toujours plus vastes et plus coûteuses ; il en est de même pour tout le reste de l'appareil administratif. Mais ni la sécurité extérieure, ni la sécurité intérieure ne grandissent pour cela. C'est le contraire qui se produit.

Une grande partie de nos communes, qui savent à peine comment satisfaire à des exigences chaque année plus fortes, en viennent graduellement à une situation désespérée. Ce sont notamment nos grandes villes à l'accroissement rapide et toutes les localités situées dans des districts industriels, où la prompte augmentation de la population crée une foule de nécessités que les communes, pour la plupart sans ressources, ne peuvent satisfaire autrement que par l'imposition de lourdes taxes ou en faisant des dettes. La construction d'écoles, le percement des rues, les services de l'éclairage, des égouts et. des eaux, les dépenses de police et d'administration de tout genre, prennent d'année en année plus d'extension. De plus, la minorité des gens à leur aise élève partout vis-à-vis de la communauté les prétentions les plus exorbitantes. Elle exige des établissements d'instruction supérieure, la construction de théâtres, la création de quartiers particulièrement luxueux, avec l'éclairage, le pavage, etc., les plus perfectionnés. La majorité de la population a beau se plaindre, dans la plénitude de son droit de ces avantages donnés à la minorité, ces faveurs n'en sont pas moins dans la nature même des conditions actuelles. La minorité a le pouvoir, et il lui serait facile, si elle le voulait, de causer de gros dommages, dès lors qu'elle détient exclusivement les instruments de travail desquels dépend la majorité. À cela s'ajoute que, dans bien des. cas, l'administration n'est pas non plus ce qu'il y a de mieux. Les fonctionnaires rétribués sont souvent insuffisants, ou bien ils n'ont pas à un assez haut degré le sentiment de besoins qui exigent en maintes circonstances une connaissance approfondie des choses. Les fonctionnaires et conseillers municipaux non rétribués ont, pour la plupart, tant à faire, tant de soins à donner à leurs affaires personnelles, qu'ils ne peuvent sacrifier à l'accomplissement intégral de leurs devoirs envers la commune le temps nécessaire. Il arrive fréquemment aussi que l'on se sert de ces fonctions pour favoriser des intérêts privés. au grand préjudice de la collectivité. C'est sur les contribuables qu'en retombent les conséquences.

Il est impossible à la société actuelle de songer à une modification fondamentale de cette situation, qui ne donnerait satisfaction à tous que dans une certaine mesure ; elle est, ici, absolument impuissante et déconcertée ; il lui faudrait se supprimer elle-même, et cela, elle ne le peut pas. Si elle continue à lever des impôts sous n'importe quelle forme, elle ne fera qu'augmenter constamment le mécontentement. Dans quelques dizaines d'années, la plupart des communes dont nous parlons seront hors d'état de subvenir à leurs besoins avec la forme d'administration et d'imposition actuelle. C'est sur le terrain communal, bien plus énergiquement encore que sur le terrain gouvernemental, que l'on reconnaît la nécessité d'une réorganisation complète, en raison de ce fait que le système actuel conduit à la banqueroute. La suite de cet ouvrage montrera ce qui prendra, ce qui doit prendre la place de ce système.

Tel est, dépeint en peu de mots, l'aspect extérieur de notre vie politique et de notre vie communale ; les deux ne sont que l'image, l'épreuve prototypique, de la vie sociale.

• • •

La lutte pour l'existence prend dans notre vie sociale des proportions toujours plus puissantes. La guerre de Tous contre Tous est déchaînée avec la dernière violence et menée sans pitié, presque sans choix des moyens. Le mot connu : « Ote-toi de la que je m'y mette », s'applique dans la vie à grand renfort de coups de coude, de gourmades et de horions. Le plus faible est obligé de céder la place au plus fort. Là où ne réussit pas la force physique, représentée par la puissance de l'argent, de la fortune, on emploie les moyens les plus subtils et les plus indignes : le mensonge, la filouterie, la tromperie, le faux serment, les fausses traites ; enfin on a recours aux plus grands crimes et, pour se débarrasser de témoins gênants ou d'entraves fâcheuses, on va jusqu'à se servir de déclarations de folie et de meurtres. Et de même que, dans cette lutte pour l'existence, les individus marchent contre les individus, de même font classe contre classe, sexe contre sexe, âge contre âge. L'intérêt, le profit, deviennent le seul régulateur des sentiments humains, devant lequel toute autre considération doit céder. On jette alors sur le pavé des milliers d'ouvriers et d'ouvrières qui, après avoir mis en gage leur dernière chemise, la dernière pièce de leur mobilier, ne peuvent éviter la charité publique ou le « trimard ». Ils s'en vont en bandes entières, par monts et par vaux, de village en village, considérés par les « honnêtes gens » avec d'autant plus de crainte et d'horreur que la durée de leur chômage a eu sur leur extérieur, et par suite sur leur moral, une influence plus misérable et plus démoralisatrice. La société honnête n'a pas la moindre idée de ce que c'est que d'être, pendant des mois entiers, dans la nécessite de se refuser la satisfaction des plus élémentaires exigences de l'ordre et de la propreté, que d'aller d'un endroit à l'autre le ventre creux, ne récoltant le plus souvent que l'horreur et le mépris mal dissimulés de ceux-là même qui sont les plus fermes soutiens de ce système pourri. À côté de cela, les familles de ceux de ces pauvres gens qui sont mariés souffrent de la plus horrible misère qui pousse fréquemment les parents, désespérés, aux plus horribles crimes sur eux-mêmes ou sur leurs enfants. Ces dernières années ont fourni des cas de ce genre, aussi nombreux qu'épouvantables [1]. Femmes et filles sont jetées dans les bras de la prostitution ; en un mot le crime, la démoralisation, prennent cent formes diverses ; la seule chose qui prospère, ce sont les maisons de réclusion, les prisons, et ce qu'on appelle les maisons de correction, qui ne parviennent plus à contenir la masse de leur clientèle.

Le Journal de Leipzig du 17 avril 1878 contient un tableau sombre mais conforme à la vérité et qui dépeint, d'après ce qui se passe dans le Voigtland Saxon, la complète désorganisation et l'incohérence de la société au pouvoir.

« La misère parmi nos tisserands n'est pas chose nouvelle ; elle ne tient pas seulement à la crise en ce moment commune à toutes les industries, mais à ce fait que le tissage à la main, en présence du tissage mécanique, périt et doit périr… il faut donc que notre population de tisserands se mette à la recherche d'autres branches de métier. En ce qui concerne les vieux ouvriers, qu'il est impossible d'utiliser à aucun autre emploi, ce n'est guère que par des secours qu'on peut leur venir en aide. Mais en dehors de ceux qu'il faut ainsi secourir, il y a d'autres bras, nombreux et robustes, que le manque de travaux de tissage réduit complètement ou partiellement à chômer. Pour ceux-ci, il faut de nouveau créer du travail, il faut de nouveau trouver à les utiliser, et nous souhaitons, nous

---

1 Un cas entre mille. Un comptable de Berlin, nommé S, âgé de 45 ans, ayant une femme encore belle de 39 ans et une fille de 12, est sans ouvrage et sur le point de mourir de faim. La femme se décide, avec le consentement de son mari, à se prostituer. La police l'apprend, et la femme est placée sus le contrôle du service des mœurs. La honte et le désespoir s'emparent de la famille. Tous trois tombent d'accord pour s'empoisonner et exécutent leur projet le 1er mars 1883. Peu de jours auparavant, le beau monde de Berlin célébrait de grandes fêtes de cour, pendant lesquelles des centaines de milliers de marks furent gaspillés. Tels sont les terribles contrastes qu'offre la société actuelle. Mais tout cela n'empêche pas que nous vivions dans « le meilleur des mondes ».

espérons que des chefs d'industries, stimulés (?) par toute cette misère, examineront et essayeront si la bonne et peu coûteuse main d'œuvre que l'on trouve chez nous - car l'ouvrier du Voigtland est laborieux et sobre - ne pourrait pas être avec avantage utilisée pour leurs entreprises ».

Nous avons là sous les eux un tableau du développement moderne aussi triste que nous puissions l'imaginer, et pourtant les cas de ce genre se comptent par centaines. Le travail que le laborieux et « sobre » ouvrier du Voigtland fournira à un nouvel entrepreneur sera perdu pour d'autres ouvriers. Voilà le cercle vicieux.

Les crimes de toute sorte et leur multiplication sont dans le rapport le plus étroit avec les conditions sociales de la société, laquelle, toutefois, ne veut pas le reconnaître. Comme l'oiseau de Strauss, elle plonge sa tête dans le sable pour n'avoir pas à convenir de l'existence d'un état de choses qui l'accuse elle-même ; elle se ment et ment aux autres en disant que les seuls coupables sont la « paresse », la « sensualité » et le manque de « religion » des travailleurs. C'est là une imposture du caractère le plus répugnant, qui n'en est pas moins émise avec le plus grand sérieux. Plus la situation de la société est défavorable et mauvaise, plus les crimes deviennent nombreux et graves. La lutte pour l'existence revêt sa forme la plus sauvage et la plus violente ; elle rejette l'homme à l'état primitif, où chaque individu voyait dans son semblable un ennemi mortel. Les liens de la solidarité, qui ne sont pas déjà trop serrés, se relâchent chaque jour de plus en plus [1].

Les dirigeants, qui ni voient pas et ne veulent pas voir le fond des choses, cherchent à modifier cette situation, en employant contre ses effets des mesures de rigueur ; et même des hommes chez lesquels on devrait trouver des idées nettes et l'absence de parti-pris y donnent leur

---

1 Platon déjà connaissait les conséquences d'une pareille situation. Il écrit : « Un Etat dans lequel il existe des classes, n'est pas un État ; il en forme deux. Les pauvres constituent le premier, les riches le second ; tous deux vivent ensemble, mais en s'épiant réciproquement et sans cesse... Les classes dirigeantes sont, en fin de compte, hors d'état de mener une guerre parce qu'il leur faut dans ce cas se servir de la foule qui, une fois armée, leur inspire plus de peur que l'ennemi même » (Platon : « La République »). Et Aristote dit de son côté : « Le grand nombre des pauvres constitue une situation fâcheuse, parce qu'il est presque impossible d'empêcher pareilles gens de devenir des perturbateurs » (Aristote : « La Politique »).

Auguste Bebel

approbation. C'est ainsi que le professeur Haeckel [1] trouve naturelle l'application énergique de la peine de mort, et il est sur ce point en parfaite communauté d'idées avec les réactionnaires de tout acabit qui, à part cela, le détestent cordialement. D'après lui, les criminels incorrigibles et les vauriens doivent être extirpés comme la mauvaise herbe qui dérobe aux nobles plantes utiles la lumière, l'air et l'espace. Si le professeur Haeckel s'était un peu occupé aussi de l'étude de la science sociale, au lieu de cultiver exclusivement les sciences naturelles, il aurait reconnu que tous ces criminels pourraient être changés en membres utiles et productifs de la société humaine, si celle-ci leur procurait une existence meilleure. Il aurait trouvé que la suppression du meurtrier lui-même empêche aussi peu le crime - c'est-à-dire la production de crimes nouveaux - dans la société, que si, dans l'ordre des choses de la nature, on se contentait d'arracher la mauvaise herbe à la surface d'une pièce de terre, en négligeant d'en anéantir les racines et la semence. Empêcher absolument dans la nature la formation d'organismes gênants ne sera jamais possible à l'homme, mais ce qu'il peut fort bien faire, c'est améliorer son propre état social, qu'il a lui-même créé, de telle façon que les conditions d'existence deviennent les mêmes pour tous, que chaque individu jouisse d'une égale liberté de développement, en sorte qu'il ne soit plus obligé de ne satisfaire qu'aux dépens des autres sa faim, son goût de la fortune ou son ambition. Qu'on étudie les causes des crimes et qu'on les écarte : on supprimera les crimes du même coup [2].

Ceux qui veulent supprimer le crime en en faisant disparaître la cause ne peuvent évidemment pas se faire aux moyens brutaux de répression. Ils ne peuvent empêcher la société de se défendre à sa manière, mais ils n'en réclament que plus instamment la transformation radicale de la société, la suppression des causes du crime.

Mais c'est le système capitaliste qui constitue la cause de notre intolérable état social. L'individu pourvu de puissants moyens matériels est le maître de tous ceux qui en possèdent moins ou qui même en

1 « Histoire naturelle de la création », Quatrième édition, augmentée. Berlin 1873. Page 155 et 156.

2 Platon déjà dit de même : « Les crimes ont leur cause dans le manque d'éducation et dans ce que l'État est mal organisé et constitué ». Il connaissait donc l'état de la société mieux que ses savants successeurs, à 23 siècles de distance. Il n'y a pas précisément lieu, de s'en réjouir.

manquent d'une façon complète. Il achète la main d'œuvre de ceux qui ne possèdent rien ainsi qu'une marchandise, à un prix dont l'élévation, comme pour toute autre denrée, s'établit suivant l'offre et la demande et oscille autour des frais de fabrication, tantôt au-dessus, tantôt au-dessous ; mais la plus-value que doit nécessairement lui produire cette main d'œuvre, il la met dans sa poche sous forme d'intérêts, de bénéfices d'entreprise, de fermages ou de rentes foncières. Au moyen de la plus-value ainsi extorquée du travailleur et qui, en la possession de l'entrepreneur, se cristallise en capital, celui-ci achète de nouvelles forces de travail, et alors, bien armé par la division du travail, les machines, une science technique perfectionnée, bref, par un système de production bien organisé, il entre en lutte avec le concurrent moins bien outillé et le réduit à néant, comme ferait un cavalier bien équipé d'un fantassin désarmé. Cette lutte inégale prend de plus en plus d'extension sur tous les terrains, et la femme, en tant que fournissant la main-d'œuvre la moins coûteuse après celle de l'enfant, y joue un rôle toujours plus important. Cet état de choses a pour résultat de trancher d'une façon sans cesse plus rude la société en deux parties : une infime minorité de puissants capitalistes et une grande majorité d'individus des deux sexes, dépourvus de capital et voués à vendre leurs bras au jour le jour. La classe moyenne, au milieu de cette évolution, en vient à une situation toujours plus critique. L'un après l'autre, les métiers où dominait jusque là la petite industrie sont accaparés par l'exploitation capitaliste, par suite de la concurrence que se font les capitalistes entre eux. Les individualités indépendantes sont brisées, et si elles ne trouvent pas à sauver leur indépendance dans quelque autre branche de travail -ce qui devient de jour en jour plus difficile et plus impossible, - elles en sont réduites à rentrer dans la classe des salariés. Toutes les tentatives faites pour s'arracher par de nouvelles dispositions, ou par des lois empruntées à la défroque du passé, à ce système d'absorption à outrance qui s'impose avec la force d'une loi naturelle, sont risibles et enfantines. Le conseil, souvent donné dans une bonne pensée, de se soustraire à la fatalité par une plus grande habileté professionnelle ou par l'emploi d'une force motrice moins coûteuse, ne dénote que le défaut de compréhension de la situation. Le perfectionnement de la machine supplée de plus en plus à l'habileté de la main, dont l'emploi pour de grands débouchés est en outre trop coûteux, et l'application de la force motrice à bon marché ne fait qu'augmenter davantage la concurrence entre les petits, dont elle n'amène la ruine que plus rapidement. En décembre 1882, il a été fait à Munich 414 déclarations de cessation de commerce et seulement 315 d'ouverture ; dans une seule ville il y a donc eu en un mois une diminution de 99 industries indépendantes. Ce qu'il en est, à un autre point de vue, de la situation de nos « petites gens », nous est encore montré par ce fait que, dans neuf cas de décès sur dix, il s'accuse dans la succession un excédent de passif ; la plupart du temps, la déclaration de faillite ne se fait même pas, personne n'y ayant intérêt. Il n'y a rien à en tirer. Pour la même raison, la ruine de nombre d'individus vivants reste inconnue et non enregistrée.

Ce que la puissance des gros capitaux n'anéantit pas assez vite, les crises qui se produisent périodiquement en viennent à bout ; ces crises deviennent plus nombreuses et plus intenses à mesure que la grande production gagne en force et en influence et que le danger de la surproduction, conséquence de la production aveugle par masses, grandit et se manifeste toujours plus rapidement. La chétive force de résistance du moyen et du petit travailleur ne tarde pas à céder à des crises de ce genre.

Elles se produisent parce qu'il n'existe pas d'échelle proportionnelle permettant de mesurer et d'évaluer en tout temps le véritable besoin de telle ou telle marchandise. Tantôt les acheteurs sont très disséminés et leur surface commerciale, de laquelle dépend leur capacité de consommation, subit l'influence d'une foule de causes que le producteur isolé n'est pas du tout en état de contrôler par lui-même. Tantôt il se trouve à côté d'un producteur une foule d'autres dont il ne connaît pas davantage la puissance productrice ni le travail effectif. Chacun alors de s'efforcer d'évincer tous les autres par tous les moyens en son pouvoir : bon marché, forte réclame, long crédit, envoi de voyageurs, ou encore par le discrédit jeté en cachette et perfidement sur les produits des concurrents, - moyen qui fleurit surtout dans les moments de crise. Ainsi la production totale dépend du hasard, de l'évaluation subjective d'un chacun. Et ce hasard se trouve être aussi souvent défavorable qu'heureux. Chaque producteur isolé est obligé de vendre une quantité déterminée de marchandises, au-dessous de laquelle il ne peut rester ; mais il veut en fournir un quantum bien plus élevé, d'abord parce que l'augmentation de ses revenus en dépend et ensuite parce qu'il en découle la probabilité de triompher de ses concurrents et de rester maître du champ de bataille. Pendant un moment sa vente est assurée, peut-être même augmentée ; cela le pousse à donner une plus grande extension à son entreprise et à produire en plus grandes quantités. Or les circonstances favorables ne poussent pas que lui, mais encore tous ses concurrents, à faire les mêmes efforts. Alors, subitement, se produit sur la place une pléthore de marchandises. La vente s'arrête, les prix tombent, la production diminue. La diminution de la production dans une branche d'industrie amène celle de la main-d'œuvre, des salaires, et de la consommation chez les victimes de la crise, un arrêt dans la production et dans la vente d'autres branches de commerce en est la conséquence forcée. Les petits métiers de tout genre, marchands, aubergistes, boulangers, bouchers etc., dont les ouvriers forment la clientèle, perdent celle-ci et en même temps la rémunération de leur vente.

D'autre part, telle industrie fournit à telle autre ses matières premières ; elle dépend donc d'elle et souffre et pâtit des coups qui la frappent. Le nombre des victimes de la crise s'élargit toujours davantage. Une foule d'engagements pris dans l'espoir d'une longue durée de bonnes affaires ne peuvent être remplis et ne font qu'accroître la crise, de mois en mois plus grave. Une formidable quantité de marchandises, d'outils, de machines, accumulés, deviennent presque sans valeur. La marchandise se vend à vil prix. Cela ne ruine pas seulement celui à qui elle appartient, mais encore des douzaines d'autres qui, en présence de cette vente à perte, sont également obligés de livrer les leurs au-dessous du prix de revient. Pendant la durée même de la crise, on perfectionne sans cesse les méthodes de production, seul moyen de lutter contre la concurrence, et l'on se réserve ainsi les causes de crises nouvelles, plus graves encore. Lorsque la crise a duré des années, que la dépréciation des produits, la diminution de la fabrication, la ruine des petits entrepreneurs ont fait disparaître la « surproduction », alors la société commence lentement à se refaire. Les besoins augmentent, la production également. L'ancienne façon de faire, en raison de la durée probable de cette situation plus avantageuse, ne tarde pas à reprendre à nouveau, avec lenteur et prudence d'abord. On veut rattraper ce que l'on a perdu, et l'on espère se mettre à l'abri avant qu'une nouvelle crise éclate. Mais comme tous les producteurs nourrissent la même pensée, comme chacun perfectionne ses moyens de production pour passer sur le corps de l'autre, la catastrophe est amenée derechef, d'une façon plus rapide, avec des effets plus néfastes encore. On joue avec des existences innombrables comme avec des ballons d'enfant ; elles retombent à terre ; et de cette action réciproque continue résulte la situation terrifiante dont nous sommes les témoins a chaque crise nouvelle. Les crises de ce genre se multiplient, comme nous l'avons dit, en raison directe de l'extension constante prise par la production en masse et la concurrence, non-seulement contre les individus isolés, mais encore entre des nations entières. La lutte pour la clientèle dans le petit, et pour les débouchés dans le grand commerce, devient toujours plus ardente, et se termine en fin de compte par des pertes énormes. Les marchandises et les approvisionnements saut entassés en quantités fabuleuses, mais la masse des êtres humains souffre de la faim et de la misère.

Il n'est pas possible de rien trouver qui condamne plus rigoureusement un pareil état social, que les déclarations que l'on trouve, dans ces conjonctures, dans la bouche des gens d'affaires : « Nous avons trop de concurrents ; il faut que la moitié d'entre eux périsse d'abord, pour que l'autre moitié puisse vivre ». Il est bien entendu que tout bourgeois chrétien entend par là que son concurrent succombe et que lui-même reste sauf. On retrouve le même cynisme dans cette assurance, très sérieusement donnée par les journaux, qu'il y a par exemple, en Europe, dans la filature de coton, 15 millions de broches de trop, lesquelles doivent tout d'abord être supprimées pour que le reste puisse être suffisamment occupé. Les mêmes journaux affirment encore que nos industries du fer et du charbon sont deux fois plus nombreuses qu'elles ne devraient l'être pour rapporter des bénéfices. D'après ces doctrines, nous avons trop d'industries, trop de producteurs, de trop bons instruments de production et trop de marchandises en réserve, et pourtant tout le monde se plaint de ce qu'il n'y en ait pas assez. Cela ne démontre-t-il pas que notre organisation sociale est bien malade ? Comment pourrait-il y avoir « surproduction » dès lors qu'il n'y a pas défaut de capacité effective de consommation, c'est-à-dire de besoins ? Il est clair que ce n'est pas la production en elle-même, mais bien la forme dans laquelle on produit, et avant toutes choses la façon dont se fait la répartition des choses produites, qui crée cette situation anormale et sans remède.

• • •

Dams la société humaine tous les individus sont attachés les uns aux autres par mille liens, d'autant plus nombreux que le degré de civilisation d'un peuple est plus élevé. Se produit-il des troubles, ceux-ci se font immédiatement sentir chez tous les membres. Des perturbations dans la forme actuelle de la production influent sur la répartition et la consommation, et réciproquement. Le caractère particulier de la production moderne est sa concentration dans un nombre de mains toujours plus restreint et dans des centres de production toujours plus grands. Dans la répartition il se manifeste un courant tout différent. Celui qu'une concurrence ruineuse a fini par rayer, en tant que producteur, du nombre des individualités établies à leur compte, cherche neuf fois sur dix à se faire une place comme marchand, entre le producteur et le consommateur, et à prolonger ainsi sa précaire existence.

De là le fait frappant de l'énorme multiplication de petits, et même d'infimes intermédiaires, marchands, boutiquiers, revendeurs, agents d'affaires, courtiers, représentants, débitants, de bière et d'eau-de-vie. La majeure partie de ces gens, parmi lesquels les femmes établies à leur compte sont aussi largement représentées, mènent généralement une vie misérable et pleine de soucis, qui a bien plus d'aspect extérieur que de réel bien-être. Nombre d'entre eux sont obligés, pour se maintenir, de spéculer sur les plus viles passions de l'homme et de prêter la main à toutes ses exigences. De là cet envahissement des plus répugnantes réclames, notamment pour tout ce qui est destiné à satisfaire l'avidité des plaisirs.

Il est donc incontestable - et en se plaçant à un point de vue plus élevé, il y a lieu de s'en féliciter grandement - que la tendance à bien jouir de la vie est profondément ancrée dans la société moderne. On commence à comprendre que, pour être un homme, il faut vivre d'une façon digne de l'être humain, et l'on donne à ce besoin une expression dont la forme correspond à l'idée que l'on se fait, au point de vue social, des jouissances de la vie. Mais la société, aven la forme qu'y a prise la richesse, est devenue plus aristocratique qu'à n'importe quelle période

Auguste Bebel

antérieure. La distance entre les plus riches et les plus pauvres est bien plus grande que jamais ; par contre, la société, dans ses idées comme dans ses lois, est devenue bien plus démocratique [1]. Mais la masse ne demande pas seulement plus d'égalité en théorie, mais encore dans la pratique, et comme dans son ignorance elle ne connaît pas encore les voies pour y parvenir, elle cherche cette égalité en essayant d'imiter les classes supérieures et en se procurant toutes les jouissances auxquelles elle peut atteindre. Des centaines de moyens artificiels servent à exciter cet instinct ; quant aux résultats, on les a partout sous les yeux.

Dans bien des cas, la satisfaction d'un penchant justifié par la nature conduit à des écarts et à des crimes ; la société dirigeante intervient à sa manière, parce qu'elle ne saurait le faire d'une façon plus sensée sous peine de ruiner sa propre existence actuelle.

Mais l'augmentation constante de la masse des intermédiaires a encore pour résultat d'autres inconvénients. Bien que se donnant beaucoup de mal et travaillant dur, cette classe n'en est pas moins, et à tous ses degrés, une classe de parasites, improductive en fait, et vivant du travail d'autrui au même point que la classe des entrepreneurs elle-même.

Le renchérissement démesuré des marchandises et de tout ce qui est nécessaire à la vie est la conséquence inéluctable de cet état de choses. Marchandises et vivres augmentent, par suite de ce commerce intermédiaire, dans une telle mesure qu'ils coûtent fréquemment le double, et plus, du prix qu'en a tiré le producteur. Et là où une augmentation sensible des prix serait imprudente ou impossible, c'est l'altération, la falsification des matières alimentaires, les fausses mesures et les faux poids, qui sont les moyens employés pour empocher un bénéfice qu'on ne pourrait réaliser autrement. La fraude et la duperie s'élèvent ainsi à la hauteur d'une institution sociale nécessaire, tout comme la prostitution et certaines institutions de l'État ; l'élévation des impôts indirects et des droits de douanes, par exemple, ne fait que provoquer la fraude et la contrebande. Toutes les lois que l'on fera

1 Dans son étude sur le « Manuel d'économie politique » de. Rau, le professeur Adolphe Wagner exprime une pensée analogue. Il dit (page 351) « La question sociale, c'est la contradiction évidente qui existe entre le progrès de l'économie politique et le principe idéal du développement social de la liberté et de l'égalité qui se réalise dans la vie politique ».

contre la falsification des denrées alimentaires ne donneront que fort peu de résultats. D'une part la nécessité de vivre oblige les fraudeurs à employer des trucs toujours plus raffinés ; en second lieu, dans les conditions actuelles, il n'y a pas à compter sur un contrôle sérieux et sévère. Des fractions très considérées et fort influentes de nos classes dirigeantes sont intéressées au plus haut degré à la réussite de tout ce système de fraudes. C'est ainsi que, sous le prétexte que pour découvrir les falsifications il faudrait un vaste et coûteux appareil administratif, dont « souffrirait aussi le commerce loyal », on paralyse tout contrôle sérieux. Mais, là où des lois et des mesures de contrôle de ce genre interviennent efficacement, elles ont pour résultat une augmentation considérable du prix des denrées non falsifiées, parce que la diminution de ce prix n'était possible que par la falsification.

Les sociétés de consommation sont de fort peu d'utilité ; elles souffrent presque toutes du manque d'administration et ne servent de rien à ceux à qui elles devraient servir le plus, aux travailleurs. Il en est de même pour ces « associations de ménagères » dont le but est de se procurer des denrées alimentaires à meilleur compte en les achetant en gros. Elles constituent seulement un symptôme de ce fait que des femmes, en grand nombre, reconnaissent combien est inutile et nuisible le commerce des intermédiaires, et j'ajoute, finalement, le commerce en général. Certes la meilleure forme de la société serait celle où tous les produits nécessaires arriveraient de la façon la plus directe possible entre les mains du consommateur. Mais alors nous touchons à une autre nécessité, celle d'organiser, en même temps que la fourniture commune des vivres, et dans la plus large mesure, leur préparation commune pour le service de la table.

• • •

Ce que nous avons dit jusqu'ici de notre organisation sociale ne s'appliquait qu'aux conditions professionnelles et industrielles ; nous n'avons pas touché aux choses de la campagne. Cependant la campagne, elle aussi, est fortement atteinte déjà par l'évolution moderne. Les crises industrielles et commerciales s'y sont également fait sentir. Nombre de membres de familles villageoises sont occupés, soit partiellement, soit tout à fait, dans des ateliers ou des établissements industriels ; ce genre d'occupation s'étend même toujours de plus en plus parce que les grands propriétaires trouvent avantageux de faire convertir en produits industriels, sur leurs propres terres, une grande partie de leurs récoltes. Ils y gagnent d'abord les frais de transport très élevés des matières premières, par exemple des pommes de terre pour la distillerie, des betteraves pour la fabrication du sucre, des céréales pour la minoterie, la fabrication de l'alcool ou la brasserie, etc. ; ils ont de plus à leur disposition une main d'œuvre moins chère et plus docile que dans les villes ou dans les centres industriels. Les bâtiments et les loyers sont à meilleur compte, en même temps que les contributions et les taxes sont moins élevées, les propriétaires ruraux étant jusqu'à un certain point à la fois législateurs et exécuteurs de la loi et ayant notamment entre les mains la force si efficace de la police. De là ce fait que le nombre des cheminées d'usine augmente d'année en année dans les campagnes, et que l'agriculture et l'industrie entrent dans une action réciproque toujours plus intime, avantage qui, pour le moment, ne profite qu'au gros propriétaire foncier.

Il n'est pas besoin d'être doué d'une sagacité particulière pour s'apercevoir qu'à mesure que le propriétaire foncier a l'agrément de se trouver en état d'améliorer sa situation sur son propre terrain, il en vient à convoiter le bien de son petit voisin, qui se trouve vis-à-vis de lui dans le même cas que le petit fabricant à l'égard du grand industriel.

Mais la campagne n'a pas, même dans ses coins les plus reculés, été épargnée par les progrès de la civilisation. Si nous avons montré plus haut comment le fils du paysan, après avoir pendant trois ans respiré l'air plus ou moins chargé de morale de la caserne et de la ville, revient à son village perdu dans la campagne, apportant avec lui et propageant souvent les maladies sexuelles, nous devons dire d'un autre côté qu'il a appris à connaître une foule d'idées nouvelles et de besoins de la civilisation qu'il entend ultérieurement satisfaire dans la plus large mesure possible. Les communications, chaque jour plus étendues et améliorées, y contribuent encore. L'homme de la campagne apprend à connaître le monde et s'assimile toutes sortes de choses nouvelles. Les exigences toujours croissantes des contributions exigées par l'État, la province et la commune, n'épargnent pas non plus le paysan. C'est ainsi, par exemple, que le total de la contribution communale du plat pays de Prusse, de 8.400.000 thalers en 1849, était monté dès 1869 à 23.100.000 thalers. La contribution des villes et des communes rurales pour les besoins de la province, de l'arrondissement et de la commune, s'élevait dans le même laps de temps de 16 millions à 46 millions de thalers. La contribution locale moyenne s'était élevée par tête de 2 thalers 96 pfennigs à 7 thalers 5 pfennigs. Et depuis cette époque, ce taux s'est encore accru partout d'une façon notable.

Il faut dire, toutefois, que pendant cette période les produits de la terre ont sensiblement augmenté de valeur, mais pas dans la même mesure que les impôts et autres dépenses. Le paysan ne reçoit pas non plus, en échange du produit de sa terre, le prix qu'en paie la ville ; il reçoit même beaucoup moins que le gros propriétaire. Le courtier ou le marchand qui parcourt les campagnes à certains jours ou certaines époques fixes de l'année, et qui, en général, revend à son tour à des entremetteurs, veut y trouver son bénéfice ; mais l'assemblage de beaucoup de petites quantités de produits lui coûte beaucoup plus de peine que lorsqu'il n'a affaire qu'à un seul gros propriétaire. Cela influe sur le prix. Le paysan, pour améliorer sa terre, a contracté une hypothèque ; il n'a pas beaucoup le choix des prêteurs, et les conditions auxquelles il souscrit m'en deviennent que moins avantageuses. Les gros intérêts et les échéances de remboursement lui jouent de mauvais tours ; une seule mauvaise récolte ou une fausse spéculation sur le genre de produit sur le bon prix duquel il a compté, suffisent pour le mettre à deux doigts de la ruine. Très souvent celui qui achète la récolte et celui qui prête les capitaux, sont une seule et même personne ; le paysan est par conséquent complètement entre les mains de son créancier. Les cultivateurs de villages et de districts entiers sont, de la sorte, à la merci d'un petit nombre de créanciers, par exemple les planteurs de tabac, de houblon, les vignerons de l'Allemagne du Sud, et les maraîchers des bords du Rhin. Le porteur de l'hypothèque les suce jusqu'au sang, en les laissant comme propriétaires apparents sur leur lopin de terre, qui, en fait, ne leur appartient plus le moins du monde. Le vampire capitaliste trouve plus commode et plus profitable d'agir ainsi, plutôt que de prendre la terre pour lui, de la travailler lui-même ou de la vendre. C'est ainsi que des milliers de propriétaires qui ne le sont plus effectivement figurent encore sur nos matrices cadastrales. Il est également vrai que plus d'un gros propriétaire qui n'a pas su mener sa barque devient la victime de quelque capitaliste féroce. Celui-ci devient propriétaire du sol, et pour en tirer double profit, il le morcelle ; de la sorte il est mieux payé par un grand nombre de petits propriétaires que par un seul. Dans les villes, les maisons qui contiennent beaucoup de petits logements produisent également les revenus les plus élevés. Un grand nombre de petits propriétaires saisissent donc l'occasion qui s'offre à eux. Moyennant un faible à-compte, le bienfaisant capitaliste est disposé à leur abandonner des pièces de terre ; pour le reste, il prend hypothèque avec un bon intérêt, et il le laisse moyennant des payements échelonnés. C'est là que gît le lièvre. Si le petit propriétaire réussit, s'il a le bonheur, à force de travail et d'efforts, de tirer de sa terre un produit passable, ou de trouver d'une façon tout à fait exceptionnelle de l'argent à meilleur marché, il peut se tirer d'affaire. Sinon, il en va de lui ainsi que nous l'avons déjà dépeint.

Perd-il quelques pièces de bétail, c'est pour lui un grand malheur. Marie-t-il une de ses filles, ses dettes s'accroissent, et il se trouve privé d'une main d'œuvre peu coûteuse ; un de ses fils prend-il femme, celui-ci réclame sa part du bien paternel. Il est obligé alors de négliger les améliorations que demande le sol ; si son bétail et son exploitation ne lui fournissent pas assez de fumier - et c'est là un cas fréquent - le produit du sol diminue parce qu'il ne peut pas en acheter. De même il manque souvent des ressources nécessaires pour se procurer des semences meilleures et plus productives ; l'emploi de machines avantageuses lui est interdit ; il est le plus souvent hors d'état d'appliquer sur sa terre un assolement approprié à la composition chimique de celle-ci. Il ne peut pas non plus utiliser les avantages que la science et l'expérience offrent aujourd'hui pour tirer un meilleur parti de ses animaux domestiques. Le manque de fourrages, d'étables, d'installation appropriée, empêche tout cela. Il y a de nombreuses causes de ce genre qui amènent le petit et le moyen cultivateur à s'endetter, le livrent pieds et poings liés à l'usurier capitaliste ou au gros propriétaire, et finissent par le conduire a son propre anéantissement.

Affirmer complaisamment, à coups de statistiques, que le progrès de la concentration de la propriété n'est qu'une chose imaginaire, parce qu'il y a plus de propriétaires aujourd'hui que précédemment, ne prouve rien contre les arguments que nous venons de développer. D'abord, nous

Chapitre II

avons déjà montré comment des milliers d'individus figurent encore dans le nombre des propriétaires sans plus l'être en aucune façon ; en outre il y a lieu de tenir compte, dans ces chiffres, de l'augmentation de la population et du morcellement qui en résulte, notamment à la suite de décès. Mais le morcellement à outrance renferme un germe de mort pour le propriétaire, parce qu'il rend l'existence d'autant plus pénible à l'individu que la propriété devient plus petite. La liberté de l'industrie a, elle aussi, multiplié dans beaucoup de branches le nombre des petits fabricants, mais vouloir conclure de là à une augmentation du bien-être serait commettre une erreur. La concurrence s'est, par là, renforcée entre eux, et leur anéantissement, leur absorption par le gros capital en ont été rendus plus faciles.

Quand donc il arrive aujourd'hui qu'il existe deux ou trois propriétaires fonciers là où précédemment il n'y en avait qu'un, cela ne veut pas dire du tout que ces deux ou trois se trouvent dans une meilleure situation que ne l'était jadis un seul. On peut même admettre le contraire. Les conditions défavorables qui ressortent de la nature même de la situation et que nous avons dépeintes ne font que faciliter leur ruine. Il y a lieu de remarquer aussi que le morcellement de la terre se produit le plus aux abords des grandes villes, dans le but de transformer les champs en terrains à bâtir ou en jardins. Cela peut être utile à des individualités ; le nombre des propriétaires, notamment, s'en augmente ; mais ces modifications ne sont d'aucun effet sur la situation générale. Il arrive fréquemment aussi que les propriétés de ce genre tombent de bonne meure entre les mains de la spéculation capitaliste, avant même que le premier propriétaire du sol ait eu une idée exacte de leur valeur ou se soit trouvé en état de les conserver.

Il est hors de doute qu'un pareil système d'évolution a pour les femmes de la campagne aussi de grands inconvénients. Celles-ci ont de plus en plus la perspective de devenir servantes ou de fournir leur main-d'œuvre peu coûteuse aux opérations agricoles ou industrielles des gros propriétaires, au lieu d'être elles-mêmes propriétaires et maîtresses de maison en toute indépendance. En tant qu'êtres sexuels, elles sont éventuellement bien plus exposées aux désirs illégitimes et à la concupiscence du propriétaire et de ses employés que ce n'est aujourd'hui le cas dans l'industrie, où le droit de possession de la

main-d'œuvre s'étend souvent à la personne entière et a pris, en pleine
« Europe chrétienne », le développement d'une institution analogue à
celle des harems de la Turquie. À la campagne, la femme est bien plus
livrée à elle-même qu'en ville. L'autorité est représentée par celui qui
lui donne du travail ou par un de ses bons amis ; il n'y a ni journaux
ni opinion publique auprès desquels elle pourrait peut-être trouver
un appui, et l'ouvrier lui-même se trouve souvent dans une honteuse
dépendance. Là aussi, « le ciel est bien haut et le czar est bien loin ».

Mais la situation des campagnes et leur mise on valeur sont d'une
importance capitale pour le développement de notre civilisation
entière. La population, en son entier, dépend en première ligne, pour
son existence, du sol et de ses produits. Le sol ne se laisse pas étendre
à volonté ; la question de savoir comment on le cultive et comment
on l'exploite n'en est donc que plus importante pour tous. Nous en
sommes dès aujourd'hui arrivés à une situation telle que, chaque
année, une importation considérable de pain et de viande destinés à
l'alimentation est devenue indispensable, et que les prix des choses les
plus nécessaires à la vie ne peuvent plus guère augmenter davantage que
cela n'est arrivé déjà.

Et ici apparaît à l'heure actuelle le vif antagonisme entre les
deux intérêts des cultivateurs et de la population industrielle. Les
populations industrielles, celles qui ne se livrent pas aux travaux des
champs surtout, ont un intérêt absolument essentiel à obtenir leurs
vivres à bon compte ; il y va de sa prospérité, non-seulement comme
êtres humains, mais encore comme individualités commerçantes ou
industrielles. Tout renchérissement des vivres a pour conséquence ou
de rendre bien plus mauvaise encore qu'elle n'est déjà la façon de se
nourrir d'une grande partie de la population, ou bien d'augmenter les
salaires, et par suite le prix des produits industriels, de telle sorte que
leur vente diminue parce que la concurrence contre l'étranger devient
plus difficile. Mais la question est tout autre pour le cultivateur. Celui-
ci veut, tout comme l'industriel dans ses opérations, tirer de sa terre,
de son travail ou de celui de ses ouvriers, le plus grand profit possible,
et il lui est indifférent que ce soit en produisant une denrée ou une
autre. L'importation de grains ou de bétail étrangers l'empêche-t-elle
de gagner à la culture des céréales ou à l'élevage des bestiaux les prix

qu'il espérait ou qu'il considérait comme nécessaires ? il abandonne ces deux genres de production et consacre sa terre à d'autres cultures qui lui portent plus de profit. Il plante de la betterave pour faire du sucre, des pommes de terre et du grain pour faire de l'alcool, au lieu de froment et de grain pour faire du pain. Il assigne ses terres les plus fertiles à la culture du tabac, au lieu de les employer à des jardins ou à des potagers. On utilise aussi en pâturages des milliers de pièces de terre parce que les chevaux pour la guerre et pour l'armée se paient un prix élevé. D'autre part, de vastes territoires forestiers, qui pourraient facilement être rendus productifs, sont réservés aux plaisirs de la chasse des messieurs de la haute société, principalement dans des régions où le défrichement de quelques centaines ou de quelques milliers d'acres de bois et leur transformation en terres de culture pourraient fort bien être entrepris sans que cette diminution pût en aucune façon nuire à la production de l'humidité dans ces régions.

En ce qui concerne ce dernier point, les plus récentes données d'économie forestière, basées sur des expériences et des recherches pratiques très étendues, combattent surtout cette idée de l'influence considérable qu'exerceraient les forêts sur la production de l'humidité. On ne doit conserver des forêts en larges surfaces que là ou la nature du sol ne permet aucune culture productive, ou bien là ou il s'agit de pourvoir un pays montagneux ou la montagne elle-même d'une culture avantageuse pour l'exploitation et qui fait de plus obstacle au rapide écoulement des eaux. Partant de ce point de vue, on pourrait, en Allemagne, gagner à la culture bien des milliers de kilomètres carrés de terres productives. Mais à ces changements s'opposent aussi bien l'intérêt matériel d'une hiérarchie d'employés bien dotés que l'intérêt sportif des grands propriétaires fonciers qui ne veulent pas perdre leurs territoires de chasse ni sacrifier les plaisirs qu'ils y trouvent.

Voici quelques faits, concernant spécialement l'Allemagne et l'Autriche, qui montrent comment, dans la pratique, les situations se sont graduellement établies. En 1861, il y avait dans les anciennes provinces prussiennes :

18.289 propriétés de 600 arpents et au-dessus, donnant un total de 40.921.536 arpents.

Auguste Bebel

15.076 propriétés de 300 à 600 arpents, donnant un total de 6.047.317 arpenTs.

391.586 propriétés de 30 arpents à 300 arpenTs, donnant un total de 35.914.889 arpents.

Soit 424.956 propriétés, donnant un total général de 82.883.742 arpents.

Par contre, il y avait à la même époque, dans les mêmes provinces : 617.374 propriétés de 5 à 30 arpents, donnant un total de 8.427.479 arpents.

1.099.161 propriétés au-dessous de 5 arpents, donnant un total de 2.227.981 arpents.

Soit 1.716.535 propriétés, donnant un total général de 10.655.460 arpents.

Nous voyons par là que 421.951 propriétaires absorbent entre eux huit fois plus de terres que 1.716.535 autres.

L'État figure dans ce relevé de la propriété foncière pour 1.156.150 arpents, les forêts non comprises ; par contre la province de Westphalie n'y est pas comptée, avec 143.498 propriétés urbaines et rurales, formant un total de 2.959.890 arpents. Il en résulte qu'en Prusse la grande et la moyenne propriété l'emportent considérablement et absorbent la plus grande partie de la propriété foncière totale. Les annexions de 1866 ont encore déplacé davantage cette proportion au profit de la grande propriété, car en 1867 il n'y avait, dans ta province de Hanovre, pas moins de 13.100 propriétés de plus de 120 arpents, et dans le Schleswig-Holstein on ne comptait pas moins de 300 terres seigneuriales en dehors des grandes propriétés livrées à la culture. En Saxe, dans le courant des années 1860-1870, sur 228,36 milles carrés de propriétés privées, 942 terres seigneuriales en occupaient 43,24, soit environ le cinquième de la propriété totale, sans compter les termes appartenant aux grands propriétaires ruraux. Dans le Mecklembourg-Schwerin, c'est bien autre chose encore. Sur 244 milles carrés que comprend le pays, le domaine de la couronne et sept couvents en possèdent 107 3/4 : 654 propriétaires de terres seigneuriales et six grands paysans libres en occupent ensemble 103 1/2 et 40 détenteurs de biens domaniaux et urbains 26,45. Sur 15.685 propriétaires fonciers, où l'on compte plus de 6.000 baux amphithéotiques et plus de 6.000 petits propriétaires, etc., il n'y a que 630 propriétaires libres. En Bohême, l'Église possède plus de 106.000 jugères de terres ; la grande propriété féodale détient 1.269 domaines formant un total de 3.058.088 jugères, soit un tiers du pays tout entier, mais elle ne contribue que pour 4 millions de florins à l'impôt foncier qui en fournit 14. Plus de la moitié des domaines de la noblesse n'appartient qu'à 150 familles, et même les propriétés du prince Schwarzenberg comprennent à elles seules 29 1/2 milles carrés du territoire. Sur 260 milles carrés de forêts que compte le pays tout entier, 200 sont entre les mains de la noblesse. Ce sont de magnifiques territoires de chasse, universellement renommés. Il un est de même en Silésie, en Pologne, dans la province de Prusse. C'est de la Bohême et des provinces baltiques que les habitants émigrent notamment en masse ; ils sont en grande majorité pauvres, tandis qu'un sol fertile reste souvent en friche ou à peu près parce qu'il appartient à un propriétaire assez riche pour pouvoir gaspiller sa fortune foncière. D'autres grands propriétaires. rendent l'homme inutile en adoptant sur leurs terres l'emploi des machines ou en les transformant en pâturages.

Dans quelle mesure augmente le nombre des « bras » devenus superflus dans la culture et dans les industries qui s'y rattachent, c'est ce que nous montre entre autres choses le rapport fourni pour 1881 par l'inspecteur des fabriques du Brunswick. Il y est constaté que, malgré l'élévation considérable de la production sucrière, le chiffre des ouvriers n'en a pas moins diminué de plus de 3.000, uniquement par suite du perfectionnement des procédés de fabrication. Il en est de même partout dans la grande culture. Le travail intensif des machines, la plantation de grandes surfaces en un seul et même genre de produits, n'occupent l'ouvrier que durant un laps de temps fort court ; le nombre des servantes et des domestiques est réduit à la proportion indispensable pour les soins à donner à la maison et au bétail, et l'on congédie les journaliers. Vienne le moment de la récolte, on recrute ceux-ci à son de caisse, de tous les coins et recoins du pays, on les embauche en foule pour peu de temps et on les remercie ensuite. C'est ainsi que se forme chez nous, exactement comme en Angleterre, un prolétariat de l'espèce la plus inquiétante. Ces travailleurs demandent-ils, en raison de la courte durée de leur occupation et de ce qu'on est venu les chercher, un salaire plus élevé, alors on se récrie contre leurs exigences ; sont-ils congédiés et vont-ils errer à l'aventure, faméliques et misérables, alors ils sont des vagabonds ; on les traque, on excite contre eux des chiens pour les chasser des cours de fermes et on les livre à la police pour les enfermer dans des dépôts de mendicité, comme des « fainéants » qui ne veulent pas travailler. Un bien bel « ordre ».

L'exploitation du sol par le capital conduit encore dans un autre sens à une situation capitalistique. C'est ainsi, par exemple, qu'une partie de nos grands propriétaires a, pendant des années, tiré des bénéfices effrayants de la culture de la betterave et de la fabrication du sucre. Le système d'impositions a également favorisé l'exportation. L'exemple fut remarqué et trouva de rapides imitateurs. Des centaines de milliers d'hectares qui jusque-là étaient employés à la culture des pommes de terre et des céréales furent transformés en terres à betteraves ; on créa fabriques sur fabriques, et chaque jour on en fonde de nouvelles. La conséquence de tout cela sera un krach formidable qui se produira nécessairement tôt ou tard. Continuons. La culture de la betterave a fortement influé sur le prix des terrains. Celui-ci a augmenté il en est résulté l'acquisition d'une foule de petites propriétés dont les détenteurs, en raison de leur fortune minime, ne pouvaient entrer en jeu. Tandis qu'on utilise de la sorte le sol à des spéculations industrielles, on restreint la culture du blé et des pommes de terre aux terrains de moindre qualité. Il en résulte naturellement le besoin d'importer davantage de matières alimentaires. La demande fait augmenter l'offre. L'énorme importation de produits du sol étrangers, leur transport peu coûteux, rend possibles des prix avec lesquels ne peut pas lutter le propriétaire indigène, accablé d'hypothèques et d'impôts, avec un sol de moindre valeur, et une exploitation souvent insuffisante et défectueuse au point de vue de l'organisation. On frappe alors l'importation étrangère de droits de douane dont le gros propriétaire est seul à profiter, dont le petit ne se ressent en rien, mais qui pèsent lourdement sur la population mon-agricole. L'avantage de quelques-uns est le mal de beaucoup, et avec ce système, la petite et la moyenne culture reculent tranquillement au lieu d'avancer ; pour elles il n'y a pas de remède. Tous les avantages que le gros propriétaires tire des droits protecteurs ou des mesures prohibitives contre l'importation le mettent en mesure d'exproprier plus facilement le petit cultivateur, qui, ne produisant que pour sa consommation, ne tire qu'un faible ou même aucun profit de l'application de ce système. Dans l'Autriche cisleithane, non compris le Vorarlberg et la Dalmatie, le nombre des pièces vendues de force fut, en 1874, de 4720 ; il s'éleva jusqu'en 1877 à 6.977 et atteignit en 1879 le chiffre colossal de 11.272. Plus de 90 % consistaient en pièces de terre cultivées. En 1874, il fut vendu d'office dans l'Autriche cisleithane 4.413 petites exploitations agricoles, obérées en moyenne d'une dette de 3.136 florins par propriété ; mais, en 1878, on en vendit de la même façon 9.090 avec un passif moyen de 4.290 florins par unité. Le total des créances hypothécaires perdues par suite de défaut de payement s'éleva en 1874 à 4.679.753 florins, c'est-à-dire à 33,8 % de la dette entière ; en 1878 ce chiffre monta à 20.366.173 florins, soit à 52,2 % du total de la dette. En Hongrie, dès 1876, on ne comptait pas moins de 12.000 ventes immobilières d'office, et la population agricole qui, en 1870, se composait de 4.417.574 têtes, était tombée en 1880 à 3.669.117, subissant ainsi une diminution de 748.457 têtes, ou de 17 % en dix ans. Et ce fait se produisit pendant que la surface des terres mises en culture augmentait d'une façon notable. Le sol passa entre les mains des grands magnats et des capitalistes, qui employèrent des machines au lieu de bras d'hommes. De la sorte, ceux-ci devinrent « superflus ». Situation absolument conforme à celle de l'Irlande.

En Bavière, d'après les données fournies le 24 février 1881 à la Chambre des députés par le ministre des finances, on comptait, en 1878, 698 propriétés, formant 27.000 journaux, qui étaient sous saisie, c'est-à-dire incultes. En 1880, le chiffre des propriétés licitées était de 3.722, représentant 5 millions d'hectares de terres cultivées, soit un neuvième de la surface de celles-ci en Bavière. Par suite de cet état de choses une grande partie du sol reste aussi inculte ; c'est ainsi qu'en Bavière, en 1879, 698 propriétés formant 8.043 hectares, et en 1880, 953 en comptant 6.000 étaient laissées sans aucune culture. Il est, de plus, dans la nature même des choses que toute terre grevée de dettes n'était, dès longtemps, travaillée que de la façon la plus insuffisante.

Mais, quelle que soit la manière dont le propriétaire travaille son sol, c'est, sous l'ère de la « sainte »propriété, son affaire, son droit. Que lui importent la collectivité et le bien-être de celle-ci ? il a d'abord à s'occuper de soi-même ; donc le champ est libre. L'industriel, lui, fabrique bien des images obscènes, des livres immoraux, utilise des usines entières à la falsification des denrées alimentaires. Tous ces agissements, et bien d'autres encore, sont nuisibles à la société ; ils détruisent la morale, multiplient la corruption. Mais qu'est-ce que cela peut faire ? Ils rapportent de l'argent, plus d'argent que des images morales, des livres de science, le commerce honnête de denrées non falsifiées. L'industriel avide de profits n'a à veiller qu'à une chose, c'est que l'œil, d'ailleurs point trop perçant, de la police ne le découvre pas, et il peut tranquillement mener son honteux commerce avec la certitude d'être estimé et considéré avec le plus grand respect par la société, en raison de l'argent qu'il y gagne.

Dans cet ordre d'idées, rien ne montre mieux le caractère de notre siècle d'argent que la Bourse et ses menées. Produits de la terre et de l'industrie, marchandises, circonstances atmosphériques ou politiques, disette ou abondance, misère des masses et catastrophes, dettes publiques, inventions et découvertes, santé, maladie et mort de personnalités influentes, guerres et bruits de guerre souvent inventés dans ce seul but, tout cela et bien d'autres choses encore sert d'instrument à la spéculation, à l'exploitation, à la tromperie réciproques. Les matadors du capital s'emparent là de l'influence la plus exclusive sur les conditions de la société entière, et, favorisés par leurs puissants moyens et par leurs relations, ils accumulent les richesses les plus colossales. Ministres et gouvernements deviennent entre les mains de ces gens des poupées qui sont forcées d'agir suivant la façon dont ils en tirent les fils derrière les coulisses. Ce n'est pas l'État qui tient la Bourse, c'est la Bourse qui tient la puissance de l'État dans sa main. Malgré lui, le ministre est obligé d'engraisser l' « arbre vénéneux » et de lui fournir de nouvelles forces vitales, alors qu'il aimerait bien mieux l'arracher du sol.

Tous ces faits, qui se produisent chaque jour plus nombreux parce que le mal grandit sans cesse, crient vengeance au ciel, comme on dit, et exigent un remède prompt et radical. Mais la société actuelle reste déconcertée devant ces calamités comme certains animaux devant une montagne ; ainsi qu'un cheval de manège, elle tourne perpétuellement dans le même cercle, indécise, désespérée, image frappante de la détresse et de la stupidité. Ceux qui voudraient lui venir en aide sont encore trop faibles ; ceux qui le pourraient ne le veulent pas ; ils se reposent sur la force et pensent, tout au plus, comme Madame de Pompadour : « après nous le déluge ! » Mais si le déluge venait encore de leur vivant ?...

Alors on nous crie : « Faites des propositions, indiquez le remède ». Ce serait prendre une peine bien inutile. Émettez les propositions les meilleures, elles seront combattues pour la plupart, car il ne saurait rien en résulter si des privilèges et des prérogatives de toute nature ne doivent en être détruits, et c'est de ceux-ci qu'on ne veut, malgré toutes les belles phrases, rien abandonner.

Nous le voyons bien dans la prétendue réforme sociale allemande. Qu'a-t-il donc été proposé ? Des choses qui, dans les circonstances actuelles, n'ont même pas la valeur d'un point sur un i, causent dans les classes dirigeantes une émotion qui dure des années parce que celles-ci doivent être un tout petit peu frappées dans leurs bourses. Et après des années, quand on a noirci en discours et en imprimés des montagnes de papier, c'est enfin d'une minuscule souris qu'on accouche. On se demande même si elle pourra vivre. Mais la question sociale est un Chimborazo qu'il faut escalader. Cela coûtera bien de la peine, bien des sacrifices et bien des sueurs.

Quelles mesures il conviendra d'appliquer dans les diverses phases de cette évolution, c'est ce que l'on verra quand les choses seront mûres. En discuter aujourd'hui est inutile. Le plus puissant ministre est obligé de se plier aux circonstances et ne sait pas ce que l'année qui vient l'obligera à faire ; de même nous devons laisser les choses venir à nous et agir selon que les circonstances du moment l'ordonneront.

J'établis donc en principe que, dans un temps donné, tous les maux que j'ai dépeints seront tellement poussés à l'extrême que leur existence deviendra non-seulement claire et visible, mais encore insupportable à la majorité de la population, que le désir général et irrésistible d'une transformation fondamentale s'emparera de la société presque tout entière et lui fera apparaître le remède le plus prompt comme étant le plus efficace.

Dès lors donc, qu'ainsi que je l'ai montré, tous les maux sans exception ont leur source dans l'ordre social des choses, lequel repose aujourd'hui sur l'exploitation personnelle du capital, sur la propriété individuelle de tous les moyens de production : sol, machines, outils, moyens de communication, et sur la propriété particulière des sources et des moyens d'existence, il faut, par une immense expropriation, transformer en propriété sociale la totalité de cette propriété individuelle.

« L'expropriation s'accomplit en ce moment par le jeu même des lois immanentes de la production capitaliste et par la concentration des capitaux. Un seul capitaliste en tue des masses d'autres. Étroitement liée à cette concentration ou à cette expropriation d'un grand nombre de capitalistes, se développe, suivant une échelle de progression toujours ascendante, la forme coopérative du travail : application rationnellement technologique de la science, culture de la terre en commun suivant un plan méthodique, transformation de l'outillage actuel en un autre, uniquement utilisable en commun, économie de tous les moyens de production par leur emploi commun en vue d'un travail collectivement combiné. En même temps que décroît le nombre des princes du capital, qui usurpent et monopolisent tous les avantages de cette évolution du progrès, grandit la masse de la misère, de l'oppression, de la servitude, de la dégradation, de l'exploitation mais en même temps grandit aussi l'indignation de la classe des travailleurs, qui augmente sans cesse, et que le mécanisme même du système de production capitaliste contribue à rendre indépendante, unie et organisée. Le monopole capitaliste devient une entrave pour le système de production même qui a grandi avec lui et sous son égide. La concentration des moyens de production et la réunion du travail atteignent un degré où elles deviennent insupportables sous leur enveloppe capitaliste. Celle-ci éclatera. L'heure dernière de la propriété capitalistique individuelle a sonné. On expropriera les expropriateurs [1] ».

La société s'empare de tous les droits et prend en charge tons les devoirs nés de cette expropriation générale. Elle réglemente et ordonne tout dans l'intérêt collectif, qui, dès lors, cesse d'être en opposition avec l'intérêt individuel.

---

[1] Karl Marx : « Le Capital ».

La socialisation de la société.

L'expropriation de tous les moyens de production, une fois menée à bonne fin, crée à la société ses bases nouvelles. Les conditions de la vie et du travail pour les deux sexes dans l'industrie, l'agriculture et le commerce, dans l'éducation, le mariage, la vie scientifique, artistique et de société, bref l'existence humaine entière, deviennent alors tout autres. L'organisation gouvernementale perd peu à peu son terrain propre. L'État n'est plus que l'organisation de la force en vue du maintien des conditions actuelles de la propriété et du pouvoir social. Dès lors que la suppression des conditions présentes de la propriété implique celle de toute supériorité et de toute infériorité sociales, l'expression politique de celles-ci n'a plus aucun sens. L'État cesse avec la sujétion, de même que la religion prend fin lorsque la foi en des êtres surnaturels ou en des forces abstraites douées de raison disparaît. Les mots doivent avoir une signification ; qu'ils la perdent, et ils cessent d'exprimer des sentiments.

« Oui », objectera peut-être quelque lecteur imbu d'idées capitalistes, et déconcerté, « oui, tout cela est bel et bien, mais a quel « titre » la société veut-elle donc accomplir toutes ces transformations ? » Au même titre qu'il en a toujours été lorsqu'il s'est agi de modifications et de réformes : le bien général. La source du droit n'est pas l'État, c'est la société ; l'État n'est que le commis auquel incombe la mission d'administrer et de distribuer le droit. La « société » n'a jamais été jusqu'ici qu'une faible minorité ; mais celle-ci a toujours agi au nom de toute la société, au nom du peuple, en se faisant passer pour la « société », de même que Louis XIV se donnait pour l'État en disant : « l'État, c'est moi ». Quand nos journaux disent : « la saison commence, la société se hâte de revenir à la ville », ou bien : « la saison touche à sa fin, la société part pour la campagne », ils n'entendent pas par là le peuple, mais les dix mille individus des classes supérieures, qui représentent la « société » de même qu'ils représentent l'« État ». La masse, c'est le plebs romain, la canaille, la vile multitude, le « peuple », en un mot. C'est en raison du même fait aussi que tout ce qui, dans l'histoire, a été entrepris par l'État et par la société, en vue du bien général, a constamment tourné au plus grand bien des classes dirigeantes, et c'est dans l'intérêt de celles-ci que les lois ont été faites et appliquées. « *Salus rei publicae suprema lex esto* » est une maxime bien connue du droit de l'ancienne Rome. Mais qui représentait la République romaine ? Les peuples asservis ? Les millions d'esclaves ? non ! C'était le petit nombre, tout à fait disproportionné, des citoyens romains, et, en première ligne, la noblesse romaine, qui se faisait nourrir par ceux qu'elle tenait sons son joug.

Quand la noblesse et les princes du Moyen-âge volaient le bien de la collectivité, ils le faisaient « de par la loi », dans « l'intérêt du bien général ». Quand la Révolution française expropria les biens de la noblesse et du clergé, elle le fit « au nom du bien général », et sept millions de petits propriétaires, les soutiens de la France bourgeoise moderne, ont trouvé là leur origine. Au nom du « bien général », l'Espagne mit à plusieurs reprises sous séquestre les propriétés de l'Église, et l'Italie les confisqua complètement, aux applaudissements des plus zélés défenseurs de la « propriété sacrée ». La noblesse anglaise a volé pendant des siècles le bien du peuple anglais et du peuple irlandais, et de 1804 à 1831, elle ne se fit pas donner légalement en propriété individuelle, « dans l'intérêt du bien général », moins de 3.511.710 acres de terres communales. Et quand, lors de la grande guerre esclavagiste de l'Amérique du Nord, on donna la liberté à des millions d'esclaves qui étaient bien la propriété acquise de leurs maîtres, sans indemniser ceux-ci, cela se fit encore « au nom du bien général ». Tout notre grand progrès bourgeois est une suite non-interrompue d'expropriations et de confiscations, où le fabricant absorbe l'ouvrier, le grand propriétaire le cultivateur, le grand négociant le petit marchand et enfin le capitaliste un autre capitaliste, c'est-à-dire le plus fort le plus faible. Et si nous écoutons notre bourgeoisie, tout cela est arrivé pour le mieux du « bien général », dans « l'intérêt de la société. » - Les Napoléon, au 18 Brumaire et au 2 Décembre, ont « sauvé » la « société », et la « société » leur en a fait compliment. Lorsque, dans un avenir prochain, la société se sauvera elle- même, elle accomplira son premier acte sensé, car elle ne travaillera pas dans le but d'opprimer les uns au profit des autres, mais pour donner à tous l'égalité dans les conditions de la vie, pour rendre possible à chacun une existence vraiment digne de l'être humain. C'est la mesure la plus moralement pure et la plus grandiose dont la société humaine ait jamais été l'objet.

Si nous considérons maintenant quel aspect l'application de cette

Chapitre II

mesure fera prendre aux choses, dans les différents domaines de l'activité humaine, il est de toute évidence qu'il ne saurait être question dans ce cas de poser de limites définies ni de règles inéluctables. Personne ne peut entrevoir aujourd'hui en détail ni a quel point les générations à venir trouveront leurs situations, ni de quelle façon elles pourront satisfaire d'une façon complète tous leurs besoins. Tous les éléments de la société, comme ceux de la nature, sont constamment en mouvement ; les uns vont., les autres viennent ce qui est vieux ou ce qui a péri est remplacé par du nouveau, ayant plus de vitalité. Il se fait une infinité d'inventions, de découvertes, de perfectionnements des genres les plus divers, qui commencent à fonctionner et qui, suivant leur importance, révolutionnent et bouleversent les conditions de la vie humaine et la société.

Il ne peut donc s'agir pour le moment que du développement de principes généraux dont la disposition ressort du passé lui-même et dont on peut jusqu'à un certain point entrevoir l'application. Si la société, loin d'être jusqu'à présent un être automatique, se laissant mener et diriger par des individus, encore qu'elle le parut si fréquemment, - « on croit faire aller les autres et ce sont eux qui vous font aller » -était au contraire un organisme dont le développement s'est fait suivant des lois immanentes et précises, toute direction, tout gouvernement dépendant de la volonté d'un seul doit être, tout d'abord, complètement supprimé dans l'avenir. La société a pénétré le secret de sa propre existence, elle a découvert les lois de son évolution ; elle les applique dès lors en connaissance de cause à son développement.

• • •

La société une fois en possession de tous les moyens de production, mais la satisfaction des besoins n'étant possible qu'avec l'apport d'un travail correspondant, et nul être valide et capable de travailler n'ayant le droit de demander qu'un autre travaille pour lui, la première loi, la loi fondamentale de la société socialisée, est que l'égalité dans le travail doit s'imposer à tous, sans distinction de sexe. L'allégation de certains de nos adversaires malveillants, qui prétendent que les socialistes ne veulent pas travailler et cherchent même autant que possible à supprimer le travail - ce qui est un non-sens -, se retourne contre eux-mêmes. Il ne peut y avoir de paresseux que là où d'autres travaillent pour eux. Ce bel état de choses existe à l'heure actuelle. et même presque exclusivement, au profit des adversaires les plus acharnés des socialistes. Ces derniers posent en principe : « Qui ne travaille pas ne doit pas manger ». Mais le travail ne doit pas être du travail seul, c'est-à-dire de la simple dépense d'activité : il doit être aussi du travail utile et productif. La société nouvelle demande donc que chacun prenne une fonction donnée, industrielle, professionnelle ou agricole, qui lui permette d'aider à créer la quantité de produits nécessaire à la satisfaction des besoins courants. Pas de jouissance sans travail, pas de travail sans jouissance.

Mais, dès lors que tous sont astreints au travail, tous ont aussi le même intérêt à réaliser dans celui-ci trois conditions : 1° qu'il soit modéré, ne surmène personne et ne s'étende pas trop en durée 2° qu'il soit aussi agréable et aussi varié que possible 3° qu'il soit rémunérateur autant qu'il se pourra, car de là dépend la mesure du bien-être.

Ces trois conditions dépendent du genre et de la quantité de forces productives disponibles et des exigences de la Société pour sa façon de vivre. Comme la société socialisée ne se forme pas dans le but de vivre à la façon des prolétaires, mais au contraire pour débarrasser la majeure partie des êtres humains du genre de vie prolétarien, et pour rendre accessible à chacun la plus grande mesure possible des agréments de l'existence, la question est de savoir quelle est la moyenne de ses exigences.

Pour établir ce point, il est nécessaire d'instituer une administration qui embrasse tout le champ d'action de la société. Chaque commune constitue, à ce point de vue, une base pratique, et là où les communes seront si étendues qu'il deviendra difficile d'en embrasser tous les détails, on les divisera en quartiers. Tous les habitants de la Commune ayant atteint leur majorité, sans distinction de sexe, prennent part aux élections communales et élisent les personnes de confiance qui ont à diriger l'administration. À la tête de toutes les administrations locales se trouve l'administration centrale qui, bien entendu, ne sera pas un gouvernement prépondérant, mais une administration simplement chargée de diriger les affaires. Cette administration centrale doit-elle être nommée directement par le suffrage universel, ou bien par les administrations communales ? Cela ne nous intéresse pas, personne m'ayant à se prononcer aujourd'hui sur ce point. On ne donnera qu'assez peu d'importance à des questions de ce genre, car il ne s'agit pas d'occuper des fonctions qui m'apportent des honneurs spéciaux, un grand pouvoir et des revenus élevés, mais seulement de postes de confiance pour lesquels on choisit les plus capables, hommes ou femmes, que l'on réélit ou que l'on remplace, suivant les volontés et les votes des électeurs. Ces postes ne peuvent être occupés par chacun que pendant un temps donné. Leurs titulaires ne peuvent donc avoir un caractère spécial d' « employés », car il manque aux postes qu'ils occupent la qualité de fonctions durables et la possibilité de l'avancement. Surtout, il n'y a pas d'ordre hiérarchique. En raison du point de vue où nous nous sommes déjà placés, il est indifférent de savoir si, entre les deux administrations centrale et locale, il doit s'établir des degrés intermédiaires tels que des administrations provinciales, par exemple. Si on les tient pour nécessaires, on les établira ; si elles sont inutiles, on les laissera de côté. Les nécessités pratiques en décideront. Les progrès réalisés dans la marche en avant auront-ils rendu superflues de vieilles organisations, on supprimera celles-ci sans tambour ni trompette et sans grand débat, puisqu'il n'y aura aucun intérêt personnel en jeu, et on en créera de nouvelles avec une égale facilité. On voit que ce genre d'administration diffère du tout au tout de celui d'aujourd'hui. Que de polémiques dans les journaux, que de luttes oratoires dans nos Parlements, que de dossiers amassés dans nos chancelleries pour la moindre réforme administrative !

L'essentiel est, alors, d'établir le chiffre et l'espèce des forces disponibles, le chiffre et l'espèce des moyens de production, des fabriques, des ateliers, des terres, etc. et leur capacité de rendement antérieure ; puis de calculer les approvisionnements et les besoins dans les divers genres d'objets de consommation, d'après les besoins moyens de la population. Pour toutes ces questions, la statistique joue donc le rôle essentiel ; elle devient la plus importante des sciences auxiliaires, parce qu'elle fournit la mesure de toute activité sociale.

La statistique est, dès à présent, largement appliquée à des buts analogues. Les budgets de l'Empire, de l'État, des Communes, sont basés sur un grand nombre de constatations statistiques annuellement relevées dans chacune des branches de l'administration. Une plus longue expérience et une certaine stabilité dans les besoins courants en rendront l'établissement plus facile. C'est ainsi que tout directeur d'une grande fabrique, tout commerçant, est on mesure, dans des circonstances normales, de déterminer exactement quels sont ses besoins pour le trimestre à venir et de quelle façon il doit régler sa production et ses achats. S'il ne se produit pas de changements d'un caractère excessif, il peut faire face aux uns et aux autres facilement et sans peine.

L'expérience de ce fait que les crises sont la conséquence d'une production aveugle, c'est-à-dire qu'elles sont dues à ce que l'on ne connaît ni les approvisionnements, ni le débit, ni les besoins dans les différents articles sur le marché du monde, a par exemple conduit depuis des années les producteurs de fer des différents pays à s'unir, à établir une statistique exacte de leur stock en magasin, des quantités qu'ils sont en mesure de fabriquer, de leur débit probable, et à fixer de la sorte combien chacune des usines doit, en ce qui la concerne, produire pendant les premiers mois à venir. Toute infraction à cette convention est tenue pour méprisable et frappée d'une peine conventionnelle élevée. Les patrons passent ces traités pour s'éviter tout dommage, mais sans songer à leurs ouvriers qui doivent travailler tantôt plus, tantôt moins longtemps. Le commerce possède de même, dès aujourd'hui, ses statistiques complètes. Chaque semaine les grands marchés et les ports fournissent le tableau de leurs approvisionnements en pétrole, café, coton, sucre, céréales, etc. ; ces statistiques, il est vrai, sont en grande partie inexactes, parce que les détenteurs de denrées ont souvent un intérêt personnel à ne pas laisser connaître la vérité. Mais, en général, elles touchent assez juste, et donnent à l'intéressé une idée de la façon dont se comportera le marché dans le laps de temps le plus proche. De même tous les États civilisés ont déjà commencé à établir des statistiques de leurs récoltes, et quand on sait combien de terre peut être ensemencée avec une quantité donnée de grain, on peut calculer le produit moyen de la récolte, et, d'après ce qu il restera de celle-ci, établir le prix du blé d'une façon à peu prés exacte.

Mais dès lors que, dans une société socialisée, l'étal de choses sera bien mieux ordonné, que tout marchera suivant un plan et un ordre déterminés, que la société entière sera organisée, il sera bien facile de dresser une échelle des divers besoins, et pour peu que quelque expérience soit une fois acquise, l'ensemble ira comme sur des roulettes.

En comparant les statistiques des besoins, établies suivant les circonstances et les diverses branches du travail, avec la capacité productrice actuelle de la société, on obtient la moyenne du temps qu'il faut consacrer chaque jour au travail pour satisfaire aux besoins de la société.

Chaque individu détermine lui-même l'occupation à laquelle il veut s'adonner ; le grand nombre des diverses branches de travail permet de tenir compte des vœux les plus différents. Se présente-t-il un excédent de bras dans une branche, un déficit dans une autre ? - c'est à l'administration, qu'il appartient de prendre des arrangements pour rétablit l'équilibre. À mesure que toutes les forces se mettront respectivement au travail, les rouages fonctionneront avec plus de facilité. Chaque corps de métier et ses ramifications élisent leurs ordonnateurs, à qui incombe la direction. Ce ne sont pas là des gardes-chiourmes, comme la plupart des inspecteurs et des conducteurs de travaux d'aujourd'hui, mais de simples compagnons qui exercent la fonction administrative dont on les charge, au lieu d'en remplir une productrice. Il n'est donc pas dit que, par suite des perfectionnements de l'organisation et de l'élévation du degré d'instruction de tous les membres de la Société, ces fonctions ne deviendront pas simplement alternatives, et que tous les participants ne les exerceront pas, sans différence de sexes, à tour de rôle et à des intervalles déterminés.

Il est de toute évidence que le travail organisé de la sorte, sur les bases d'une pleine liberté et de l'égalité la plus démocratique, chacun se portant garant de tous et tous de chacun, éveille les sentiments les plus élevés de solidarité, anime les cœurs d'un joyeux amour du travail, et fait naître une émulation telle qu'on ne saurait nulle part ni à aucun moment en trouver une semblable dans le système de production actuel.

En outre chaque individu et la collectivité elle-même, dès lors que chacun travaille pour tous et réciproquement, ont intérêt à ce que tout soit livré, non seulement le meilleur et le plus fini, mais encore le plus rapidement possible, soit pour économiser des heures de travail, soit pour gagner le temps nécessaire à la création de produits nouveaux destinés à satisfaire à des exigences plus élevées. Cela engage chacun à songer au perfectionnement, à la simplification, à l'accélération des procédés de travail. L'ambition de faire des inventions, des découvertes, sera excitée au plus haut degré, et ce sera à qui dépassera l'autre en propositions et en idées nouvelles.

Il se produit donc exactement le contraire de ce que les partisans de l'organisation bourgeoise prétendent en parlant du socialisme. Combien d'inventeurs le monde bourgeois a-t-il laissés aller à leur ruine ? Combien d'autres a-t-il exploités pour les laisser de côté ensuite. Si le talent et l'intelligence devaient tenir la tête dans le monde bourgeois, la plupart des patrons auraient à céder leur place à leurs ouvriers, contre-maîtres, techniciens, ingénieurs, etc. Ce sont eux qui, quatre-vingt dix-neuf fois sur cent, ont fait les inventions et les découvertes, créé les perfectionnements que l'homme qui a de gros sacs d'écus a ensuite exploités. Il est impossible de calculer le nombre des inventeurs et des auteurs de découvertes qui se sont perdus faute d'avoir trouvé l'homme qui leur eût donné les moyens d'application ; combien d'autres encore ont été ou seront étouffés en germe, sous le poids de la misère sociale et de la lutte pour le pain quotidien. Ce ne sont pas les gens à l'esprit lucide et pénétrant, mais ceux qui ont de gros moyens, qui sont les maîtres du monde ; ce qui ne veut pas dire que, de temps à autre, l'intelligence et la bourse ne peuvent pas se trouver réunies chez une seule personne. L'exception confirme la règle.

D'autre part, chacun peut voir, dans la pratique de la vie, avec quelle méfiance le travailleur accueille aujourd'hui l'introduction de tout perfectionnement, l'adoption de toute invention nouvelle. Il a pleinement raison. Ce n'est pas lui qui en a l'avantage, c'est son patron ; il a tout lieu de craindre que la machine nouvelle, que le perfectionnement introduit, ne le jette sur le pavé comme superflu. Au lieu de donner une adhésion joyeuse à une invention qui fait honneur à l'humanité et qui doit produire des avantages, il ne lui monte aux lèvres que malédiction et blasphème. C'est là le résultat naturel de l'antagonisme des intérêts.

Cet état de choses disparaît entièrement dans la société socialisée. Chacun y déploie ses facultés pour en tirer un profit personnel, mais en même temps il en fait profiter aussi la collectivité. À l'heure actuelle, l'égoïsme personnel et le bien général sont deux termes contraires qui s'excluent l'un l'autre ; dans la société nouvelle, cette contradiction disparaît ; l'égoïsme individuel et le bien général sont en harmonie et identiques.

La puissante action d'un pareil état moral est évidente. Le rendement du travail grandira considérablement et cela permettra de satisfaire les besoins plus élevés.

Mais il faut aussi que le travail devienne toujours de plus en plus agréable. Pour cela il faut construire de beaux ateliers, installés d'une façon pratique, mettre le plus possible l'ouvrier à l'abri de tout danger, supprimer les odeurs désagréables, les vapeurs, la fumée, on un mot tout ce qui peut causer du malaise ou de la fatigue.

Au début, la société nouvelle produira avec ses anciennes ressources et le vieil outillage dont elle aura pris possession. Mais, si perfectionnés qu'ils paraissent, ceux-ci seront insuffisants pour le nouvel ordre de choses. Un grand nombre d'ateliers, de machines, d'outils disséminés et à tous égards insuffisants, depuis les plus primitifs jusqu'aux plus perfectionnés, ne seront plus en rapport ni avec le nombre des individus qui demanderont du travail, ni avec ce qu'ils exigeront d'agrément et de commodité.

Ce qui s'impose donc de la façon la plus urgente, c'est la création d'un grand nombre d'ateliers vastes, bien éclairés, bien aérés, installés de la façon la plus parfaite, et bien décorés. L'art, la science, l'imagination, l'habileté manuelle trouveront ainsi un vaste champ ouvert à leur activité. Tous les métiers qui ont trait à la construction des machines, à la fabrication des outils, à l'architecture, tous ceux qui touchent à l'aménagement intérieur pourront se donner largement carrière. On mettra en application tout ce que l'esprit d'invention de l'homme a pu trouver de plus commode et de plus agréable au point de vue du bâtiment, de la ventilation, de l'éclairage et du chauffage, de l'installation technique, de l'outillage, de la propreté. La concentration convenable de tous les ateliers sur des points déterminés aura pour résultat d'économiser la force motrice, le chauffage, l'éclairage, le temps, et de rendre le travail et l'existence agréables. Les logements seront séparés des ateliers et débarrassés de tous les inconvénients du travail industriel et professionnel. Ces inconvénients seront du reste réduits à leur minimum ou disparaîtront même, d'urne façon complète, grâce à des dispositions pratiques et à des mesures de tout genre. Dès à présent la science a les moyens de mettre les professions les plus dangereuses, celle de mineur par exemple, à l'abri de tout danger. De même, il n'est pas douteux que les inconvénients qui sont aujourd'hui inhérents au travail des usines pourront être supprimés au moyen d'un système d'exploitation tout différent, grâce à une ventilation, à un éclairage puissants, par une diminution considérable des heures de travail, en changeant fréquemment les équipes, etc. La chimie et la science technique permettent même déjà de supprimer dès à présent les incommodités de la poussière, de la fumée, de l'obscurité et des mauvaises odeurs. Les chantiers de l'avenir, où qu'ils se trouvent, sur ou sous terre, différeront de ceux d'aujourd'hui commue le jour et la nuit. Mais, pour l'exploitation privée telle qu'elle existe aujourd'hui, toutes ces installations sont, avant tout, une question d'argent ; on se demande d'abord si l'affaire qu'on exploite peut en supporter les frais, et s'il doit en sortir un bénéfice. Si leur adoption ne se traduit pas par une augmentation de revenu, que le travailleur périsse. Le capital n'entre pas en jeu là où il n'y a pas de profit à retirer. L'humanité n'a pas cours à la Bourse.

Il n'y a pas de branche de l'exploitation bourgeoise où l'on joue aussi ouvertement avec la vie humaine, au grand profit du coffre-fort, que dans la navigation et dans le commerce maritime. Vers 1870, le monde épouvanté apprit, par les indiscrétions de l'anglais Plimsoll, comme nous l'avons mentionné déjà, l'effroyable manque de conscience des capitalistes de la Grande-Bretagne. On fut indigné, terrifié, et pourtant il en va partout de même. Les capitalistes anglais ne sont pas les seuls qui s'entendent à faire des bénéfices et qui se moquent comme de l'an quarante de leur conscience, à la place de laquelle ils ont un pavé [1]. Et

1 « Le capital, dit le Quaterly Reviewer, évite le tumulte et le bruit, il est de nature peureuse ». Cela est très vrai, mais ce n'est pas toute la vérité. Le capital a horreur du manque ou de l'insuffisance de profits comme la nature a horreur du vide. Il devient hardi dans la mesure où le bénéfice s'accroît. Avec dix pour cent assurés, on

qu'a donc fait jusqu'ici l'État, dans cet ordre d'idées ? Il établit des bouées et des phares à quelques-uns des endroits les plus dangereux, à l'embouchure des fleuves ou à l'entrée des ports, mais il ne s'occupe pas le moins du monde du reste de la côte ; il abandonne cela à l'initiative privée ; celle-ci a fondé un certain nombre de postes de secours quI ont déjà sauvé bien des vies humaines. Mais ces mesures de précaution, beaucoup trop insuffisantes, ne s'étendent qu'à une partie relativement minime des côtes. il a été fait beaucoup moins encore contre les dangers de la navigation en haute mer. Il suffit de jeter un regard sur nos navires d'émigration pour nous édifier. De mauvais navires qui, une fois bondés, transportent de 1.000 à 1.300 passagers, ont pour embarcations de sauvetage des coquilles de noix qui, à elles toutes, contiendraient au plus 200 à 250 personnes, c'est-à-dire, les choses étant au mieux, le quart ou le cinquième des passagers. Encore faut-il réussir à les détacher à temps et pouvoir les garnir avec ordre, toutes choses impossibles dans la plupart des catastrophes. Aux trois quarts et même aux quatre cinquièmes des passagers on assigne ce que l'on appelle des ceintures de sauvetage, qui peuvent tout au plus les soutenir sur l'eau pendant quelques heures, s'ils ne meurent pas dans l'intervalle. Un malheur survenant la nuit enlève à ces engins toute leur utilité. Il en est de même en cas de sinistre de jour, si le hasard n'amène pas, dès les premières heures, un navire à proximité, car un bâtiment éloigné n'aperçoit pas plus les têtes des naufragés surnageant qu'un homme placé à l'embouchure du Rhin ne découvrirait quatre ou cinq cents bouchons de liège qu'on aurait jetés dans le fleuve du haut du pont de Cologne. Dans ces conditions, l'appareil de sauvetage devient simplement un moyen de prolonger une épouvantable agonie. Qu'il se produise des catastrophes comme le naufrage de la Cymbria en 1883, et alors le monde entier jette les hauts cris, de toutes parts on demande qu'il soit mis ordre à un semblable état de choses, qu'il soit pris des mesures pour éviter le retour de pareils sinistres. On n'applique pas un remède que l'on a pourtant sous la main et qui consisterait à prescrire par les voies légales qu'aucun bâtiment ne pourra prendre plus de passagers qu'il ne serait en mesure d'en mettre commodément en sûreté dans ses embarcations de sauvetage, en cas de besoin. Donc, ou

peut l'employer partout ; à 20 % il s'anime ; à 50 % il devient audacieux ; à 100 % il piétine toutes les lois humaines ; à 300 %, il n'y a pas de crime qu'il ne risque, même au prix de la potence. Si le tumulte et l'émeute doivent produire un bénéfice, il les encouragera aussi bien l'un que l'autre (Karl Marx, Le capital, 2e édition Note 250).

Auguste Bebel

bien le chiffre des passagers devra être considérablement réduit, ou bien les dimensions du navire devront être augmentées en vue de faire place à un plus grand nombre d'embarcations de sauvetage. Le plus puissant des intérêts, l'intérêt capitaliste, s'oppose à l'une et à l'autre solution. La navigation cesserait d'être lucrative, et c'est pour cela que la société bourgeoise n'entrera certainement pas dans cette voie. Il est évident qu'à côté de cela il y aurait à prendre d'autres dispositions encore. C'est là un terrain sur lequel la future union solidaire de toutes les nations civilisées obtiendra les résultats les plus considérables.

La question de lucre cesse de jouer un rôle dans la société socialisée, qui n'a à prendre en considération que le bien-être de ses membres. Ce qui est utile à ceux-ci, ce qui les protège, on l'adopte ; ce qui leur est nuisible, on le supprime, et il est certain que personne ne sera obligé à se mettre de force à un jeu dangereux. Là où on entreprendra des travaux qui donneront des dangers à prévoir, il y aura toujours des volontaires en masse, d'autant plus qu'il ne pourra jamais s'agir d'entreprises destinées à détruire la civilisation, mais au contraire à la hâter.

En employant en grand la force motrice, les machines et les outils les plus perfectionnés, en répartissant le travail dans ses moindres détails et en combinant avec habileté les forces productrices, le rendement atteindra un tel degré que pour produire la quantité de choses nécessaires à l'existence, on pourra réduire notablement les heures de travail. Le capitaliste augmente la journée de travail partout où il le peut, même en temps de crise, pour pouvoir vendre meilleur marché son produit sur lequel il obtient une plus-value en pressurant le travailleur. Dans la société socialisée, chacun profite des avantages qui ressortent de l'élévation de la production ; sa part du produit augmente et la durée fixe du temps pendant lequel la société a le droit de disposer de lui diminue.

Parmi les forces motrices qu'il y aura lieu d'utiliser, l'électricité prendra dans l'avenir, selon toute apparence, une place de premier ordre et prépondérante. Déjà la société bourgeoise est partout occupée à en tirer pour elle une application féconde. Plus ce fait se produira dans une mesure plus large et plus parfaite, et mieux cela vaudra. L'action révolutionnaire de cette force, la plus puissante de toutes celles de la nature, n'en fera sauter que plus tôt les liens du monde bourgeois pour ouvrir la porte au socialisme. Mais cette force naturelle n'atteindra son maximum d'utilisation et d'application que dans la société socialisée. Si les espérances qu'elle a fait naître dès aujourd'hui se réalisent - et il n'y a pas à en douter le moins du monde - elle aidera dans une mesure extraordinaire à l'amélioration des conditions de la vie dans la société humaine. L'électricité se signale en première ligne, avant toute autre force motrice, par cette propriété qu'elle n'a pas besoin d'être d'abord fabriquée, comme le gaz, la vapeur et l'air chaud, mais qu'elle se trouve en abondance dans la nature même. Tous nos cours d'eau, le flux et le reflux de la mer, le vent, convenablement utilisés, fournissent d'innombrables chevaux-vapeur. La découverte des batteries Faure a déjà prouvé qu'on peut accumuler et conserver, pour tel endroit et telle époque qu'il vous plaît, de grandes quantités de forces qui, comme les marées, le vent, les torrents, ne se produisent qu'à certains intervalles périodiques. Mais toutes ces inventions, toutes ces découvertes, ne sont encore que des embryons dont on peut bien soupçonner, mais non prédire tout le développement futur.

C'est ainsi que nous voyons s'ouvrir pour l'avenir des perspectives d'après lesquelles la bonne qualité, la quantité, la variété des produits iront en grandissant dans une énorme mesure, et les agréments de la vie se multiplieront pour les générations futures.

Le besoin de liberté dans le choix et le changement d'occupation est profondément enraciné dans la nature humaine. Il en est d'un travail donné, tournant chaque jour dans le même cercle, comme d'un mets dont le retour constant, régulier, sans changement, finit par le faire paraître répugnant ; l'activité s'émousse et s'endort. L'homme accomplit machinalement sa tâche, sans entrain et sans goût. Et pourtant il existe chez tout homme une foule d'aptitudes et d'instincts qu'il suffit d'éveiller et de développer pour produire les plus beaux résultats et pour faire de lui un homme vraiment complet. La socialisation de la société, comme nous le verrons plus loin, fournit largement l'occasion de satisfaire ce besoin de variété dans le travail. L'augmentation considérable des forces productrices, unie a une simplification toujours plus parfaite du système de travail, permet d'abord de diminuer sensiblement la durée de celui-ci et en outre d'acquérir plus facilement le tour de main et la dextérité pratiques.

Le vieux système d'apprentissage a, dès aujourd'hui, fait son temps, et n'est plus applicable que dans des formes arriérées et surannées de production, telles que les représente par exemple la petite industrie manuelle. Mais celle-ci devant disparaître dans la nouvelle société, ses institutions et ses formes se perdront avec elle, pour faire place à d'autres. Dès à présent, chaque fabrique nous montre combien elle renferme peu d'ouvriers exerçant encore manuellement le métier qu'ils ont appris. Les ouvriers appartiennent aux métiers les plus différents, les plus hétérogènes ; il faut peu de temps pour les rompre à n'importe quel genre de travail et, bien entendu, en raison du système actuel, avec une journée de travail démesurée, sans aucune variété, sans que l'on tienne compte de leurs dispositions personnelles, ils finissent par devenir, auprès de la machine, une machine eux-mêmes [1]. Cet état de choses disparaît dans une organisation transformée. Il reste du temps en masse pour les travaux délicats et pour les essais artistiques. De vastes ateliers d'apprentissage installés avec le plus grand confort et dans toute la perfection technique aideront les jeunes et les vieux à apprendre chaque métier et les y amèneront comme en se jouant. Des laboratoires de physique et de chimie, en rapport avec tout ce qu'exigera l'état actuel de ces deux sciences, seront à leur disposition et ne fourniront pas moins de ressources à ceux qui voudront s'instruire. Alors seulement on verra quel monde de capacités et d'intelligences le système capitaliste a étouffés en germe ou n'a laissé arriver qu'à un développement informe [2].

---

1 « En Angleterre, comme dans la plupart des autres pays, la masse des travailleurs a si peu le droit de choisir librement ses occupations et sa résidence ; elle est, dans la pratique, sous une telle dépendance de règlements fixes et de la volonté d'autrui, qu'il ne saurait en être de même dans aucun autre système, sauf le véritable esclavage » (John Stuart Mill).

2 Un ouvrier français, rentrant de San-Francisco dans son pays, écrit : « Je n'aurais jamais cru que je serais capable d'exercer tous les métiers que j'ai faits en Californie. J'étais fermement convaincu qu'en dehors de l'imprimerie je n'étais bon à rien... Une fois au milieu de tout ce monde d'aventuriers qui changent de métier plus souvent que de chemise, ma foi, j'ai fait comme les autres. L'affaire du travail des mines ne se montrant pas assez lucrative, je l'abandonnai et m'en fus à la ville, où je devins successivement typographe, couvreur, tondeur, etc. Ayant ainsi appris à être apte à tout faire, je me sens moins être un mollusque, et davantage un homme (Karl Marx : « Le capital »).

Il n'y a donc pas seulement possibilité de donner satisfaction au besoin de variété dans le travail, mais c'est encore le devoir de la société de réaliser cette satisfaction pour tous, parce que c'est là-dessus que repose le développement harmonique de l'être humain. Petit à petit disparaîtront les caractères professionnels des physionomies que présente aujourd'hui notre société, - que la « profession » consiste en fonctions uniques, définies, de n'importe quel genre, ou en débauches, paresse et fainéantise. Combien peu d'individus sont aujourd'hui en état de varier ainsi leurs occupations, ou les varient effectivement ! Par ci par là, en raison de conditions et d'organisations particulières, nous trouvons quelques privilégiés qui peuvent se soustraire à la monotonie du métier quotidien et qui, ayant payé leur tribut au travail physique, cherchent leur récréation dans des travaux intellectuels. Réciproquement, nous trouvons de temps à autre des travailleurs intellectuels qui s'adonnent à l'exercice physique et s'occupent de travaux manuels, de jardinage, etc. Il n'y a pas un hygiéniste qui ne reconnaisse ce qu'a de fortifiant l'alternance de l'activité entre le physique et le moral, lorsqu'on l'applique dans une mesure correspondant aux forces de chacun ; elle seule est conforme à la nature.

Donc, la société future possédera, en quantités innombrables, des savants et des artistes de tout genre, qui emploieront activement une certaine partie de la journée à un travail physique et qui, le reste du temps, cultiveront les arts et les sciences selon leurs goûts [1].

En même temps disparaîtra la contradiction qui existe aujourd'hui entre le travail intellectuel et le travail manuel, contradiction que les classes dirigeantes ont fait tout leur possible pour renforcer, dans le but de faire paraître comme privilégié le travail intellectuel qui leur échoit principalement en leur qualité de classes dirigeantes et prépondérantes.

1 Ce que peuvent devenir les hommes dans des conditions de développement favorables, nous le voyons par l'exemple de Léonard de Vinci, qui fut à la fois peintre éminent, habile sculpteur, architecte et ingénieur recherché, constructeur militaire remarquable, musicien et improvisateur. Benvenuto Cellini était un orfèvre renommé, un modeleur remarquable, un bon sculpteur, un ingénieur militaire reconnu, un excellent soldat et un habile musicien. On peut dire sans exagération, que la plupart des hommes ont un métier qui n'est pas en rapport avec leurs aptitudes, parce que ce n'est pas leur propre volonté, mais la force des circonstances qui leur a tracé leur voie. Plus d'un mauvais professeur eût rendu de grands services comme cordonnier, et plus d'un cordonnier habile eût pu être également un bon professeur.

Auguste Bebel

De ce que nous avons dit jusqu'ici il ressort que, dans la société nouvelle, les époques de crise et de chômage seront impossibles. Nous avons vu que les crises naissent de ce fait que la production individualiste et capitaliste, excitée par l'appât du profit personnel et prenant celui-ci pour mesure sans être en état de saisir les choses dans leur ensemble, détermine l'encombrement du marché, la surproduction. Le caractère de marchandises que revêtent les produits du travail capitalistique fait dépendre leur consommation des moyens de l'acheteur. Mais ces moyens sont très limités pour l'immense majorité de la population, dont le travail n'est rétribué qu'au-dessous de sa valeur, et qui ne trouve pas d'occupation lorsque l'employeur ne peut pas cri tirer de bénéfice. La faculté d'acheter et celle de consommer sont donc deux choses distinctes. Des millions d'êtres ont besoin de vêtements neufs, de souliers, de meubles, de linge, de vivres et de boisson, mais ils n'ont pas d'argent, et de la sorte leurs besoins, c'est-à-dire leur faculté de consommation, ne peuvent être satisfaits. Le marché est encombré, et la masse meurt de faim ; celle-ci veut travailler, mais elle ne trouve personne pour acheter son travail, parce que le capitaliste trouve qu'il n'y a rien à y « gagner ». Meurs, canaille, dégrade-toi, deviens vagabond, criminel moi, l'homme aux écus, je n'y puis rien changer. Et l'homme, a sa manière, a raison.

Dans la société nouvelle, cette contradiction disparaît. La société nouvelle ne produit pas de « marchandises » pour « acheter » et pour « vendre », mais des choses nécessaires à l'existence, qui doivent être utilisées, consommées, et qui n'ont pas d'autre but. Dans le nouvel ordre de choses, ce ne sont donc pas les moyens de l'acheteur isolé qui limitent la production, mais c'est la faculté productrice de la collectivité. Que l'on ait le temps et les moyens de travailler, et tous les besoins pourront être satisfaits la faculté de consommation de la société n'aura d'autre limite que... la satiété.

Dès lors que, dans la société nouvelle, les « marchandises » n'existent pas, il n'y a pas non plus d' « argent ». L'argent est l'opposé de la marchandise, et cependant il en redevient une à son tour il constitue pour la société actuelle la forme équivalente de toutes les autres. Cependant la société nouvelle ne produit pas de marchandises, mais uniquement des objets nécessaires, des choses destinées à l'usage, dont la fabrication exige une certaine quantité d'heures de travail social. Le temps nécessaire pour produire un objet est donc la seule mesure à laquelle celui-ci doive être évalué en tant que valeur usuelle sociale. Dix minutes de travail social à un objet s'échangent contre dix minutes de travail social à un autre, ni plus ni moins. Car la société n'entend pas « gagner », elle veut simplement opérer un échange d'objets de même qualité, de même valeur usuelle, entre ses membres. Trouve-t-elle par exemple qu'il faut un travail quotidien de trois heures pour produire tout ce qui lui est nécessaire ? elle établit la journée de travail de trois heures. Si la société augmente en nombre, si les méthodes de production se perfectionnent au point que le nécessaire puisse être produit en deux heures, elle fixe à ce taux la durée de la journée de travail. Mais si, par contre, la collectivité demande à satisfaire des besoins d'un ordre plus élevé auxquels elle ne peut suffire ni par son propre accroissement ni par le développement de la productivité, en un temps de travail de deux ou trois heures, c'est la journée de quatre heures qu'elle établira. Son plus grand bonheur sera de faire sa volonté.

Il est facile de calculer combien la production de chaque objet exige de travail social [1].On en déduit le rapport entre cette fraction de la durée du travail et la durée entière. Un certificat quelconque, un bout de papier imprimé, un fragment d'or ou de fer-blanc, constatera le temps de travail fourni et mettra l'intéressé en mesure d'échanger ces marques contre les objets de tout genre dont il aura besoin. S'il trouve

1 La quantité de travail social ra laquelle correspond un produit n'a pas besoin d'être établie par des tâtonnements, l'expérience journalière montre directement combien il en faut en moyenne. La société peut calculer d'une façon très simple combien d'heures de travail il y a dans une machine à vapeur, dans un hectolitre de froment de la dernière récolte, dans cent mètres carrés de toile d'une qualité déterminée. Il ne peut donc lui venir à l'idée d'exprimer encore la quantité de travail consacrée à un produit, quantité qu'elle connaît déjà d'une façon précise et absolue, un une mesure purement relative, variable, insuffisante, employée jadis comme un expédient inévitable, bref en un troisième produit, au lieu de l'exprimer simplement par sa mesure naturelle, adéquate, absolue, le besoin… Il lui faudra établir son plan de production d'après ses moyens, dont font partie tout spécialement les bras dont elle dispose. Les effets utiles des différents objets nécessaires, comparés entre eux et avec la quantité de travail qu'ils auront coûtée, donneront finalement la marche à suivre. Les gens s'arrangeront d'une façon très simple pour tout cela, sans faire intervenir ce terme de « valeur », tant vanté (Fr. Engels « La Révolution de la science », de M. Eugène Dühring)

Auguste Bebel

que ses besoins sont inférieurs à ce qu'il aura reçu en échange de son travail, il travaillera pendant un temps proportionnellement moindre. S'il lui plaît de faire cadeau de ce dont il n'aura pas fait usage, nul ne l'en empêchera s'il veut bénévolement travailler pour un autre afin que celui-ci puisse se livrer aux douceurs du farniente, et partager avec lui le produit de son labeur, il pourra le faire s'il veut être assez bête pour cela. Mais nul ne peut le forcer à travailler pour un autre, nul ne peut lui retenir une partie de ce à quoi il a droit en échange du travail qu'il a fourni. Si la fabrication d'un vêtement de drap fin coûte 20 heures de travail social, et s'il ne veut y mettre que 18 heures, il en aura un à ce prix. Et ainsi de suite. On le voit, chacun pourra tenir compte de ses vœux et de ses désirs réalisables, mais jamais aux dépens des autres. Il reçoit ce qu'il donne à la société ni plus, ni moins.

J'entends qu'on me demande : « Et que devient la différence entre les paresseux et les laborieux, entre les intelligents et les sots ? » De différence, il n'y en aura pas, car ce que nous entendons aujourd'hui par ces motions n'existera plus. Il en est de la récompense du travailleur zélé et du châtiment du paresseux dans la société actuelle exactement comme de la place que tient l'intelligence dans l'échelle sociale. La société ne traite de « fainéant » que celui qui, chassé malgré lui du travail, et forcé au vagabondage, finit par devenir un vagabond, ou celui qui, grandi sous l'influence d'une mauvaise éducation, s'est dégradé. Mais appeler « fainéant » celui qui a de l'argent et qui tue le temps dans la paresse et dans la débauche, ce serait lui faire la plus grave injure, car celui-là est un brave homme, digne de toute estime. Et ce qu'il en est de la place que tient l'intelligence dans la société actuelle, nous l'avons montré déjà.

Comment se passeront maintenant les choses clans la société libre ? Dès lors que tous auront, dans des conditions de travail absolument égales, une fonction dans la société, et que chacun agira dans le milieu où ses aptitudes et son habileté l'auront placé, il est clair que les différences dans les services rendus seront très faibles [1]. Toute l'atmosphère morale de la société, qui pousse chacun à surpasser l'autre, tend à niveler ces

---

1 En thèse générale, toue les êtres humains bien organisés naissent avec une intelligence à peu près égale, mais l'éducation, les lois et les circonstances, créent des différences entre eux. L'intérêt personnel bien compris se confond avec l'intérêt commun ou l'intérêt public (Helvetius : « De l'homme et de son éducation »).

différences. Un individu sent-il qu'il lui est impossible, dans tel métier, de rendre les mêmes services que ses camarades, il s'en choisit un autre, plus en rapport avec ses forces et ses aptitudes ; de quel droit, dans ces conditions, quelqu'un demanderait-il à. prendre le pas sur les autres ? Si la nature s'est conduite en marâtre à l'égard d'un homme, au point qu'avec la meilleure volonté du monde il ne puisse pas se rendre utile au même degré que les autres, la société ne saurait le punir de défauts dont la nature est seule coupable. Si, inversement, un individu a reçu de la nature des capacités qui le placent au-dessus de ses congénères, la société n'est pas tenue de récompenser ce qui n'est pas son mérite personnel.

Lorsque Gœthe, dans un voyage sur le Rhin, étudia le Dôme de Cologne, il découvrit dans les anciens devis de construction que les architectes du vieux temps ne payaient tous leurs ouvriers qu'à la journée, parce qu'ils tenaient à ce qu'on leur fit de bonne et consciencieuse besogne. Il était réservé à la société bourgeoise, qui achète la main-d'œuvre comme une marchandise, de laisser les ouvriers se déprécier réciproquement par le travail à la tâche. Elle introduisit le système du payement aux pièces, qui force les travailleurs à se dépasser les uns les autres, pour pouvoir de la sorte mieux régulariser la dépréciation, la diminution des salaires.

Il en est de la production du travail dit intellectuel comme de celle du travail matériel. Chaque individu est le produit du temps et du milieu dans lesquels il vit. Un Gœthe - pour en rester à cet exemple -, né dans les mêmes conditions favorables à son développement au IVème siècle et non au XVIIIème, serait devenu, au lieu d'un poète illustre et d'un observateur de la nature, un grand Père de l'Église, qui eût peut-être relégué dans l'ombre Saint Augustin. Gœthe, venu au monde au XVIIIème siècle comme fils d'un pauvre cordonnier de Francfort au lieu d'être celui d'un riche patricien, ne serait pas devenu ministre du grand-duc de Weimar, mais aurait très probablement conservé la profession paternelle et serait mort dans la peau d'un honorable maître cordonnier. Si Napoléon Ier était né dix ans plus tard, il ne serait jamais devenu empereur des Français. Placez l'enfant, bien doué, de parents intelligents parmi des sauvages et il deviendra un sauvage, quand bien même un sauvage intelligent. Donc, quoi que soit un homme, c'est toujours la société qui l'a fait. Les idées ne sont pas le produit de rien, ou celui d'une inspiration d'en haut pénétrant le cerveau d'un individu, mais un produit engendré dans le cerveau par la vie et l'activité sociales, par l'esprit du temps. Un Aristote ne pouvait avoir les idées d'un Darwin, et un Darwin devait nécessairement penser autrement qu'un Aristote. Chacun pense suivant ce que l'esprit du temps et son entourage l'obligent à penser. De là ce fait que souvent des individus différents ont une seule et même pensée simultanée, et qu'une seule et même invention ou découverte se fait en même temps sur des points fort distants les uns des autres. De là ce fait encore qu'une idée qui, émise cinquante ans plus tôt, a laissé le monde indifférent, reprise sous une forme identique cinquante ans plus tard, remue l'univers entiers. L'empereur Sigismond a pu, en 1415, oser violer la parole donnée a Jean Hüss et le faire brûler vif à Constance ; Charles VI, bien que fanatique beaucoup plus exalté, dut laisser en 1521 Luther quitter tranquillement l'assemblée de Worms. Les idées sont donc le produit des efforts sociaux combinés, de la vie sociale elle-même. Sans société moderne, il n'y aurait pas d'idées modernes. Cela est clair et saute aux yeux. Il s'ajoute encore à l'avantage de la société nouvelle que les moyens dont chacun dispose pour se perfectionner sont la propriété de la Société et que celle-ci ne peut en conséquence être tenue d'honorer particulièrement ce qu'elle a seule rendu possible, ce qui est son propre produit.

Il en est de même en ce qui concerne les diverses qualifications données au travail physique et au travail dit intellectuel. Il en ressort encore qu'il ne peut pas exister de différence entre tel travail manuel « supérieur » et tel autre « inférieur », comme par exemple un mécanicien d'aujourd'hui se croit infiniment plus haut placé qu'un journalier, un terrassier ou d'autres ouvriers de ce genre. Dès lors que la société n'exécute que le travail socialement nécessaire, tout travail qui a cette qualité revêt à ses yeux une valeur égale. S'il se trouve des travaux désagréables, répugnants, qui ne puissent être respectivement accomplis ni à l'aide de la physique ni à l'aide de la chimie, s'il n'y a aucun moyen de les transformer en travaux agréables - ce qui est à peine douteux - et si la main d'œuvre nécessaire fait défaut, alors intervient pour chacun le devoir de s'y prêter toutes les fois que viendra son tour de rôle. Il n'y aura là aucune fausse honte, aucun sot mépris d'un travail utile. Des sentiments de ce genre ne sont possibles que dans notre

État de frelons où ne rien faire est considéré comme un lot enviable, où le travailleur est d'autant plus méprisé que la besogne qu'il fait est plus rude, plus pénible, plus désagréable et plus nécessaire à la société. On peut même admettre qu'aujourd'hui le travail est d'autant moins rétribué qu'il est plus désagréable. Cela tient à ce que, en raison de la révolution constante qui se manifeste dans la marché de la production, une foule de travailleurs superflus sont déjà sur le pavé comme armée de réserve et se livrent aux travaux les plus vils pour assurer leur existence ; c'est pour cela que l'introduction du machinisme elle-même devient improductive pour le monde bourgeois. C'est ainsi que casser des cailloux est déjà proverbialement un des métiers les plus désagréables et les moins rétribués. Il serait pourtant facile d'effectuer le cassage des cailloux au moyen de machines, comme cela se fait dans l'Amérique du Nord, mais mous avons une telle masse de main-d'œuvre à si bon marché que la machine ne « rapporterait » pas [1]. Tout bien considéré, un travailleur qui déblaie des cloaques pour préserver l'humanité de leurs miasmes délétères, est un membre très utile de la société, tandis qu'un professeur qui enseigne une histoire falsifiée dans l'intérêt des classes dirigeantes, ou un théologien qui cherche à brouiller les cervelles avec ses théories surnaturelles et transcendantes, sont des individus <u>extrêmement nuisibles</u> et dangereux.

1 « Si l'on avait à choisir entre le communisme, avec toutes ses chances, et l'état actuel de la société, avec toutes ses souffrances et ses injustices ; si l'institution de la propriété particulière entraînait nécessairement avec elle cette conséquence, que le produit du travail fût réparti, ainsi que nous le voyons aujourd'hui, presque toujours en raison inverse du travail accompli, la meilleure part échéant à ceux qui n'ont pas travaillé, puis à ceux dont le travail est presque toujours nominal, et ainsi de suite, d'après une échelle descendante, la rémunération diminuant à mesure que le travail devient plus pénible et plus rebutant, jusqu'au point où, en retour d'une tâche qui épuise ses forces, l'homme ne peut obtenir avec assurance les moyens de les réparer et les premières nécessités de la vie ; s'il n'y avait d'alternative qu'entre cet état de choses et le communisme, - toutes les difficultés du communisme, grandes ou petites, ne seraient qu'on grain de poussière dans la balance » (John Stuart Mill : « Économie politique »). Mill s'est, de bonne foi, donné beaucoup de mal pour « réformer » le monde bourgeois et lui faire entendre raison. En pure perte, naturellement. Et c'est ainsi qu'il a fini par devenir socialiste comme tout homme judicieux, connaissant le fond des choser. Mais il n'a pas osé le reconnaître de son vivant ; il a attendu jusqu'après sa mort, moment où son autobiographie fut publiée avec va profession de foi socialiste. Il en fut de lui comme de Darwin, qui ne voulut pas être tenu pour athée tant qu'il vécut. C'est là la comédie que la société bourgeoise contraint des milliers d'hommes à jouer. La bourgeoisie feint de croire au loyalisme, à la religion et à l'autorité, parce que c'est là-dessus que repose une partie de son pouvoir.

Auguste Bebel

Nos fonctionnaires et dignitaires actuels de la science représentent en majeure partie une corporation destinée - étant payée pour cela - à défendre, sous l'autorité du savoir, la suprématie des classes dirigeantes, à la faire apparaître comme juste, bonne, nécessaire, et à soutenir les préjugés actuels. C'est là faire de la science rétrograde, empoisonner les cerveaux, accomplir une besogne, anti-civilisatrice, travailler en mercenaire intellectuel, dans l'intérêt de la bourgeoisie et de ses clients [1]. Un état social qui rendra impossible l'existence ultérieure d'une pareille corporation privilégiée accomplira un acte d'émancipation pour l'humanité.

D'autre part, la véritable science est fréquemment liée à un travail désagréable et répugnant, par exemple lorsqu'un médecin dissèque des cadavres en putréfaction ou opère des membres purulents, ou quand un chimiste fait des expériences sur des excréments. Nous voyons ainsi que les travaux les plus dégoûtants peuvent souvent être les plus utiles et que. l'idée d'agrément ou de répugnance que nous nous faisons du travail est, comme tant d'autres conceptions de notre monde actuel, une idée fausse, superficielle, et qui ne tient qu'à des considérations extérieures.

· · ·

Dès que le travail total de la société aura été placé sur les bases que nous avons esquissées, il ne produira plus de « marchandises » mais simplement les choses usuelles nécessaires aux besoins directs de la collectivité. Par le même fait prendra fin le commerce en général, qui n'a de signification que dans une société reposant sur la production de denrées destinées au négoce. Cela rendra disponible pour le travail actif une immense armée d'individus des deux sexes et de tout âge. Il surgira des millions de gens qui produiront à leur tour, après avoir vécu jusque-là en parasites, du produit du labeur des autres, tout en se donnant incontestablement beaucoup de peine et de soucis. Nul n'est responsable de ce que les circonstances sociales ont fait de lui. À la place des boutiques et des magasins que chaque commune, suivant son importance, renferme par douzaines, par centaines, par milliers, il

---

1 « L'érudition sert souvent autant à l'ignorance qu'au progrès » (Buckle : « Histoire de la civilisation en Angleterre »).

se créera des entrepôts communaux, des docks, d'élégants bazars, des expositions entières, qui n'exigeront proportionnellement qu'un faible personnel d'administration. Cette transformation-là encore constituera une véritable révolution dans la façon dont. les choses ont été organisées jusqu'ici. Et comme tout le mécanisme du commerce actuel aura fait place au fonctionnement d'une administration distributive et centralisée, le mouvement commercial tout entier subira également une métamorphose complète.

Les télégraphes, les chemins de fer, les postes, la navigation maritime et fluviale, les tramways, en un mot tous les véhicules, quel que soit leur nom, qui servaient au commerce dans la société bourgeoise, deviendront propriété sociale. Un grand nombre de ces institutions, comme les postes, les télégraphes et la plus grande partie des chemins de fer, étant déjà des institutions d'État, leur transformation en propriété sociale en sera très notablement facilitée. Il n'y aura plus à léser là aucun intérêt particulier. Plus l'État agit dans ce sens et mieux cela vaut. Mais ces exploitations aujourd'hui administrées par l'État n'ont pas, comme on le croit par erreur, un caractère socialiste. Elles sont menées aussi capitalistiquement que si elles étaient entre les mains d'entrepreneurs privés. Ni les employés mi les ouvriers n'en tirent un avantage particulier. L'État les traite comme le ferait n'importe quel patron, comme par exemple lorsqu'il prescrit, dans les établissements de la marine impériale, de ne pas embaucher d'ouvriers âgés de plus de quarante ans. Des mesures semblables ou analogues émanant de l'État-employeur sont même bien plus néfastes que lorsqu'elles viennent de l'entrepreneur privé, parce que celui-ci n'est jamais, relativement, qu'un petit entrepreneur, et qu'un autre donnerait peut-être l'ouvrage qu'il refuse, tandis que l'État, employeur à monopole, peut avec un pareil système jeter d'un seul coup des milliers d'êtres dans la misère. Ce n'est donc pas là agir d'une manière socialiste, mais bien capitaliste, et il faut que les socialistes se gardent bien de considérer l'exploitation actuelle par l'État comme revêtue de la forme socialiste. Dans l'exploitation vraiment socialiste, il n'existe plus ni employeurs, ni supérieurs, ni oppression ; tous sont placés au même rang et ont les mêmes droits.

Dès lors que de grands établissements centraux auront pris la place des différents marchands, intermédiaires et producteurs privés, le transport général des produits prendra également une physionomie toute différente. Les millions de petites expéditions disséminées, qui allaient à autant de propriétaires, deviendront de gros et puissants chargements qui seront dirigés sur les dépôts communaux et sur les lieux de production centrale. Ici encore le travail sera énormément simplifié ; on économisera du temps, du matériel, de la main-d'œuvre, en quantités considérables la physionomie de nos voies de communications et plus particulièrement de nos demeures changera complètement. Le bruit énervant de la foule courant à ses affaires dans nos grands centres commerciaux, avec leurs milliers de véhicules de tout genre, tout cela sera profondément modifié et prendra un tout autre caractère. La construction et le nettoiement des rues, la disposition des maisons, subiront également, de ce chef, une grande métamorphose. On pourra facilement et commodément appliquer alors les mesures d'hygiène impossibles à exécuter aujourd'hui, sinon à grands frais, d'une manière insuffisante, et souvent encore dans les quartiers riches seulement. Le « peuple »n'en a pas besoin ; il a le temps d'attendre qu'on ait les moyens de s'occuper de lui, et ces moyens, on ne les trouve jamais.

Il va sans dire que le service des communications atteindra dès lors son maximum d'extension et tout le développement que l'état de la science comportera à ce moment. Dès lors que les voies de communication sont les veines qui dirigent à travers toute la société la circulation du sang, c'est-à-dire l'échange des produits, et qui facilitent les relations personnelles et intellectuelles entre les hommes, et qu'elles sont par suite éminemment propres à. créer pour tout le monde un nouveau è~al de bien-être et d'éducation, leur développement et leur rayonnement jusque dans les localités les plus éloignées dos provinces les plus lointaines constituent urne nécessité d'intérêt social général. Dans cet ordre d'idées encore, il incombera donc à la société nouvelle des devoirs qui dépasseront de beaucoup ce que la société actuelle est en mesure de faire. En même temps, ce système de communication, poussé au plus haut degré du développement et de la diffusion, favorisera par tout le pays la décentralisation des masses humaines et des établissements de production entassés dans les grandes villes et dans les centres industriels, et sera d'une haute utilité pour la santé publique aussi bien que pour tous les besoins de la civilisation morale et matérielle.

Chapitre II

• • •

De même que les instruments de travail et les moyens de production, tant ceux de l'industrie que ceux du commerce, le sol appartiendra, lui aussi, à la société, en sa qualité de matière première essentielle de tout travail humain et de base de l'existence de l'homme. La société reprendra, porté à un haut degré de perfectionnement, tout ce qui lui appartenait à l'origine. Chez tous les peuples de la terre arrivés à un certain degré de civilisation primitive, nous rencontrons la propriété commune du sol. La communauté des biens était la base de toute association primitive ; celle-ci n'était pas possible sans celle-là. L'apparition et le développement des différentes formes du pouvoir ont seuls fait disparaître et usurpé sous forme de propriété individuelle la propriété commune, et cela par les luttes les plus pénibles, qui sévissent jusqu'à notre époque. La spoliation du sol et sa transformation en propriété individuelle a été la première cause du servage qui, depuis l'esclave jusqu'au « libre » travailleur du XIXe siècle, a passé par tous les degrés possibles, jusqu'à ce qu'enfin le sol, après une évolution de milliers d'années, soit redevenu, grâce aux serfs eux-mêmes, la propriété de tous.

La notion de l'importance du sol pour l'existence humaine entière a eu pour résultat que, dans toutes les guerres sociales du monde, - dans les Indes, en Chine, en Égypte, en Grèce (Cléomène), à Rome (les Gracques), au Moyen-âge chrétien (sectes religieuses, Münzer l'anabaptiste, guerre des paysans), chez les Aztèques, dans le royaume des Incas, et dans les temps modernes, - c'est la propriété du sol qui a fait l'objet des premières revendications, et que des hommes comme Adolphe Samter, le professeur Adolphe Wagner, le Dr Schaeffle, animés de l'esprit le plus conciliant et disposés aux plus larges concessions sur d'autres points encore de la doctrine socialiste, admettent comme légitime la propriété commune du sol.

De la culture et de l'exploitation du sol dépend donc en première ligne le bien-être de la population. Porter sa culture à son plus haut degré est, dans le sens le plus élevé, l'intérêt de tous. Mais nous avons démontré comment, sous le régime de la propriété individuelle, ce grand développement n'est possible ni dans la grande ni dans la moyenne ou petite propriété. Toutefois l'exploitation intensive du sol ne dépend pas des détails de sa mise en valeur ; il y a lieu de considérer encore des facteurs avec lesquels ne peuvent lutter ni le plus grand propriétaire ni l'association la plus puissante ; ces facteurs sortent même du cadre national actuel, et il faut les traiter au point de vue international.

La société doit d'abord considérer le sol en son entier, c'est-à-dire sa conformation topographique, ses montagnes, ses plaines, ses forêts, ses fleuves, ses lacs, ses marais, ses landes, ses tourbières. Cette disposition topographique exerce certaines influences sur le climat et sur la nature du sol. Ce champ d'action n'est pas seulement d'une grande étendue, mais il est encore tel qu'il faudra y réunir une foule d'observations, y faire une quantité d'expériences. Ce que l'État a fait jusqu'ici dans ce sens est bien mince. D'abord il n'emploie à ces questions de culture que de petits moyens, et puis, quand bien même il aurait la volonté d'étendre son action à un cercle plus large, il en serait empêché par les grands propriétaires qui ont aujourd'hui voix prépondérante dans la législation. L'État actuel ne pourrait non plus rien faire dans ce sens sans empiéter fortement sur la propriété privée. Mais, comme son existence même repose sur le maintien du « caractère sacré » de la propriété, comme les grands propriétaires sont ses plus fermes soutiens, il lui manque évidemment le pouvoir d'aller de l'avant dans le sens que nous indiquons. Il s'agira donc, ici, pour la société nouvelle, de procéder à une amélioration énergique et générale du sol.

Une question d'une haute importance, c'est ensuite celle de la création d'un vaste réseau de canaux et de voies fluviales, systématiquement développé, et qui devra être dirigé et coordonné d'après des principes scientifiques.

La question du « bas-prix » des transports par eau, si importante pour la société actuelle, sera complètement négligée par la nouvelle. Par contre ce système de canaux et de voies fluviales n'en jouera qu'un rôle plus considérable en raison de son influence sur le climat, de son adaptation à une méthode d'irrigation étendue et de son action bienfaisante sur la fertilité du sol.

Il est établi par l'expérience que les pays arides ont beaucoup plus à souffrir des hivers rigoureux et des étés très chauds que ceux qui ont de l'eau en abondance et que, par exemple, les pays du littoral ne connaissent pas les véritables températures extrêmes ou ne les éprouvent qu'en un passage rapide. Mais les extrêmes ne sont avantageux et agréables ni pour les plantes ni pour les hommes. Dans ce cas, un système développé de canaux aurait une action modératrice, surtout si on le rattachant aux mesures prescrites pour la culture des forêts. Un réseau de canaux de ce genre, auquel on adjoindrait de vastes bassins, servirait également de collecteur et de réservoir quand la fonte des neiges ou des pluies torrentielles ferait grossir les fleuves et les torrents. Les inondations et leurs effets désastreux deviendraient donc impossibles. L'augmentation de la surface des eaux aurait probablement pour conséquence, en raison de leur évaporation plus forte, de régulariser la formation des pluies. Là enfin où l'eau aura longtemps manqué pour l'agriculture, des machines et des pompes élévatoires faciles à établir pourront l'amener dans les terres.

De vastes territoires, qui auront été jusque-là presque complètement stériles ou peu féconds, se transformeront, au moyen de ce système d'irrigation, en contrées fertiles. Là où aujourd'hui des moutons trouvent à peine une maigre nourriture et où tout au plus des pins phtisiques dressent vers le ciel leurs rameaux décharnés, de luxuriantes récoltes pourraient prospérer, une population compacte pourrait trouver sa nourriture et son bien-être. D'autre part, des canalisations de ce genre pourraient gagner à l'agriculture de vastes étendues de pays marécageux, notamment dans le nord de l'Allemagne et dans le sud de la Bavière. Tous ces nombreux cours d'eau pourraient encore être fort bien utilisés pour la pisciculture et fourniraient ultérieurement une fructueuse source d'alimentation ; ils constitueraient en outre, durant l'été, dans les communes qui n'ont pas de rivières, des bains tout disposés.

Dans quelle mesure agit l'irrigation, quelques petits exemples vont nous le montrer. Dans les environs de Weissenfels, sept hectares 1/2 de prairies bien irriguées ont donné 480 quintaux de regain, tandis que, tout auprès, 5 hectares de prairies ayant un sol de la même composition, mais non irriguées, m'en ont dominé que 32.Les premières ont donc donné proportionnellement un produit plus que décuple. Prés de

Riesa, en Saxe, 65 pièces de prairie irriguées virent, malgré les gros frais d'établissement, monter leur produit net de 5.850 à 11.100 marcks. Mais il y a en ce moment en Allemagne des provinces entières dont le sol, essentiellement sablonneux, ne donne une récolte à demi satisfaisante que lorsque l'été a été très humide. Ces provinces, une fois sillonnées de canaux et irriguées, donneraient à bref délai un produit cinq, dix fois supérieur. En Espagne, on cite des exemples de terres bien irriguées ayant donné un produit trente-sept fois plus élevé que d'autres, non arrosées. De l'eau, donc, et il surgira du sol des masses nouvelles de matières alimentaires !

Où sont les particuliers, où sont les gouvernements qui seraient en état d'agir de la sorte, comme c'est pourtant possible et même nécessaire ? Lorsqu'après de longues années de dure expérience l'État finit par céder aux plaintes tumultueuses des victimes de toutes les calamités imaginables, quand des millions ont été anéantis, comme il le fait avec lenteur, avec circonspection ! avec quelle prudence il calcule ! C'est que cela pourrait facilement mener trop loin et conduire l'État à exposer à la légère l'argent nécessaire à la construction de quelques casernes, à l'entretien de quelques régiments. Et encore, quand on « fait trop » pour l'un, les autres accourent et demandent à être secourus aussi. Le Credo bourgeois ne dit-il pas « Aide-toi, le ciel t'aidera ».« Chacun pour soi, aucun pour tous. » C'est ainsi qu'il ne se passe presque pas d'année où une fois, deux fois et même plus souvent, dans les provinces et dans les États les plus divers, ne se produisent des inondations plus ou moins fortes, provenant de la crue des rivières, des fleuves, des torrents. De vastes surfaces du sol le plus fertile sont arrachées par la violence des eaux et recouvertes de sable, de pierres, de décombres. Des arbres sont déracinés, des maisons, des ponts, des routes, des digues enlevés, des chemins de fer détruits, du bétail perdu, souvent même des vies humaines sacrifiées, des travaux d'amélioration du. sol dispersés, des semailles anéanties. De vastes régions exposées au danger fréquent des inondations ne sont exploitées que le moins possible, et seulement d'une façon économique, pour éviter d'avoir à supporter un double dommage. D'un antre côté la maladresse des corrections faites dans un intérêt unique au cours des grandes rivières et des fleuves - car dans ce cas on ne s occupe que des intérêts du commerce et des voyageurs - augmente encore le danger des inondations. Le déboisement exagéré des montagnes, notamment par les particuliers, ne fait que renforcer ce péril. C'est à cette dernière circonstance - le déboisement insensé, en vue seulement du bénéfice à en tirer - qu'il faut attribuer l'altération notable du climat et la diminution de la fertilité du sol dans les provinces de Prusse et de Poméranie, en Styrie, en Italie, en France et en Belgique.

Le déboisement des montagnes a pour conséquence la fréquence des inondations. On attribue celles du Rhin et de la Vistule à la dévastation des forêts en Suisse et en Pologne. C'est le déboisement des Alpes Carniques qui a, dit-on, rendu sensiblement plus mauvais le climat de Trieste et. de Venise ; pour les mêmes raisons, Madère, une grande partie de l'Espagne, de vastes territoires de l'Asie Antérieure, jadis luxuriants et fertiles, auraient perdu le plus clair de leur fécondité.

Il va de soi que la société nouvelle ne pourra pas résoudre tous ces problèmes en un tour de main, mais elle s'y donnera avec énergie, en y appliquant toutes ses forces, parce que son seul devoir sera de résoudre les questions de civilisation et qu'elle n'y supportera aucune entrave. Elle accomplira, d'année en année, des travaux, elle résoudra des problèmes auxquels la société actuelle ne pense jamais, ne peut pas penser, dont la seule idée lui donnerait le vertige.

Ainsi, dans la société nouvelle, les mesures que nous avons indiquées et d'autres analogues feront prendre à la mise en valeur générale du sol une physionomie bien plus avantageuse qu'aujourd'hui. D'autres points de vue viennent s'ajouter à ceux que nous avons déjà discutés en ce qui concerne l'augmentation de l'utilisation du sol. On plante aujourd'hui de nombreux milles carrés en pommes de terres destinées à être transformées en quantités énormes d'eau-de-vie que notre malheureuse population, vivant dans le besoin et dans la misère, consomme d'une façon presque exclusive. L'eau-de-vie est le seul stimulant, le seul « chasse-soucis » qu'elle puisse se procurer. Pour l'homme civilisé de la société nouvelle, la consommation de l'eau-de-vie aura disparu ; les pommes de terre et les céréales destinées à cet objet, et par conséquent aussi le sol et la main-d'œuvre qui y sont employés, deviendront disponibles pour la production de comestibles sains. Nous avons déjà montré sous quelles spéculations succombent nos pays de culture les plus fertiles, par suite de la production des betteraves. Notre armée permanente, l'éparpillement de la production, du commerce, de l'agriculture, etc. exigera des centaines de milliers de chevaux et, par suite, des terres en proportion pour nourrir, pour mener au pâturage, pour élever des jeunes chevaux. La transformation totale des conditions actuelles rendra tout cela en grande partie superflu ; dans ce cas encore, de vastes étendues de terre, de riches forces productrices, seront gagnées à d'autres besoins de la culture.

Le vaste domaine de l'exploitation du sol est aujourd'hui déjà un objet de discussion pour une littérature scientifique très développée. Il n'y a pas, dans cet ordre d'idées, un seul sujet qui n'ait été touché ; sylviculture, drainage et irrigation, culture des céréales, des légumineuses, des tubercules, des plantes potagères, des fruits, des fleurs, des plantes de luxe, des plantes fourragères pour l'élevage du bétail, des prairies, l'élevage rationnel des bestiaux et de la volaille et la mise en valeur de leurs produits, les engrais et la façon de les employer, l'analyse chimique du sol, l'application et la préparation de celui-ci à telle ou telle culture, les machines et les outils, la qualité des semences, la disposition la plus pratique des bâtiments d'exploitation, l'assolement, les variations de la température, etc., tout cela est entré dans le domaine de la discussion scientifique. Il ne se passe pour ainsi dire pas de jour où ne se réalisent de nouvelles découvertes, de nouvelles expériences, qui dépassent les améliorations et les perfectionnements introduits jusque-là dans l'une ou l'autre de ces différentes branches de l'agriculture. L'exploitation du sol est devenue, depuis J. de Liebig, une science, et même une des premières et des plus essentielles ; elle a acquis une étendue et une importance que peu de choses du domaine de la production matérielle ont pu atteindre. Mais si nous comparons cette extraordinaire quantité de progrès de tout genre avec la situation de notre économie rurale, nous sommes obligés de constater qu'il ne s'est trouvé jusqu'ici qu'une très faible partie de propriétaires en état de bien les utiliser dans une certaine mesure ; parmi eux il n'y en a naturellement pas un seul qui ait agi autrement que dans son intérêt personnel spécial et qui n'ait eu que celui-ci en vue, sans considérer en aucune manière le bien général. La majeure partie de nos cultivateurs et de nos jardiniers - on peut bien dire 98 % d'entre eux - n'est pas le moins du monde en état de tirer parti de tous les avantages qu'elle a entre les mains. La société nouvelle trouvera là, tant au point de vue pratique qu'au point de vue théorique, un champ d'action admirablement préparé où elle n'aura qu'à mettre la main, à faire oeuvre d'organisation, pour obtenir des résultats bien supérieurs à ceux que l'on atteint aujourd'hui.

La concentration de l'exploitation rurale poussée au plus haut degré produira déjà en soi d'importants avantages. La suppression des lisières, des sentiers et des chemins entre toutes les propriétés morcelées fournira une quantité de sol nouveau. Des machines agricoles de la plus grande dimension, mises en oeuvre, et secondées par la physique et la chimie, transformeront complètement en champs féconds les terres stériles, champs de mort que l'on trouve partout encore aujourd'hui. Une fumure scientifiquement menée conjointement à un labourage profond, l'irrigation et le drainage, accroîtront dans une forte proportion le rendement de cette terre, rendement qu'on augmentera encore en choisissant les semences avec le plus grand soin et en défendant le sol contre les plantes parasites, - encore un chapitre qu'on néglige beaucoup aujourd'hui. Tout ensemencement, toute plantation, tout assolement ne se fera naturellement qu'en vue d'amener le produit le plus élevé d'éléments d'alimentation. La culture des fruits et des plantes potagères atteindra un développement à peine considéré comme possible aujourd'hui et multipliera son produit d'une façon remarquable. La concentration des étables, des magasins, des dépôts de fumiers, des dépôts de fourrages, etc., - le tout installé de la manière la plus pratique - accroîtra sensiblement le produit de l'élevage du bétail et facilitera la production si importante des engrais. On aura sous la main toutes les machines, tous les outils les plus perfectionnés. La production et l'emploi des produits animaux tels que le lait, la viande, les oeufs, le miel, la laine, seront conduits scientifiquement. Le labourage et la récolte, effectués par l'emploi de la main-d'œuvre en masse et en utilisant habilement la température, donneront des résultats tels que nulle part aujourd'hui il n'est possible d'en atteindre. De grands séchoirs, etc., permettront de faire la récolte même par le mauvais temps, ce qui épargnera les grandes pertes qui se produisent à l'heure actuelle.

Les recherches les plus récentes, l'application de la lumière électrique à la croissance des plantes même pendant la nuit, ont donné des résultats qui ouvrent à leur tour des perspectives entièrement nouvelles et qui rendent possible la culture en grand, dans de vastes halls, au moyen de la chaleur artificielle, des plantes et des fruits, dans des saisons et sous des températures où l'on ne pouvait songer à la pratique, jusqu'ici qu'en petit.

Mais comme le grand développement du produit du sol et son maintien dépendent en première ligne d'une fumure suffisante, la production et la conservation des engrais deviendra une des questions les plus importantes [1].

L'engrais est absolument, pour le sol, ce que la nourriture est pour l'homme, et de même que n'importe quel aliment n'est pas également nutritif pour celui-ci, de même le premier engrais venu n'a pas une égale valeur pour la terre. Il faut rendre à celle-ci exactement les mêmes principes chimiques qu'elle a perdus quand on a tiré d'elle une récolte, et lui fournir en plus grandes quantités ceux des éléments chimiques que réclame de préférence la culture de certaines espèces de plantes. C'est pourquoi l'étude de la chimie et son application pratique atteindront elles aussi un développement inconnu aujourd'hui.

Les déjections de l'homme et des animaux contiennent principalement

---

1 Il y a une recette pour assurer la fertilité du sol et l'éternelle durée de son rendement ; ce moyen, logiquement appliqué, sera plus rémunérateur que tous ceux que l'agriculture se soit jamais prescrits ; il consiste en ceci : « Tout cultivateur qui mène au marché un sac de blé, un quintal de colza, de betteraves, de pommes de terre, etc., devrait, comme le coolie chinois, rapporter de la ville autant - et même plus, si possible - des éléments constitutifs des produits de son sol et les rendre à la terre à laquelle il les a pris ; il ne devra dédaigner ni une épluchure de pomme de terre, ni un brin de paille, mais songer que cette pelure manque à une de ses pommes de terre et ce brin de paille à un de ses épis. Sa dépense pour les ramasser est minime, et le placement sûr ; il n'y a pas de caisse d'épargne offrant plus de sécurité, pas de capital recelant pour lui de plus gros intérêts. La surface de son champ doublera déjà son rapport en dix ans ; il produira plus de grain, plus de viande, plus de fromage, sans sacrifier ni plus de travail ni plus de temps, et il ne sera pas dans une perpétuelle inquiétude de nouveaux moyens inconnus - et qui n'existent pas - pour maintenir, d'une autre manière, la fertilité de son champ. Tous les os, la suie, les cendres lessivées ou non, le sang des animaux, les issues de tout genre, devraient être ramassés dans des endroits spéciaux et préparés pour être expédiés... Les gouvernements et les autorités de police dans les villes devraient donner tous leurs soins à ce qu'au moyen d'une installation judicieuse des latrines et des égouts, toute perte de ces matières pût être évitée. (Liebig : « Lettres sur la chimie »).

les éléments chimiques qui sont les plus aptes à la reconstitution de la nourriture humaine. Il faut donc arriver à les recueillir le plus complètement et à les répandre le plus utilement possible. C'est par là qu'on pèche aujourd'hui d'une façon prodigieuse. Les principales coupables sont les grandes villes, qui reçoivent des masses de produits pour leur alimentation, mais ne rendent au sol que la plus faible partie de leurs déjections et de leurs détritus si précieux[1]. Il en résulte que tous les domaines éloignés des villes et qui alimentent chaque année celles-ci de la plus grande partie de leurs produits souffrent considérablement du manque d'engrais, car ceux qui proviennent du personnel et des animaux vivant sur le domaine sont insuffisants, cette population ne consommant qu'une faible partie de la récolte ; on a recours alors à un système d'exploitation frisant le pillage, ce qui affaiblit la terre, diminue le rendement et fait monter le prix des choses nécessaires à la vie. Tous les pays où la production agricole est l'élément principal, mais qui ne reçoivent pas d'engrais en échange, vont nécessairement et par degrés à la ruine par suite de l'appauvrissement du sol, témoins la Hongrie, la Russie, les principautés Danubiennes et l'Amérique. Les engrais artificiels, notamment le guano, remplacent, il est vrai, les engrais humains et animaux, mais beaucoup de cultivateurs ne peuvent se le procurer en quantité suffisante parce qu'il coûte cher, et, enfin, c'est dans tous les cas le monde renversé que d'importer de l'engrais de milliers de lieues tandis qu'on le laisse perdre à deux pas de chez soi.

À l'heure actuelle, la grande difficulté consiste dans la construction d'appareils collecteurs vastes et pratiquement disposés, et dans l'élévation

---

1 « Chaque coolie chinois qui a porté le matin ses produits au marché rapporte chez lui le soir deux seaux d'engrais pendus à une perche de bambou. L'engrais est apprécié à tel point que chacun sait ce qu'un homme évacue par jour, par mois et par an, et le Chinois considère comme plus qu'impoli que son hôte quitte sa maison et porte ailleurs un profit sur lequel il croit avoir des prétentions justifiées par son hospitalité... Toute substance provenant des plantes ou des animaux est soigneusement amassée par le Chinois et convertie en engrais... Il suffit, pour rendre saisissante l'idée qu'ont les gens de ce pays de la valeur des déchets animaux, de mentionner que les barbiers ramassent soigneusement, pour en faire commerce, les déchets de la barbe et des cheveux, ce qui représente déjà quelque chose pour les centaines du millions de têtes qui sont rasées quotidiennement ; les Chinois sont familiarisés avec l'usage du plâtre et de la chaux, et il arrive fréquemment qu'ils renouvellent la crépissage de leurs cuisines dans le seul but d'utiliser l'ancien comme engrais ». (Liebig : « Lettres sur la Chimie »).

Auguste Bebel

des frais de transport. Il en coûte aujourd'hui comparativement plus cher pour débarrasser les villes de leurs déjections que pour faire venir le guano de l'autre côté des mers, où s'en trouvent les gisements ; ceux-ci diminuent d'ailleurs naturellement de richesse dans la même proportion que la demande forcée en augmente.

Les sommes que l'on est actuellement obligé de dépenser en engrais sont énormes L'Allemagne paie pour cela, chaque année, de 70 à 100 millions de marcks à l'étranger [1], et il se dépense plus de quatre fois celte somme dans le pays même. Que l'on songe qu'une ville de 100.000 habitants fournit environ 45.000 quintaux d'engrais solides et dix fois autant de matières liquides, et que cette masse est, dans bien des cas, conduite dans nos rivières et dans nos fleuves, qu'elle salit et empeste. Que l'on songe en outre qu'un homme n'évacue pas en une année beaucoup moins de matières fécales qu'il n'en est employé pour fumer un champ duquel on peut tirer la subsistance nécessaire pour un individu, et la perte énorme subie est évidente. À cela s'ajoutent les détritus des cuisines, les déchets des ateliers et des fabriques, qui pourraient être utilisés dans le même but et qui souvent sont étourdiment gaspillés.

La société nouvelle trouvera certainement aussi les voies et moyens nécessaires pour atteindre aussi complètement que possible un but d'une pareille importance. Ce qui a été fait jusqu'ici dans ce sens n'est que de la mauvaise besogne qui ne peut aboutir à rien. Citons pour exemples la canalisation extrêmement coûteuse et les champs d'irrigation de la capitale allemande que l'on dut reconnaître comme manqués bien avant leur achèvement. La société nouvelle résoudra plus facilement cette question, et même tout d'abord par ce fait qu'elle fera disparaître petit à petit les grandes villes et décentralisera la population.

Personne ne saurait considérer l'organisation actuelle de nos grandes villes comme une chose saine. Le système qui régit de nos jours le travail et l'industrie attire sans cesse de grosses masses de population vers les grands centres. C'est là qu'est le siège principal de l'industrie et du commerce ; c'est là que se rencontrent les voies de communication ;

---

1 Karl Schober : « Rapport sur l'importance des détritus urbains au point de vue agricole, communal et social, etc. » Berlin, 1877.

c'est là que se trouvent les grosses fortunes, les administrations centrales, les commandements militaires, les tribunaux supérieurs. C'est là que sont les grands établissements d'instruction, les académies d'art, les vastes lieux d'éducation, de plaisir et de distraction, les assemblées, les expositions, les musées, les théâtres, les salles de concert. La vocation y attire des milliers d'hommes, le plaisir autant, l'espoir du gain facile et de la vie agréable davantage encore.

Mais cette organisation en grandes villes vous fait l'effet d'un homme dont le ventre grossit sans cesse, tandis que ses jambes deviennent toujours plus minces et qu'en fin de compte elles ne peuvent plus porter leur charge. Tout autour de ces grands centres, et dans une proximité immédiate, tous les villages prennent également le caractère de villes, et une masse énorme de prolétaires s'y rassemblent. Ces communes, pour la plupart dépourvues de toutes ressources, sont obligées de hausser les impôts à l'extrême sans toutefois pouvoir suffire aux exigences qui se produisent. Elles finissent par toucher à la grande ville, et réciproquement ; elles s'incorporent à elle comme une planète venue trop près de l'orbite du soleil, sans pouvoir améliorer par là leurs conditions d'existence, qui, au contraire, n'en deviennent que plus mauvaises. Ces agglomérations humaines, nécessaires dans l'état actuel de notre civilisation, et qui représentent jusqu'à un certain point des centres révolutionnaires, auront atteint leur but dans la formation de la société nouvelle. Leur disparition graduelle s'imposera en raison de ce fait qu'à l'encontre de ce qui se passe aujourd'hui, la population émigrera des villes vers la campagne, y créera de nouvelles communes établies suivant les conditions modernes, et réunira son activité industrielle à celle des agriculteurs.

Aussitôt que la population urbaine aura la possibilité de transporter à la campagne toutes les choses nécessaires à l'état de civilisation auquel elle sera habituée, et d'y retrouver ses musées, ses théâtres, ses salles de concert, ses cabinets de lecture, ses bibliothèques, ses lieux de réunion, ses établissements d'instruction, etc., elle commencera sans retard son émigration. La vie à la campagne aura tous les avantages jusquelà réservés aux grandes villes, sans en avoir les inconvénients. Les habitations y seront plus saines, plus agréables. La population agricole s'intéressera aux choses de l'industrie, la population industrielle à l'agriculture.

Dans cet ordre d'idées encore le monde bourgeois travaille déjà à cette évolution puisque, d'année en année, les entreprises industrielles vont se fixer en plus grand nombre à la campagne. Les conditions défavorables de la vie dans les grandes villes, la cherté des loyers, l'élévation des salaires, contraignent à cette émigration, ou bien ce sont les grands propriétaires fonciers qui deviennent industriels, c'est-à-dire fabricants de sucre, distillateurs, brasseurs, papetiers, etc. Les détritus et les engrais seront alors facilement ramenés aux champs, grâce surtout à la concentration de la production et à celle des locaux où se préparera la nourriture. Chaque commune formera en quelque sorte une zone de culture dans laquelle elle produira elle-même la plus grande partie de ce qui sera nécessaire à son existence. Le jardinage, en particulier, la plus agréable de presque toutes les occupations pratiques, atteindra sa plus florissante prospérité. La culture des fleurs, des plantes d'ornement, des légumes, des fruits, offre un champ presque inépuisable à l'activité humaine ; elle constitue tout particulièrement un travail de détail qui exclue l'emploi de grandes machines.

Grâce à la décentralisation de la population disparaîtra le contraste qui existe depuis des milliers d'années entre les habitants des villes et ceux des campagnes.

Le paysan, cet ilote moderne, qui, dans son isolement à la campagne, était serré de toute civilisation supérieure, sera dès lors un homme libre [1] ; le vœu jadis émis par le prince de Bismarck de voir les grandes

---

1 Dans son ouvrage déjà cité, le « manuel d'économie politique de Rau », le professeur Adolphe Wagner dit « La petite propriété rurale constitue, pour une très grande partie de la population, une base économique qui ne saurait être remplacée par aucune autre institution ; elle est, pour le paysan, un état d'indépendance et de liberté ; c'est une situation, une fonction tant sociale que politique qui lui est propre ». Si l'auteur ne s'exalte pas « à tout prix » pour le petit paysan dans le but de faire plaisir à ses amis les conservateurs, il doit, après tout ce que nous avons dit, tenir notre petit cultivateur pour l'un des plus misérables parmi les hommes. Celui-ci est, dans les circonstances données, rebelle à une civilisation élevée ; dans les conditions actuelles il ne peut s'élever, par son travail, à aucune situation supérieure, et devient par suite un élément de gène pour la civilisation. Celui qui aime le mouvement rétrograde, parce qu'il y trouve son compte, peut le trouver bon ; un ami du progrès ne le peut pas.

villes disparaître sera un fait accompli.

$$\cdots$$

Si nous examinons tout ce que nous avons exposé jusqu'ici, nous trouvons qu'en supprimant la propriété individuelle, en ce qui concerne les moyens de travail et de production, et en la transformant en propriété sociale, on fera disparaître la quantité de maux que la société actuelle nous révèle à chaque pas. Du moment où la société appliquera, dirigera et contrôlera tout le travail, on verra prendre fin d'elles-mêmes toutes les actions nuisibles, qu'elles proviennent d'individus ou de classes entières. Les fraudes, les duperies de tout genre, la falsification des denrées alimentaires, tout champ d'action en un mot sera enlevé aux tripotages de Bourse. Les halls du temple de la richesse resteront vides, car tous les papiers d'État, les actions, les obligations, les inscriptions hypothécaires, etc., seront devenus du vieux papier. Le mot de Schiller : « qu'on détruise notre grand livre, et que toute la terre se réconcilie », sera devenu une réalité, et la parole de la Bible : « tu mangeras ton pain à la sueur de ton front », s'appliquera aux héros de la Bourse comme à tout le monde. Cependant le travail ne les écrasera pas, et, physiquement, ils se porteront bien mieux. L'organisation actuelle de l'État aura également disparu, sans nous laisser aucun regret.

« L'État était le représentant officiel de toute la société ; il la résumait en un corps visible. Mais il n'était cela qu'en tant qu'il constituait le gouvernement des classes, qu'elles-mêmes représentaient pour lui la société tout entière. Mais du moment où il finit par devenir effectivement le représentant de toute la société, il se rend lui-même superflu. Dès lors qu'il n'y a plus de classes sociales à tenir dans l'oppression, dès lors qu'avec les classes dirigeantes et la lutte pour l'existence qui trouve son fondement dans l'anarchie actuelle de la production disparaissent également les conflits et les excès qu'elles font naître, il ne se trouve plus à réprimer rien qui rende nécessaire un pouvoir répressif spécial. Le premier acte par lequel l'État s'affirmera comme le représentant de la société entière, à savoir la prise de possession des moyens de production au nom de la collectivité, sera en même temps son dernier acte de gouvernement. À la place d'un gouvernement d'individus, on aura un gouvernement de choses, et la société sera dirigée par la marche en

Auguste Bebel

avant de la production [1] ».

Avec le gouvernement aura aussi disparu tout ce qui le représente
ministres, parlements, armée permanente, police, gendarmes,
tribunaux, avocats, procureurs, système pénitentiaire, administrations
des contributions et des douanes, bref l'appareil politique tout entier.
Les casernes et autres bâtiments militaires, les palais de justice et
d'administration, les prisons, etc., attendront alors une meilleure
destination. Des milliers de lois, d'ordonnances, de règlements,
seront mis au rancart et n'existeront plus que comme curiosités,
n'ayant de valeur que pour l'histoire de la civilisation ancienne. Les
grandes - et pourtant si mesquines - luttes parlementaires, où les
héros de la langue s'imaginent gouverner et mener le monde par leurs
discours, n'existeront plus ; elles auront fait place à des assemblées,
à des délégations administratives, qui auront à se renfermer dans
l'organisation la plus parfaite de la production, de la distribution, de la
réglementation des approvisionnements nécessaires et des innovations
utiles : toutes choses pratiques, visibles, que chacun pourra envisager
d'une façon objective parce qu'aucun intérêt personnel saillant n'y sera
en jeu.

Ces centaines de milliers d'anciens représentants du gouvernement
seront versés dans les métiers les plus divers et aideront à augmenter
la richesse productive de la société. On ne connaîtra plus ni crimes,
ni délits politiques ou de droit commun. Les voleurs auront cessé
d'être, parce que, dans la société nouvelle, chacun pourra facilement
et commodément satisfaire, comme tous les autres, ses besoins par un
travail honorable. Il n'existera plus de « rouleurs » ni de vagabonds.
Des meurtres ? - Pourquoi ? Nul ne pourra s'enrichir aux dépens d'un
autre. Les faux témoignages, les faux en écriture, la fraude, la captation
d'héritages, la banqueroute frauduleuse ? Il n'y aura plus de propriété
privée ; ces crimes n'auront donc plus de terrain où se développer. Les
incendies par malveillance ? Qui donc y trouverait plaisir ou satisfaction
dès lors que la société lui aura enlevé toute possibilité de haïr. La fabrication de la fausse-monnaie ? Mais « l'or est une chimère », et celui
qui l'aimerait se donnerait du mal en pure perte. Le sacrilège ? Un non-
sens ; laissez donc au « Dieu tout-puissant et de toute bonté » le soin

1 Frédéric Engels : « La révolution de la science de M. Eugène Dühring ».

de punir lui-même ceux qui l'auront offensé, d'autant plus qu'on discute encore à propos de l'existence de Dieu.

De la sorte, toutes les bases de l' « ordre » actuel en seront venues à l'état de mythes. Les parents en parleront aux petits enfants comme de choses du temps des vieux contes de fée, et les petits secoueront la tête et ne pourront pas se faire une idée de tout cela. Le récit des tracasseries et des persécutions dont on accable aujourd'hui les partisans des idées nouvelles sonnera à leurs oreilles comme lorsque nous entendons aujourd'hui parler de brûler des hérétiques ou des sorcières. Tous les noms des « grands hommes » qui se seront signalés jadis par leurs persécutions des idées nouvelles et que la sottise de leurs contemporains aura applaudis pour ce fait, seront oubliés, effacés c'est tout au plus si l'historien les rencontrera en feuilletant de vieux ouvrages. Quant aux réflexions que celui-ci pourra faire, autant aujourd'hui les passer sous silence, dès lors que nous n'en sommes malheureusement pas encore à ces temps heureux où l'humanité pourra respirer librement.

Il en sera de la religion comme du gouvernement. On ne la « supprimera » pas, on n' « abolira pas Dieu », on n' « arrachera pas la religion du cœur » des gens, ainsi que le disent tous les racontars dont on se sert aujourd'hui pour accuser les idées d'athéisme des démocrates socialistes. La démocratie socialiste laissera les plaisanteries de ce genre aux idéologues bourgeois qui, dans la Révolution française, ont employé ces moyens et y ont naturellement fait un triste naufrage. La religion s'évanouira d'elle-même, sans secousse violente.

La religion reflète d'une manière transcendante l'état social du moment. Elle se modifie dans la même mesure que le développement humain progresse, que la société se transforme. Les classes dirigeantes cherchent à la maintenir comme moyen de domination. Elle devient dès lors une véritable fonction administrative. Il se forme une caste qui se charge de cette fonction et met toute sa sagacité à entretenir et à élargir l'institution parce que sa propre puissance et sa propre considération en grandissent d'autant.

Fétichisme au début, dans la période de civilisation la plus arriérée, et au sein de l'état social primitif, la religion devient le polythéisme, puis

Auguste Bebel

le monothéisme, au fur et à mesure que la civilisation progresse. Ce ne sont pas les Dieux qui créent les hommes, ce sont les hommes qui se fabriquent des divinités, qui font Dieu. L'homme s'est créé Dieu à son image et en posant comme modèle, et ce n'est pas l'inverse qui a eu lieu. Le monothéisme lui-même s'est déjà décomposé en un panthéisme qui embrase et pénètre toutes choses, et il se volatilise chaque jour davantage. Les sciences naturelles ont fait de la « création » un mythe ; l'astronomie, les mathématiques et la physique ont ramené le « ciel » à une chimère et réduit les « étoiles du firmament », où trônent les « anges », à n'être que des étoiles fixes ou des planètes dont la nature exclut toute idée de vie angélique.

Les classes dirigeantes, qui se voient menacées dans leur existence, se cramponnent à la religion comme au soutien de toute autorité, ainsi que l'ont considérée toutes les classes qui ont été jusqu'ici prépondérantes [1]. La bourgeoisie elle-même ne croit à rien ; c'est elle qui, par toute son évolution, par toute la science issue de son sein, a détruit la croyance à la religion et toute autorité. Sa foi n'est donc qu'une foi de parade et l'Église n'accepte l'appui de cette fausse sœur que parce qu'elle en a besoin. « La religion est nécessaire pour le peuple ».

La société nouvelle n'a pas d'arrière-pensées. Elle a pour drapeau le progrès de l'humanité, la science vraie, sans altérations, et elle agira en conséquence. Si quelqu'un a encore des besoins religieux, il les satisfera

---

1 Les citations suivantes montrent comment les anciens pensaient à cet égard « Le tyran (nom de celui qui détenait à lui seul le pouvoir dans l'antiquité grecque) doit avoir l'air de prendre un soin particulier de la religion. Les sujets redoutent moins les injustices, lorsqu'ils sont persuadés qu'il est religieux et qu'il respecte la divinité. Ils sont moins disposés à conspirer parce qu'ils le croient protégé du ciel ». (« Politique » d'Aristote). Aristote est né en l'an 354 avant notre ère, à Stagira, en Macédonie ; c'est pourquoi on l'appelle souvent le « Stagirite ».

    « Le prince doit avoir, ou mieux encore doit paraître avoir toutes les qualités humaines ; il doit tout particulièrement sembler être la piété, la religion même. Quand même quelques-uns viendraient à le deviner, ils se tairaient ; car la majesté du pouvoir protège le prince qui, en raison de cette protection, peut, quand son intérêt l'exige, balayer les oppositions. Le gros de ses sujets, parce qu'en beaucoup de circonstances et quand il ne lui en coûtait rien, il aura montré de la dévotion, le tiendra toujours pour un homme digne d'être honoré, même quand il aura agi contre toute foi et contre la religion. Du reste, le prince devra tout particulièrement prendre soin du culte et de l'Église » (Machiavel, dans son célèbre ouvrage « Le Prince » chap. 18). Machiavel est né à Florence en 1469.

avec ses pareils. La société ne s'en préoccupera pas. Pour vivre, il faudra que le prêtre travaille au milieu de la société, et comme il ne sera pas sans y apprendre aussi bien des choses, il pourra venir un temps où il s'apercevra qu'être le plus haut placé s'appelle « être un homme ».

Les bonnes mœurs et la morale n'ont rien à voir avec la religion ; il n'y a que des imbéciles ou des flatteurs pour prétendre le contraire. Les bonnes mœurs et la morale sont l'expression d'idées qui règlent les rapports des êtres humains entre eux et leur conduite réciproque ; la religion règle les rapports des êtres humains avec des êtres surnaturels. Mais l'idée qu'on se fait de la morale naît, comme la religion, de l'état social de l'homme. Le cannibale considère l'anthropophagie comme très morale ; les Grecs et les Romains envisageaient de même l'esclavage et les seigneurs féodaux du Moyen-âge la servitude de leurs vassaux. Les capitalistes modernes trouvent que le salariat, l'exténuation de la femme par le travail de nuit, la démoralisation de l'enfant par la vie de fabrique, sont d'une haute moralité. Voilà donc quatre phases de la société et quatre conceptions de la morale dont chacune est plus élevée que l'autre, mais dont aucune n'est la plus haute. La condition morale la plus élevée est sans contredit celle où les hommes se trouveront en présence les uns des autres libres et égaux, celle ou le principe le plus élevé de morale : « Ne fais pas à autrui ce que tu ne veux pas qu'il te soit fait » sera, en vertu de l'état social lui-même, le principe qui réglera d'une manière inviolable les rapports de l'humanité. Au Moyen-âge, c'était l'arbre généalogique de l'homme qui comptait ; de nos jours, c'est sa fortune qui décide de tout ; dans l'avenir l'homme ne vaudra que par lui-même. Et l'avenir, c'est le socialisme appliqué.

• • •

Le Dr Lasker fit un jour à Berlin, il y a de longues années, une conférence dans laquelle il arrivait à cette conclusion qu'il est possible d'atteindre à un niveau égal d'instruction pour tous les membres de la société.

Mais M. Lasker est maintenant un anti-socialiste ; c'est un intraitable partisan de la propriété individuelle et du système de production capitaliste, et la question de l'instruction est aujourd'hui, dans le sens le plus large, une question d'argent. On ne saurait comprendre comment, dans de pareilles conditions, un niveau égal d'instruction peut être possible. Des individualités énergiques, parvenues à une situation relativement favorable, peuvent s'acquérir une instruction supérieure ; la masse jamais, tant qu'elle vivra dans la dépendance.

Dans la société nouvelle, les conditions de l'existence seront les mêmes pour tous. Les besoins, les aptitudes, pourront différer, mais chacun pourra vivre et se développer d'après eux. L'égalité uniforme, dont on impute faussement l'idée au socialisme, est, comme tant d'autres choses, un mensonge et un non-sens. Si le socialisme voulait cette égalité, il n'aurait pas le sens commun, car il se mettrait en opposition avec la nature même de l'être humain et il lui faudrait renoncer à voir la société se développer suivant ses principes. Oui, quand bien même le socialisme réussirait à s'emparer de la société par surprise et à lui imposer une forme contre nature, il ne faudrait que peu de temps pour que tout sautât, et il serait condamné à tout jamais. Il faut que la société se développe d'elle-même, suivant ses lois immuables ; une fois ces lois et celles qui régissent le développement de l'être humain connues, elle devra agir d'après elles et poser avant tout comme base de tout progrès l'éducation des générations nouvelles.

Tout enfant, garçon ou fille, qui vient au monde, est pour la société un accroissement bienvenu, parce qu'elle y voit sa propre perpétuation, son propre développement ultérieur ; elle sent par suite, de prime abord, qu'il est de son devoir d'intervenir de toutes ses forces en faveur de la jeune créature. La femme enceinte, la nourrice, la mère, feront donc l'objet de tous ses soins. Habitation commode, entourage agréable, précautions de tout genre exigées pendant cette période de la maternité, soins attentifs pour la mère et l'enfant, seront les premières conditions à remplir. Il va de soi qu'on conservera à l'enfant le sein de sa mère aussi longtemps que cela paraîtra possible et nécessaire. Moleschott, Sonderreger, tous les hygiénistes, tous les médecins, sont d'accord sur ce point que rien ne remplace complètement l'allaitement maternel.

L'enfant devenu plus grand, ses camarades l'attendent pour jouer en commun, sous la même surveillance. Ici encore on emploiera au développement moral et physique tout ce que permettra l'état des connaissances et des idées humaines. Avec les salles de jeu viendront les jardins d'enfants ; plus tard l'introduction, tout en se jouant, dans les éléments du savoir et de l'activité humaine. Le travail intellectuel et physique, les exercices gymnastiques, le libre mouvement dans les cours de récréation et au gymnase, le patinage, la natation, les marches d'entraînement, la lutte, les exercices pour les deux sexes, suivront en alternant et se complétant. Il importera de former une espèce saine, rompue aux fatigues et normalement développée au double point de vue physique et intellectuel. L'initiation aux différentes branches d'activité pratique, au travail d'atelier, au jardinage, à l'agriculture, à toute la science des procédés de production, suivra petit à petit. En outre l'instruction intellectuelle dans les différents ordres de la science ne sera pas négligée.

Comme on appliquera le même système d'épuration et de perfectionnement dans la production que dans l'instruction, on abandonnera une foule de méthodes et de sujets vieillis, superflus, et faisant précisément obstacle au développement physique. La connaissance de choses naturelles, présentées à la raison naturelle, stimulera bien autrement le goût de s'instruire qu'un système d'éducation dans lequel un sujet en contredit ou en détruit un autre, comme par exemple la religion et la science. Pour répondre au haut degré de culture de la société, on créera des écoles spéciales, des établissements d'éducation et des moyens de se perfectionner. Tous les moyens d'instruction et d'éducation, l'habillement, l'entretien, étant fournis par la société, pas un élève ne sera favorisé aux dépens d'un autre [1]. Le nombre des hommes instruits et les services qu'ils rendront répondront à ces sacrifices. L'état idéal sera atteint lorsqu'en prendra pour le recrutement social, en ce qui concerne la science, les mêmes

---

1 Condorcet demandait, dans son plan d'éducation : « l'éducation doit être gratuite, égale, générale, physique, intellectuelle, industrielle et politique, et procéder réellement d'une égalité véritable ».

      Rousseau dit de même, dans son « économie politique » : Surtout, l'éducation doit être publique, égale et commune. Elle doit former des hommes et des citoyens ».

      Aristote dit également : « Dès lors que l'État n'a qu'on but, il doit donner à tous les membres une seule et même éducation, et le soin de la répandre doit être non une affaire particulière, mais une affaire d'État ».

Auguste Bebel

précautions que l'on prend aujourd'hui, dans notre système d'armées permanentes, pour le recrutement des sous-officiers ; on sait qu'un simple soldat sur dix arrive à ce grade.

De cette façon, l'éducation sera égale et commune pour les garçons et pour les filles, dont la séparation ne se justifie que dans certains cas où la différence des sexes en fait une nécessité absolue. Ce système d'éducation, strictement réglé et ordonné, sous un bon contrôle, jusqu'à l'âge déclaré majeur par la société, rendra les deux sexes aptes au plus haut degré à jouir pleinement de tous les droits et à satisfaire à tous les devoirs que la société impartira à tous ses membres adultes. La société pourra être complètement sûre alors de n'avoir élevé que des membres ayant toutes les qualités requises et développés à tous les points de vue, des hommes auxquels rien d'humain ni de naturel ne sera étranger, et qui auront autant de confiance dans leur nature personnelle et dans leur être propre que dans l'organisation et les conditions de la société dans laquelle ils seront appelés à entrer.

Tous les vices qui vont chaque jour en augmentant parmi notre jeunesse contemporaine, et qui sont la conséquence naturelle de notre état social où règnent la paresse et la corruption, disparaîtront. L'indocilité, l'indiscipline, l'immoralité, l'avidité brutale des plaisirs, provoquées et renforcées par le décousu et l'instabilité de la vie domestique et par l'influence pernicieuse de la vie sociale ; les lectures démoralisatrices, les honteuses excitations à la débauche, les équivoques de tout genre de la presse, la vie de fabrique, les mauvaises conditions de logement, l'abus de l'indépendance et de la liberté à un âge où l'homme a le plus besoin de frein et d'éducation pour se corriger et se maîtriser soi-même, - tous ces défauts et d'autres du même genre, la société de l'avenir y parera facilement, sans moyens de coercition ni tyrannie. L'atmosphère sociale les rendra impossibles.

De même que dans la nature il ne peut se produire de maladies ni de perturbations de l'organisme que là où se trouve une cause de corruption qui constitue le malade, de même dans la société.

Nul ne saurait nier que tout notre organisme d'instruction et d'éducation souffre de maux graves et dangereux, et il faut bien reconnaître que les écoles et les institutions supérieures sont plus profondément atteintes que les autres. Une école de village est un modèle de santé morale à côté d'un collège ; un ouvroir de filles pauvres est un modèle de moralité à côté d'un grand nombre de pensionnats distingués. Il n'y a pas à en chercher bien loin la cause. Dans les hautes classes de la société, toute aspiration à de hautes fins humanitaires est étouffée ; leur but est atteint. Le manque d'idéal et de vues élevées a pour conséquence les appétits de jouissance et les dérèglements les plus effrénés, entraînant avec eux toutes leurs aberrations physiques et morales. Comment la jeunesse qui grandit dans cette atmosphère peut-elle être autre chose que ce quelle est ? La jouissance brutale et matérielle de la vie, sans mesure et sans limite, est le seul but qu'elle puisse entrevoir et connaître. Pourquoi lutter, dès lors que la fortune des parents montre la lutte comme chose superflue ? Le maximum d'instruction de nos fils de la bourgeoisie consiste à satisfaire à l'examen du volontariat d'un an. Ce résultat acquis, ils croient avoir escaladé le Pélion et l'Ossa, et se voient près de l'Olympe, se sentant des dieux de second rang. Une fois qu'ils ont dans leur poche une commission d'officier de réserve, leur orgueil, leur fierté, ne connaissent pour ainsi dire plus de bornes.

Les filles de notre bourgeoisie sont élevées pour être des poupées de parade, des esclaves de la mode, des dames de salon courant de plaisirs en plaisirs et qui finalement rassasiées, périssent d'ennui et souffrent de toutes les maladies réelles et imaginaires possibles. Vieillies, elles deviennent de pieuses bigotes qui détournent les yeux de la corruption du monde et prêchent la morale et la religion.

Pour les classes inférieures, ou cherche à baisser le niveau de l'instruction. Le prolétaire pourrait devenir trop avisé, en avoir assez de sa condition servile, et s'insurger contre ses dieux.

En ce qui concerne cette question de l'instruction et de l'éducation, la société actuelle se trouve aussi déconcertée que dans toutes les autres questions sociales. Que fait-elle ? Elle en appelle au gourdin, et elle frappe ; elle prêche la religion, encore la religion, toujours la religion, et, pour ses éléments les plus pervers, elle fonde des maisons d'amélioration qu'elle place sous l'influence piétiste. Avec cela elle est presque au bout de sa sagesse pédagogique.

Quand la société à venir aura élevé sa génération nouvelle jusqu'à l'âge voulu, d'après les principes que nous avons développés, elle pourra laisser à chacun le soin de sa propre éducation ultérieure. Elle pourra être sûre que tous saisiront avec joie l'occasion de développer les germes de perfectionnement qui auront été semés en eux. Chacun agira et s'exercera dans le sens de son inclination et de ses dispositions naturelles, avec ceux qui partageront ses goûts. Celui-ci s'adonnera à l'une des branches de ces sciences naturelles qui brillent chaque jour d'un plus vif éclat : l'anthropologie, la zoologie, la botanique, la minéralogie, la géologie, la physique, la chimie, la science préhistorique, etc., etc. ; cet autre s'attachera à l'histoire, à l'étude des langues ou de l'art, etc. Un tel deviendra, de passion, musicien, un autre peintre, un troisième sculpteur, un quatrième comédien. Il y a aussi peu de maîtres-artistes que de maîtres-savants et de maîtres-ouvriers. Des milliers de facultés brillantes qui seront jusque-là restées cachées, feront connaître leur vitalité et leur valeur, et se révéleront à la société dans leur science et dans leur talent, partout où l'occasion s'en présentera. Il n'y aura donc pas de musiciens, de comédiens, d'artistes par métier, mais par inspiration, par talent et par génie. Et ce qu'ils exécuteront dépassera les productions actuelles du même genre autant que les produits industriels, techniques et agricoles, de la société future sont appelés à surpasser ceux de la société actuelle.

Alors commencera pour l'art et la science une ère comme le monde n'en a jamais vu depuis son origine, et les créations auxquelles elle donnera le jour seront dans la même proportion.

Quelle révolution et quelle renaissance éprouvera l'art lorsqu'il règnera enfin un état social digne de l'humanité ! ce n'est rien moins que feu Richard Wagner qui l'a reconnu et qui l'a exprimé dès 1850 dans son ouvrage « l'Art et la Révolution ». Cet ouvrage est surtout digne d'attention parce qu'il parut immédiatement après une révolution à peine réprimée, à laquelle Wagner avait pris part, et qui l'obligea à s'enfuir de Dresde. Wagner y prévoit clairement ce que l'avenir amènera, et il s'adresse directement aux travailleurs pour aider les artistes à fonder l'art vrai, il y dit, entre autres choses : « Quand gagner sa vie ne sera plus pour nos hommes libres de l'avenir le but de l'existence, mais quand, au contraire, par suite de l'avènement d'une nouvelle croyance, ou mieux d'une science nouvelle, le gain du pain quotidien nous sera assuré au moyen d'un travail naturel correspondant, bref, quand l'industrie, au lieu d'être notre maîtresse, sera au contraire devenue notre servante, alors nous placerons le but de la vie dans le bonheur de vivre, et nous nous efforcerons de rendre nos enfants aptes et habiles à jouir de ce bonheur. L'éducation, basée sur l'exercice de la force et sur le soin de la beauté physique, deviendra finement artistique, grâce à l'affection tranquille qu'on aura pour l'enfant et à la joie qu'on trouvera dans l'accroissement de sa beauté ; chaque homme, dans n'importe quel ordre d'idées, deviendra de la sorte un artiste véritable. La diversité des dispositions naturelles offrira les directions les plus variées, pour aboutir à une richesse dont on n'avait pas idée ». Voilà qui est pensé d'une manière absolument socialiste.

• • •

La vie sociale revêtira dans l'avenir un caractère toujours plus public ; cette tendance, elle l'a dès maintenant, ainsi que nous le prouvent de la façon la plus nette les modifications radicales subies par le sort de la femme comparé à ce qu'il était jadis. La vie domestique se réduira au strict nécessaire et le besoin de sociabilité trouvera le champ le plus vaste ouvert devant lui. De vastes locaux de réunion pour les conférences, les discussions, et pour l'examen de toutes les affaires sociales sur lesquelles la collectivité aura à se prononcer souverainement des salles de jeu, de restaurant et de lecture, des bibliothèques, des salles de concert et de théâtre, des musées, des préaux pour les jeux et des gymnases, des parcs et des promenades, des bains publics, des établissements d'instruction et d'éducation de tous genres, des laboratoires, des hôpitaux pour les malades et les infirmes - tout cela, établi et aménagé le mieux possible, fournira à chaque genre de distraction, d'art ou de science, les occasions les plus larges de produire son maximum.

Quelle mesquine figure fera, en regard de tout cela, notre époque tant vantée, avec nos flagorneries pour obtenir quelque faveur, quelque rayon du soleil d'en haut, notre cynisme de sentiment, nos luttes acharnées, employant réciproquement les moyens les plus odieux et les

Auguste Bebel

plus vils pour obtenir la place privilégiée ! Et avec cela on dissimule ses véritables convictions, on cache les qualités qui pourraient déplaire, on châtre les caractères, on affecte de faux sentiments et de fausses impressions. Tout ce qui relève et ennoblit l'homme, la vraie conscience de sa dignité, l'indépendance, l'incorruptibilité des opinions et des convictions, la libre expression de la pensée intime, tout cela, dans les conditions sociales actuelles, on vous en fait des défauts et des crimes. Ce sont là des qualités qui mènent infailliblement à la ruine celui qui les possède, s'il ne les étouffe pas. Que tant de gens ne sentent pas leur propre avilissement, cela provient de ce qu'ils y sont habitués. Le chien trouve tout naturel d'avoir un maître qui lui donne à goûter du fouet dans ses moments de mauvaise humeur.

Au milieu de toutes ces profondes modifications de la vie sociale, la production littéraire prendra naturellement, elle aussi, une physionomie foncièrement différente. La littérature théologique qui, actuellement, fournit dans la production littéraire annuelle la plus forte proportion numérique, disparaîtra complètement, en même temps que celle qui a trait aux choses du droit ; il en sera de même de toutes les productions se rapportant aux institutions gouvernementales ou sociales de jadis, qui ne sembleront plus être que des travaux d'érudition historique. Il ne sera plus question de cette quantité d'ouvrages frivoles dus à la dépravation du goût ou aux sacrifices que fait leur auteur pour les publier. On peut dire sans exagération, en prenant pour base les circonstances actuelles, que les quatre cinquièmes au moins des productions littéraires pourraient disparaître du marché sans qu'un seul intérêt scientifique eût à en souffrir, tant est grande la masse des ouvrages superficiels nuisibles ou de pacotille manifeste.

Les belles lettres et le journalisme seront frappés dans la même mesure. Il n'existe rien de plus triste, de plus dénué d'esprit, de plus superficiel que notre littérature périodique. S'il fallait juger de la richesse de notre culture intellectuelle et de nos idées scientifiques d'après le contenu de la plupart de nos journaux, elle pourrait bien se trouver mal en point. La valeur des personnes, l'état des choses y sont jugés d'après des points de vue qui datent des siècles passés et que notre science a dès longtemps montrés comme ridicules et insoutenables. Cela s'explique fort bien. Une grande partie de nos journalistes sont des gens qui ont « manqué leur vocation », mais dont l'état d'éducation et les raisonnements payés sont en rapport avec l'intérêt bourgeois pour mener leur « affaire ». En outre, ces journaux, ainsi que la plupart des feuilles littéraires, ont pour tâche de favoriser dans leurs pages d'annonces les plus malpropres réclames et de faire fructifier la morale bourgeoise ; leur chronique de la Bourse répond au même intérêt dans un autre ordre d'idées.

Prise dans sa moyenne, la littérature des belles-lettres ne vaut pas mieux que la littérature de journal. On y traite notamment, dans toutes leurs difformités, les sujets d'ordre sexuel, tantôt en sacrifiant aux frivolités d'un progrès bâtard, tantôt aux préjugés et aux superstitions les plus ineptes. Le tout a pour but de faire apparaître le monde bourgeois comme le meilleur des mondes, malgré tous les défauts dont on convient en petit.

Sur ce terrain encore, si vaste et si important, la société de l'avenir ne manquera pas de mettre ordre à tout d'une manière fondamentale. On ne connaîtra d'autres maîtres que la science, le vrai, le beau, les luttes d'opinions pour arriver au mieux, et à tout individu qui se montrera capable de se rendre utile on fournira les moyens d'y participer. Il ne dépendra plus alors de la faveur d'un libraire, d'intérêts d'argent, des préjugés, mais du jugement de gens compétents et impartiaux qu'il désignera lui-même.

• • •

Si l'individu doit s'instruire d'une façon complète, - et cela doit être le but de l'association humaine, - il ne doit pas non plus rester attaché à la motte de terre où l'aura jeté le hasard de la naissance. Les livres et les journaux pourront lui apprendre à connaître les hommes et le monde, mais jamais à fond. Il faut pour cela voir les choses par soi-même et en faire une étude pratique. La société future serait impuissante à empêcher ce qui est possible à bien des gens dans l'état social actuel, encore que, dans la plupart des cas, ce soit la contrainte de la misère qui détermine le mouvement d'émigration. Le besoin de changement dans toutes les conditions de la vie est profondément ancré dans la nature humaine. Ce penchant appartient aux instincts de perfection qui sont immanents à tout être organique. Une plante que l'on aura placée dans un lieu obscur s'étendra et s'élèvera, comme consciente de ses actes, vers la lumière tombant de quelque lucarne. Il en est exactement de même pour l'homme. Et un instinct qui, étant inné chez l'homme, est par suite un instinct naturel, doit pouvoir trouver à se satisfaire.

La satisfaction de l'instinct de changement ne trouvera pas non plus d'obstacles dans la société nouvelle qui, bien au contraire, la rendra possible à tous. Le parfait développement des voies de communication favorisera cet instinct dont les relations internationales provoqueront l'éclosion. Il sera donc possible à chacun de faire ses « voyages de vacances », qu'il ne sera pas difficile d'organiser. Tout individu pourra visiter des pays étrangers, s'attacher à une foule d'expéditions et de colonisations de tous genres, à la condition de produire en échange quelque chose d'utile à la société.

Les organes administratifs de la société devront veiller à ce qu'il y ait toujours des approvisionnements en choses nécessaires à la vie en quantité suffisante pour répondre à toutes les demandes. D'après tout ce que nous avons dit, cela sera d'une réalisation facile. La société règlera la durée du travail suivant ses besoins ; elle la fera tantôt plus longue, tantôt plus courte, selon que ses propres exigences et la nature de la saison le rendront désirable. Elle pourra se rejeter davantage sur la production agricole pendant telle saison, sur la production industrielle pendant telle autre, et diriger les forces de travail dont elle disposera suivant les nécessités de ses besoins quotidiens. Par suite, en combinant la nombreuse main-d'œuvre et l'outillage technique perfectionné dont elle disposera, elle sera en mesure de mener à bonne fin, comme en se jouant, des entreprises qui, aujourd'hui, paraissent impossibles.

Tout en se chargeant des soins à donner à sa jeunesse, la société ne délaissera pas ses vieillards, ses malades, ses invalides. Il sera de son devoir d'intervenir en faveur de chacun de ses membres devenu, pour n'importe quelle raison, incapable de travailler. Tous les soins, tous les égards seront assurés à celui-ci ; dans des hôpitaux, des maisons de santé, offrant toutes les ressources de la science, on cherchera à le rendre à la société comme membre actif dans le plus bref délai, ou, s'il est devenu vieux et infirme, on s'efforcera d'embellir ses derniers jours. Jamais la pensée que d'autres attendent sa mort pour « hériter » de lui ne troublera son existence ; jamais l'idée que, devenu vieux, privé de ressources, il sera jeté de côté comme un citron dont on aurait exprimé tout le jus, ne viendra l'inquiéter. Il n'en sera réduit ni à être à la charge de la charité de ses enfants, ni à recevoir l'aumône de la commune [1].

L'état moral et physique de la société, son système de travail, d'habitation, de nourriture, d'habillement, ses conditions sociales, tout enfin contribuera à empêcher le plus possible les accidents, les maladies précoces et les infirmités. La mort naturelle, l'extinction de la force vitale, deviendront de plus en plus la règle, et cette conviction que le « ciel » est sur terre et que mourir s'appelle être à sa fin, déterminera chacun à vivre selon la nature.

À cette façon de vivre naturelle appartient d'abord le fait de boire et de manger raisonnablement. Des partisans de ce qu'on appelle « le régime naturel » demandent souvent pourquoi la démocratie socialiste garde une attitude indifférente à l'égard du végétarisme. Ces questions nous sont une raison de traiter ici ce chapitre en quelques lignes.

Le végétarisme, c'est-à-dire le système qui consiste à se nourrir exclusivement d'aliments végétaux, a pris d'abord naissance dans les classes de la société qui se trouvent dans l'agréable situation d'avoir le choix entre une nourriture végétale ou animale. Pour la très grande majorité des êtres humains, cette question, aujourd'hui, n'existe pas, étant donné qu'ils sont obligés de vivre selon leurs moyens, dont l'insuffisance les renvoie exclusivement ou à peu près à la nourriture végétale, souvent même à la moins substantielle. Pour de très nombreuses catégories de notre population de travailleurs, en Silésie, en Saxe, en Thuringe, et dans tous les districts industriels, la pomme de terre constitue la principale nourriture ; le pain ne vient qu'en deuxième ligne ; la viande, et encore une viande de la plus mauvaise qualité, n'apparaît presque jamais sur la table. De même la plus grande partie de la population rurale vit sans manger de viande, bien qu'elle

1 « L'homme qui a passé toute sa vie, jusqu'à un âge avancé, à travailler honnêtement et assidûment, ne doit vivre, dans sa vieillesse, ni de la charité de ses enfants, ni de celle de la société bourgeoise. Une vieillesse indépendante, libre de tout souci, de toute peine, est la récompense la plus naturelle des efforts ininterrompus faits pendant les années de force et de santé » (Von Thünen : « l'État isolé »). Mais qu'en est-il aujourd'hui dans la société bourgeoise ?

élève le bétail, parce qu'elle est obligée de vendre celui-ci pour pouvoir parer à d'autres besoins avec l'argent qu'elle en tire.

Pour tous ces végétariens par force, un solide beefsteak, un bon gigot de mouton, constitueraient carrément une amélioration de nourriture. Lorsque le végétarisme s'élève contre l'estimation exagérée des qualités nutritives de la viande, il a raison ; il a tort lorsqu'il combat l'emploi de la viande comme pernicieux et redoutable, au moyen d'arguments pour la plupart d'un sentimentalisme exagéré, comme par exemple celui-ci que le sentiment naturel défend de tuer les animaux et de manger d'un « cadavre ». Pourtant, notre désir de vivre agréablement et tranquillement nous oblige à déclarer la guerre à une foule d'êtres vivants, sous forme de vermines de tous genres, et à les détruire ; pour ne pas être dévorés nous-mêmes, il nous faut prendre à tâche de tuer et d'exterminer les bêtes féroces. Si nous laissions vivre en toute liberté les animaux domestiques, ces bons « amis de l'homme », nous nous mettrions sur le dos, au bout de quelques dizaines d'années, une telle quantité de ces bons « amis », qu'ils nous « dévoreraient » tous, en ce sens qu'ils nous prendraient notre propre nourriture. Il est encore exagéré de prétendre qu'une nourriture végétale adoucit les sentiments. Dans l'Indou au caractère débonnaire, et qui se nourrit de végétaux, se réveilla aussi la « bête féroce », quand la dureté des Anglais l'eut poussé à la révolte.

Sonderreger touche juste quand il dit : « il n'y a pas de rang d'ordre dans le plus ou moins de nécessité de tels ou tels aliments, mais une loi immuable pour le mélange de leurs éléments nutritifs ». Il est évident que pas un homme ne consentirait à se nourrir exclusivement de viande, mais qu'il accepterait une nourriture végétale, à la condition de pouvoir la choisir à son goût. D'autre part, aucun homme ne voudrait se contenter d'une nourriture végétale déterminée, celle-ci fut-elle la plus substantielle. Les haricots, les pois, les lentilles, en un mot toutes les légumineuses sont, par exemple, les plus nourrissantes de toutes les substances alimentaires. Être obligé de s'en nourrir exclusivement - ce qui est possible - n'en serait pas moins épouvantable. Ainsi Karl Marx raconte, dans « le Capital », que les propriétaires des mines du Chili obligent leurs ouvriers à manger des haricots d'un bout de l'année à l'autre, parce que cet aliment leur donne une grande vigueur et les met en état, comme ne le ferait aucune autre nourriture, de porter les plus lourds fardeaux. Les ouvriers repoussent souvent les haricots, mais ils ne reçoivent rien d'autre, et ils sont bien obligés de les manger.

Il est visible qu'au fur et à mesure que la civilisation a fait des progrès, la nourriture végétale est davantage entrée dans les habitudes aux lieu et place de l'alimentation exclusivement animale telle qu'elle existe chez les peuples chasseurs et pasteurs. La variété de la culture des plantes est principalement le signe d'un haut degré de civilisation. À cela s'ajoute que l'on peut tirer d'une surface de terre donnée plus de substances alimentaires végétales qu'on n'y produirait de viande par l'élevage du bétail. C'est pour cela que la nourriture végétale joue un rôle toujours plus considérable, car l'importation de viandes provenant de l'exploitation bourgeoise irraisonnée de certains pays, notamment de l'Amérique du Sud, qui a été faite chez nous à une époque récente, n'a pas tardé à prendre presque fin au bout de peu d'années. D'autre part, il y a lieu de considérer que l'on ne fait pas l'élevage du bétail uniquement à cause de la viande, mais aussi pour la laine, le poil, les soies, les peaux, le lait, les oeufs, etc., et que quantité d'industries et de besoins humains en dépendent, et qu'en outre une foule de déchets de l'industrie et du travail ne peuvent guère trouver d'emploi plus utile que dans l'élevage du bétail. Enfin la mer devra ouvrir à l'humanité de l'avenir, d'une façon tout autre que jusqu'ici, ses trésors presque inépuisables d'aliments animaux. Le végétarisme, en tant que système exclusif d'alimentation, n'est donc ni vraisemblable ni nécessaire pour la société future ; il n'est même pas possible.

Mais, à ce moment, il s'agira beaucoup plus, en fait de nourriture, de qualité que de quantité. La quantité ne sert pas à grand'chose quand la qualité n'y est pas. Celle-ci sera encore considérablement améliorée par le mode nouveau de préparation des mets. Cette préparation devra donc être menée aussi scientifiquement que les autres travaux humains, si on veut qu'elle soit aussi avantageuse que possible. Il faut pour cela deux choses : le savoir-faire et l'installation. Il serait superflu d'insister encore ici sur ce point que la plupart de nos femmes, à qui incombe principalement la préparation des aliments, ne sont pas et ne peuvent pas être en possession de ce savoir-faire. Mais il leur manque aussi pour cela toutes les installations nécessaires. Comme nous pouvons nous en convaincre dans n'importe quelle cuisine d'hôtel, dans n'importe quelle cuisine à vapeur de caserne ou d'hôpital, ou dans toutes les expositions d'art culinaire, il existe dès à présent des appareils de cuisson et de rôtisserie d'une haute perfection technique, c'est-à-dire établis d'après les principes de la science. Il s'agit d'obtenir les résultats les plus avantageux en employant le minimum de force, de temps et de matériel. Cela est surtout important en ce qui concerne l'alimentation humaine. À ce point de vue, la petite cuisine particulière pour un ménage unique a donc fait son temps ; c'est un genre d'installation qui dissipe et gaspille le temps, la force et le matériel, d'une façon insensée. La préparation complète des aliments sera dans la société nouvelle une institution également sociale qui sera poussée au plus haut degré de l'utile et de l'avantageux. La cuisine du ménage aura disparu. La valeur nutritive des mets augmente en raison de leur faculté d'assimilation facile ; celle-ci est de haute importance. La société nouvelle seule peut donc rendre possible pour tous un système d'alimentation conforme à la nature.

Caton dit, à l'éloge de l'ancienne Rome, que jusqu'au sixième siècle de son existence (200 av. J.-Ch.) il s'y trouvait bien des individus connaissant les remèdes, mais que ceux qui ne faisaient que soigner les malades manquaient d'ouvrage. Les gens vivaient d'une façon si simple et si sobre qu'il ne se produisait que rarement des maladies, et que le genre de mort le plus habituel était la mort due à la faiblesse de l'âge. Cet état de choses ne changea que lorsque la débauche et l'oisiveté, en un mot le dérèglement de la vie pour les uns, la misère et les tourments pour les autres, firent des victimes autour d'eux. « Qui mange peu vit bien », c'est-à-dire longtemps, a dit l'italien Cornaro au XVIe siècle, suivant la citation de Niemeyer.

Enfin la chimie servira également dans l'avenir à la préparation d'aliments nouveaux et perfectionnés, et cela dans une mesure inconnue jusqu'ici. À l'heure actuelle, on fait de cette science un fort mauvais usage pour faciliter des falsifications et des escroqueries. Il est cependant clair qu'un aliment chimiquement bien préparé, ayant les mêmes propriétés qu'un produit naturel, doit remplir le même but. La façon dont il aura été préparé est chose secondaire, dès lors que le produit en lui-même répond à tout ce qu'on demande autrement de lui.

Qu'on annexe en outre aux établissements centraux de préparation des aliments, des installations centrales de blanchisserie où le linge sera lavé, séché, apprêté par des procédés mécaniques et chimiques ; que l'on tienne la main à ce qu'il y ait, outre le chauffage et l'éclairage centraux, des distributions d'eau froide et chaude et des établissements de bains en suffisance ; que la lingerie et l'habillement se confectionnent dans des ateliers centraux, - et de la sorte toute la vie domestique sera foncièrement transformée et simplifiée. Le domestique, cet esclave de toutes les lubies de la « maîtresse », aura disparu, mais la « dame » aussi [1].

---

1 « Sans domestiques, pas de civilisation », s'exclame en un pathos comique le professeur von Tretzschke ,au cours d'une polémique contre le socialisme. Que nos domestiques soient « les piliers de notre civilisation », voilà qui est, certes, du nouveau. Il est aussi difficile à la tête professorale et savante de M. von Tretzschke de voir plus loin que le monde bourgeois qu'il l'était à Aristote, il y a 22 siècles, de voir plus loin que le monde grec. L'existence de la société paraissait impossible à Aristote sans esclaves. M. von Tretzschke prend, lui, ouvertement souci et se casse la tête pour savoir qui lui cirera ses bottes et lui battra ses habits, et c'est là en effet une question qui provisoirement reste encore « irrésolue ». Mais plus de 90 individus sur cent vaquent eux-mêmes à cette besogne ; les dix autres pourront donc aussi en faire autant dorénavant, si dans l'intervalle des machines ne viennent pas la faciliter, ou si M. le professeur ne trouve pas quelque garçon compatissant qui le tire d'embarras, car j'espère bien qu'il verra encore de son vivant les temps nouveaux. Au surplus, le travail ne déshonore pas, même quand il consiste à cirer des bottes ; plus d'un officier de vieille noblesse, qui, ayant filé en Amérique à cause de ses dettes, y est devenu homme de peine ou décrotteur, a déjà pu s'en convaincre.

Auguste Bebel

Chapitre III

La femme dans l'avenir

Ce chapitre peut être fort court. Il contient simplement les conséquences qui découleront pour la situation de la femme de tout ce que nous avons dit jusqu'ici, conséquences que chacun peut en tirer lui-même.

La femme, dans la société nouvelle, jouira d'une indépendance complète ; elle ne sera plus soumise même à un semblant de domination ou d'exploitation ; elle sera placée vis-à-vis de l'homme sur un pied de liberté et d'égalité absolues.

Son éducation sera la même que celle de l'homme, sauf dans les cas où la différence des sexes rendra inévitable une exception à cette règle et exigera une méthode particulière de développement ; elle pourra, dans des conditions d'existence vraiment conformes à la nature, développer toutes ses formes et toutes ses aptitudes physiques et morales ; elle sera libre de choisir, pour exercer son activité, le terrain qui plaira le plus à ses vœux, à ses inclinations, à ses dispositions. Placée dans les mêmes conditions que l'homme, elle sera aussi active que lui. Bien mieux, employée d'abord comme ouvrière à quelque travail pratique, elle donnera, l'heure d'après, ses soins à l'éducation, à l'instruction de la jeunesse ; pendant une troisième partie de la journée, elle s'exercera à un art, à une science quelconques, pour remplir enfin, dans une dernière période de la journée, quelque fonction administrative. Elle prendra de l'agrément, de la distraction avec ses pareilles ou avec des hommes, comme il lui conviendra et selon les circonstances.

Elle jouira de même que l'homme d'une entière liberté dans le choix de son amour. Elle aspirera au mariage, se laissera rechercher et conclura son union sans avoir à considérer autre chose que son inclination. Cette union sera, comme aux temps primitifs, un contrat privé, sans l'intervention d'aucun fonctionnaire, mais elle se différenciera de celle de ce temps-là en ce que la femme ne tombera pas, à la suite d'un achat ou d'un cadeau, aux mains d'un homme dont elle deviendrait l'esclave et qui pourrait la répudier à son gré.

L'être humain devra être en mesure d'obéir au plus puissant de ses instincts aussi librement qu'à tous ses autres penchants naturels. La satisfaction de l'instinct sexuel est chose aussi personnelle à tout individu que celle de n'importe quel autre instinct que la nature lui a donné. Nul n'aura de compte à rendre sur ce point ; aucun intrus n'aura à s'en mêler. L'intelligence, l'éducation, l'indépendance, rendront le choix plus facile et le dirigeront. S'il y a incompatibilité, si les conjoints sont désabusés, s'ils se deviennent antipathiques l'un à l'autre, la morale ordonnera de dénouer une situation devenue aussi contraire à la nature qu'aux mœurs. Les hommes et les femmes étant en nombre égal, toutes les circonstances qui condamnaient une foule de ces dernières au célibat ou à la prostitution disparaîtront ; par suite les hommes ne seront plus en mesure de prendre pour excuse la disproportion numérique des sexes. D'autre part, les modifications radicales subies par les conditions sociales auront levé tous les obstacles et supprimé toutes les causes de désorganisation qui - ainsi que nous l'avons montré plus haut - influent aujourd'hui sur la vie conjugale et l'empêchent si fréquemment de prendre tout son développement.

Tous ces obstacles, tout ce qu'il y a de contraire à la nature dans la situation actuelle de la femme, ont amené à considérer comme parfaitement juste que le choix de l'amour soit libre et que l'union puisse également être défaite, sans empêchements extérieurs, quand cela est nécessaire, des gens qui, pour le reste, ne sont pas disposés à pousser plus loin la modification de notre état social actuel. C'est ainsi, par exemple, qu'au cours d'une polémique dirigée contre les efforts faits par Fanny Lewald en vue de l'émancipation de la femme, Mathilde Reichardt-Stromberg dit ce qui suit.

« Si vous réclamez pour la femme l'égalité de droits absolue avec l'homme, dans la vie sociale et politique, George Sand a nécessairement raison aussi dans ses revendications émancipatrices qui ne tendent à rien moins qu'à réclamer ce que l'homme a possédé depuis longtemps sans conteste. Car il n'y a véritablement aucune raison pour que la tête seule de la femme et non pas son cœur aussi prenne, et soit libre de prendre et de donner, la même part que l'homme à cette égalisation de ses droits. Au contraire, si la femme, en raison de sa nature, a le droit et aussi le devoir - car nous ne devons pas dissimuler les charges qui nous incombent - de tendre à l'extrême les fibres de son cerveau pour se mettre en état de lutter avec les géants intellectuels de l'autre sexe -, elle doit avoir aussi comme eux, le droit, pour maintenir l'équilibre, d'accélérer les battements de son cœur de telle façon qu'il lui parait convenable. Car nous avons bien lu toutes - et sans que notre pudeur en fût le moins du monde irritée - combien souvent Goethe, pour ne prendre que le plus grand pour exemple, a dépensé, chaque fois avec une femme nouvelle, toute la chaleur de son cœur et tout l'enthousiasme de sa grande âme. L'homme de bon sens ne trouve rien que de naturel à cela, précisément en raison de ce que la grande âme de Goethe était difficile à satisfaire ; seul le moraliste étroit s'y arrête et y trouve à redire. Pourquoi donc voulez-vous tourner en dérision les « grandes âmes » prises parmi les femmes ?... Admettons pour une fois que le sexe féminin tout entier se compose, sans exception, de « grandes âmes », à la George Sand, que chaque femme soit une Lucrezia Floriani, dont tous les enfants soient des enfants de l'amour, mais qui ne les en élève pas moins avec autant d'affection et de dévouement que de jugement et de raison. Que deviendrait le monde dans ces conditions ? Il n'est pas douteux que le monde n'en subsisterait pas moins, qu'il ferait des progrès comme aujourd'hui et qu'il pourrait peut-être même s'en trouver remarquablement bien ».

L'auteur a pleinement raison. Ce qu'a fait Goethe, des milliers d'autres, qui ne sauraient d'ailleurs lui être comparés, l'ont fait et le font encore, sans perdre pour cela la moindre estime ni la moindre considération dans la société. Il suffit de se placer à un point de vue particulier, et tout va de soi. Les femmes de cette catégorie sont nombreuses et même ne s'imposent point de retenue ; mais, prises en masse, elles se trouvent dans des conditions bien plus défavorables, et enfin les femmes du caractère d'une George Sand sont aujourd'hui fort rares. Mais malgré cela, une situation de ce genre est, de nos jours, contraire aux mœurs parce qu'elle heurte les lois morales établies par la société et qu'elle est en contradiction avec la nature même de notre état social. Le mariage forcé est, pour la société, le mariage normal, la seule union « morale » des sexes ; partant de là, toute autre union sexuelle, qu'il s'agisse de n'importe qui, est « immorale ». Cela est parfaitement dans l'ordre.

Le mariage bourgeois est la résultante de la propriété bourgeoise. À ce mariage, étroitement lié à la propriété individuelle, au droit héréditaire, il faut des enfants « légitimes » pour « héritiers », et c'est pour arriver à ce but qu'il est conclu. Sous la pression des conditions sociales, il est imposé par les classes dirigeantes à ceux-là même qui n'ont rien à laisser après leur mort.

Enfin, comme, surtout dans la société nouvelle, il n'y aura rien à léguer, à moins que l'on ne considère le mobilier domestique comme une part d'héritage particulièrement importante, le mariage forcé tombera, pour cette raison, en désuétude. Cela suffit pour vider la question du droit héréditaire, que le socialisme n'aura pas besoin d'abolir.

La femme sera donc entièrement libre ; son ménage et ses enfants, si elle en a, ne pourront qu'augmenter son bonheur, sans rien lui enlever de son indépendance. Des gardiennes, des institutrices, des amies de son sexe, des jeunes filles, se trouveront à ses côtés toutes les fois qu'elle aura besoin d'aide.

Il se peut que dans l'avenir il se trouve encore isolément des hommes qui disent, comme Humboldt : « Je ne suis pas fait pour être père de famille. D'ailleurs je considère que se marier est un péché et faire des enfants un crime ». Qu'est-ce que cela peut faire ? la puissance de l'instinct naturel pourvoira à l'équilibre, et nous n'avons pas besoin de nous inquiéter aujourd'hui du pessimisme philosophique de Mainlaender ou de Von Hartmann qui, dans « l'État idéal », laissent entrevoir la destruction de la société par elle-même.

Au contraire, Fr. Ratzel a pleinement raison quand il écrit :

« L'homme devrait ne pas se considérer plus longtemps comme une exception aux lois de la nature, mais commencer au contraire à rechercher ce qui, dans ses propres actions et ses pensées, leur est conforme, et s'efforcer de diriger sa vie suivant ces lois. Il en arrivera à organiser la vie commune avec ses semblables, c'est-à-dire la famille et l'État, non pas d'après les lois des siècles passés, mais d'après les principes raisonnables d'une notion exacte de la nature. La politique, la morale, les principes fondamentaux du droit, alimentés aujourd'hui par toutes les sources possibles, ne devront être façonnés que conformément aux lois naturelles. L'existence vraiment digne de l'homme, à propos de laquelle on divague depuis des milliers d'années, deviendra enfin une réalité ».

Internationalisme

Mener une existence digne de l'homme ne saurait être uniquement le privilège d'un seul peuple qui, si accompli qu'il pût être, ne réussirait ni à créer ni à faire tenir debout cet état de choses, parce que celui-ci n'est que le produit d'un travail commun de forces et de tendances internationales. Bien que partout l'idée de nation domine encore les esprits et qu'on s'en serve pour maintenir le pouvoir politique et social actuel, parce qu'il n'est possible qu'à l'intérieur des frontières nationales, nous n'en sommes pas moins déjà profondément entrés dans l'internationalisme.

Les conventions commerciales et maritimes, les traités postaux universels, les expositions internationales, les congrès pour le droit et l'unification des mesures, ceux des travailleurs - qui sont loin de venir en dernier lieu -, les expéditions internationales d'exploration, notre commerce et notre trafic, tout cela et bien autre chose encore accuse un caractère international qu'ont pris les tendances des divers peuples civilisés, malgré leur limites nationales à travers lesquelles ils se sont fait jour. Déjà, en opposition au travail national, nous parlons d'un travail universel auquel nous attribuons la plus grande importance parce que des conditions dans lesquelles il se trouve dépendent le bien-être et la prospérité des nations prises séparément. Nous échangeons une grande partie de nos produits propres contre ceux de pays étrangers, faute desquels nous ne pourrions plus vivre. Et de même qu'une branche d'industrie souffre quand telle autre périclite, de même la production nationale d'un pays se trouve fortement enrayée quand celle d'un autre languit. Les rapports des différents pays entre eux deviendront toujours plus étroits malgré toutes les perturbations qui pourront survenir, telles que les guerres et les excitations nationales, et cela parce que les intérêts matériels de tous les plus puissants, l'emportent sur tout. Chaque voie nouvelle, chaque amélioration d'un moyen de communication, chaque découverte ou perfectionnement d'un système de production, ayant pour résultat de diminuer le prix des marchandises, renforce l'intimité de ces rapports. La facilité avec laquelle les déplacements peuvent se faire entre pays fort éloignés les uns des autres est un nouvel et très important facteur dans la chaîne des relations. L'émigration et la colonisation sont un autre puissant levier. Un peuple apprend de l'autre, et tous deux cherchent à se dépasser réciproquement dans une lutte d'émulation. À côté de l'échange de produits matériels de tout genre s'opère également l'échange des productions intellectuelles. L'étude des langues vivantes devient une nécessité pour des millions d'individus. À coté des intérêts matériels, rien ne dispose plus à la suppression des antipathies que l'initiation à la langue et aux productions intellectuelles d'un peuple étranger.

Les progrès qui se réalisent de la sorte sur l'échelle internationale ont pour résultats que les différents pays se ressemblent toujours de plus en plus dans leurs conditions sociales. Pour les nations civilisées les plus avancées dans le progrès, et qui, par cela même, fournissent un terme de comparaison, cette ressemblance est déjà si grande que celui qui a appris à connaître la structure sociale d'un peuple connaît en même temps, dans ses grandes lignes, celle de tous les autres. Il en est ici à peu près de même que dans la nature où, pour des animaux de même espèce, le squelette est identique quant à l'organisation et à la structure, ce qui n'empêche pas que pour chaque genre il se manifeste des variations dans la taille, dans la vigueur et dans d'autres particularités accessoires.

Il découle encore de là que partout où existent des bases sociales identiques, leurs effets doivent aussi être les mêmes ; l'accumulation de grandes fortunes a pour contraste la pauvreté de la foule, l'esclavage du salariat, l'asservissement des masses au machinisme, la domination de la minorité sur le plus grand nombre, avec toutes les conséquences qui en ressortent.

En fait, nous voyons que les mêmes contrastes de classes qui minent l'Allemagne mettent en mouvement toute l'Europe et les États-Unis. De la Russie jusqu'au Portugal, des Balkans, de la Hongrie et de l'Italie jusqu'en Angleterre et en Irlande, nous trouvons le même esprit de mécontentement, les mêmes symptômes de fermentation sociale, de malaise général et de décomposition. Ils paraissent différents dans leurs manifestations extérieures, suivant le caractère de la population et la forme de l'état politique, mais au fond ils sont essentiellement les mêmes. Ce sont là de profonds contrastes sociaux. Pour chaque année que dure davantage cette situation, ils deviennent plus aigus, ils imprègnent plus profondément et plus largement le corps social jusqu'à ce qu'en fin de compte, pour un motif peut-être insignifiant, l'explosion ait lieu, et que celle-ci se répande comme un coup de foudre sur tout le monde civilisé, appelant partout les esprits à prendre part à la lutte pour ou contre le progrès.

La guerre entre le monde nouveau et l'ancien sera allumée Des masses d'hommes entreront en scène, on combattra avec une quantité de forces intellectuelles telle que jamais le monde n'en a vu encore en guerre et comme il n'en verra pas une seconde fois. Ce sera la dernière lutte sociale. Le XIXe siècle aura de la peine à prendre fin sans que cette lutte ait éclaté.

La société nouvelle s'édifiera donc sur une base internationale. Les nations fraterniseront, se tendront mutuellement les mains, et songeront alors à étendre progressivement le nouvel état de choses à tous les peuples de la terre [1]. Elles iront à eux, non en ennemis qui cherchent à les exploiter et à les asservir, non en représentants d'une foi étrangère qu'ils voudraient leur imposer, mais en amis qui désirent faire d'eux des êtres humains civilisés.

Les peuples civilisés une fois réunis en une vaste fédération, le moment sera venu aussi où « les fureurs de la guerre se tairont ». La paix éternelle n'est pas un rêve, comme le croient et essaient de le faire croire aux autres tous les messieurs en uniforme de la terre. Le temps sera venu alors ou les peuples auront reconnu leur véritable intérêt, et celui-ci ne sera pas sauvegardé par les combats et les batailles, par des préparatifs guerriers qui ruinent un pays, mais exactement par le contraire. Ainsi les dernières armes prendront, comme tant de leurs

---

1 « L'intérêt national et l'intérêt de l'humanité se trouvent aujourd'hui en pleine hostilité. À un degré de civilisation plus élevé, les deux intérêts viendront se rejoindre, et n'en feront plus qu'un » (von Thünen, l' « État isolé »).

devancières, le chemin des collections d'antiquités, pour montrer aux générations futures comment leurs prédécesseurs se déchirèrent pendant des milliers d'années, jusqu'à ce qu'enfin l'être humain eût triomphé en lui-même de la bête féroce.

Les générations de l'avenir accompliront alors sans peine des tâches auxquelles les esprits supérieurs des temps passés auront longuement réfléchi et dont ils auront cherché la solution sans pouvoir y atteindre. Un progrès dans la civilisation en amènera un autre, imposera à l'humanité ses devoirs nouveaux et la mènera à un développement intellectuel toujours plus vaste.

« Étant donné que le commerce, l'instruction et le transport de la pensée et de la matière ont, grâce au télégraphe et à la vapeur, tout modifié, je crois que Dieu a destiné le monde à devenir une nation, à parler une seule langue, à atteindre un point de perfectionnement où les armées et les flottes de guerre ne seront plus une nécessité ». Extrait d'un discours de feu le président Grant. Il ne faut pas s'étonner que, pour un Yankee pur sang, Dieu soit appelé à jouer ce rôle. Nulle part l'hypocrisie n'est aussi développée qu'aux États-Unis. Moins le pouvoir gouvernemental, en raison de son organisation, peut opprimer les masses, plus la religion est obligée de le faire. C'est pour cela que la bourgeoisie est la plus pieuse partout ou l'action gouvernementale est la plus relâchée. À ce point de vue, on peut placer à côté des États-Unis l'Angleterre, la Belgique et la Suisse ».

Surpopulation

Partant du point de vue international où nous venons de nous placer, nous pouvons encore donner on toute liberté notre avis sur une autre question d'actualité brûlante, celle qui ressort pour quelques personnes de l'accroissement de la popultion. On en fait même une question de la plus haute importance, de la solution de laquelle dépend avant tout celle de toutes les autres. Depuis Malthus, il a été beaucoup discuté un peu partout sur la loi qui régit l'augmentation de la population. Dans son livre devenu « célèbre » et « fameux » 1 « Essai sur le principe de population », qui, d'après Karl Marx, n'est qu' « un plagiat enfantin, superficiel, hypocrite et déclamatoire, des ouvrages de Sir James Stewart, de Towsend, de Franklin, de Wallace, etc., et ne renferme pas une phrase de pensée personnelle », Malthus émet l'opinion que l'humanité tend à s'accroître suivant une progression géométrique (1, 2, 4, 8, 16, 32 etc.), tandis que la production des vivres ne suit qu'une progression arithmétique (1, 2, 3, 4, 5, 6, etc.). - Il en résulterait nécessairement qu'il s'établirait d'une façon très rapide entre le chiffre de la population et les ressources alimentaires une disproportion qui mènerait alors à la misère et à la mort par masses. Il serait donc nécessaire de s'imposer la continence dans la procréation des enfants, et il faudrait s'abstenir du mariage si on n'avait pas les moyens suffisants, sous peine de voir les enfants ne pas trouver de place « au banquet de la nature ».

La peur de la surpopulation est déjà vieille. Nous avons vu ici même qu'on y a déjà pensé dans la discussion des conditions sociales chez les Grecs, chez les Romains, à la fin du Moyen-âge. Cette peur - et c'est là un point caractéristique qui mérite d'être pris en sérieuse considération - se manifesta constamment dans les périodes de décadence et de ruine de l'état social. Cela s'explique. Toutes les conditions sociales ont reposé jusqu'ici sur l'autorité de classes ; or le meilleur moyen d'amener la prépondérance d'une classe est la prise de possession du sol. Celui-ci passe des mains d'un grand nombre de propriétaires entre celles d'un petit nombre qui ne l'utilise et ne le cultive que de la façon la plus incomplète. La grande masse se trouvant ainsi privée de fortune et de moyens d'existence, sa part de subsistance dépend du bon vouloir de ceux qui sont les maîtres. Mais ceux-ci, à leur tour, se combattent entre eux. Cette lutte revêt des formes particulières, suivant les conditions dans lesquelles la société se trouve placée, et se termine inévitablement par la concentration de la propriété du sol entre un nombre toujours plus restreint de mains de la classe dirigeante. Dans ces conditions, tout accroissement de la famille devient une charge pour les moins bien partagés, et le spectre de la surpopulation apparaît. Celui-ci répand d'autant plus la terreur que la propriété foncière se réunit en moins de mains et que le sol perd davantage de sa productivité, grâce à l'abandon dans lequel on en laisse la culture ou au pur emploi d'agrément qu'en font les propriétaires. À aucune époque Rome et l'Italie ne furent aussi pauvres en ressources alimentaires que lorsque la totalité du sol se trouva entre les mains d'environ 3.000 grands propriétaires ; d'où le cri d'alarme : « la grande propriété mène Rome à sa ruine ». Le sol était transformé en vastes territoires de chasse et en jardins d'agrément grandioses ; en maints endroits on le laissait en friche parce que sa culture par le travail des esclaves coûtait plus cher que les céréales et les grains qu'on tirait de la Sicile et de l'Afrique. Cette situation ouvrait encore une large porte à l'accaparement le plus éhonté des blés. Appauvris de la sorte, les citoyens romains et la plus grande partie des nobles aimèrent mieux renoncer à se marier et à faire des enfants. Ainsi prirent naissance ces lois qui établirent des primes au mariage et à la paternité, afin de mettre obstacle à la décroissance constante du peuple-roi.

Le même phénomène se produisit vers la fin du Moyen-âge après que, des siècles durant, la noblesse eut, par tous les moyens, tant par la ruse que par la force, dépossédé de leurs biens une foule de paysans, accaparé la propriété communale, et que les paysans, s'étant soulevés et ayant été vaincus, le pillage n'en eût continué que de plus belle et se fût étendu jusqu'aux biens de l'Église. Jamais le nombre des malfaiteurs, des mendiants, des vagabonds, ne fut plus grand que dans la période qui précéda et suivit immédiatement la Réforme. La population des campagnes, expropriée, afflua vers les villes ; mais là les conditions du travail étaient également devenues toujours plus mauvaises, pour les raisons que nous avons déjà exposées. Et c'est ainsi que la « surpopulation » se manifestait de toutes parts.

Malthus entra en scène, de son côté, à cette période de l'industrie anglaise où les nouvelles découvertes de Hargreave, d'Arkwright et de Watt introduisaient dans la mécanique et la technique des modifications profondes qui influèrent d'abord et surtout sur les industries du coton et du lin et enlevèrent leur pain à des dizaines de milliers d'ouvriers qui en dépendaient. La concentration des capitaux et de la propriété foncière prit à cette époque, en Angleterre, des proportions énormes, et avec l'accroissement rapide de la richesse d'un côté coïncida la misère des masses de l'autre. À un pareil moment, les classes dirigeantes, qui avaient toutes les raisons pour considérer le monde tel qu'il était comme le meilleur, devaient nécessairement chercher à expliquer à leur manière un phénomène aussi contradictoire que l'appauvrissement des masses, an milieu de l'accroissement de la richesse et de la plus haute prospérité industrielle. On ne trouva rien de mieux que d'en rejeter la faute sur l'augmentation beaucoup trop rapide du nombre des travailleurs, due à la procréation des enfants, et non pas sur le fait que leur surabondance était causée par le système de production capitaliste et par l'accumulation du sol entre les mains des landlords. Dans ces conditions, le « plagiat enfantin, superficiel et hypocritement déclamatoire » que publia Malthus, ne fit qu'exprimer avec violence les pensées et les vœux secrets de la classe dirigeante et justifier sa conduite aux yeux du monde. Ainsi s'expliquent l'étonnante approbation qu'il trouva d'un côté, et la violente hostilité qu'il rencontra de l'autre. Malthus avait, au bon moment, prononcé pour la bourgeoisie anglaise le mot qu'il fallait, et c'est ainsi qu'il fut, bien que son écrit ne contînt « pas une seule phrase de pensée personnelle », sacré grand homme, homme célèbre, et que son nom devint le mot d'ordre de toute la doctrine.

Eh bien, les circonstances qui fournirent à Malthus l'occasion de pousser son cri de détresse et de formuler sa brutale doctrine - car il l'appliqua spécialement à la classe laborieuse, joignant encore ainsi l'outrage au mal qu'il faisait - ces circonstances, dis-je, non seulement n'ont pas pris fin depuis cette époque, mais elles ont encore empiré d'année en année. Et cela non pas dans la seule patrie de Malthus, le Royaume Uni (Malthus était écossais de naissance comme Adam Smith), mais encore dans tous les pays du monde où le système de production capitaliste, de mise au pillage du sol, de domestication et d'oppression des masses sous le machinisme, a jeté ses racines dans l'industrie et a trouvé moyen de les propager. Ce système, ainsi que nous l'avons montré, consiste partout à séparer le travailleur de ses instruments de travail et à concentrer ceux-ci, qu'il s'agisse du sol ou d'un outil, dans les mains des capitalistes. Il crée sans cesse de nouvelles branches d'industrie, les perfectionne, les concentre et jette alors sur le pavé, rend « superflues », de nouvelles masses de prolétaires. Dans l'agriculture, comme jadis dans l'ancienne Rome, il développe la grande propriété avec toutes ses conséquences. L'Irlande qui, à ce point de vue, est la terre la plus classique d'Europe, et que le système de pillage anglais a le plus durement éprouvée, comprenait, en 1876, 884,4 milles carrés de prairies et de pâturages contre 263,3 seulement de terres cultivées, et chaque année voit faire de nouveaux progrès à la transformation de terres cultivées en prairies, en pâturages pour les moutons et les bestiaux, en territoires de chasse pour les landlords. La terre, en Irlande, se trouve en outre souvent entre les mains d'un grand nombre de petits ou même de très petits fermiers qui ne sont pas en état d'exploiter le sol dans une large mesure. L'Irlande offre ainsi l'aspect d'une contrée qui, de pays d'agriculture, retourne à l'état de pays primitif, opérant ainsi en sens inverse l'évolution qui avait fait d'elle d'un pays primitif un pays agricole. En outre, la population qui, au début de ce siècle, dépassait plus de huit millions de têtes, est tombée aujourd'hui à cinq millions environ, et malgré cela, il y en a encore quelques millions de trop. L'Écosse présente un tableau absolument semblable [1]. Le même fait se reproduit dans la Hongrie qui n'est entrée qu'au cours de la seconde moitié de ce siècle dans le mouvement de la civilisation moderne. Un pays riche comme peu de contrées en Europe en terres fertiles est à la veille de la banqueroute ; sa population est criblée de dettes, pauvre, misérable, livrée aux usuriers, et de désespoir elle s'expatrie en masse, tandis que la propriété du sol s'est concentrée entre les mains de modernes magnats capitalistes qui mènent, à travers les bois et les terres, la plus terrible et la plus pillarde des exploitations, de telle sorte que, dans un temps peu éloigné, la Hongrie cessera d'être un pays producteur de céréales. Il en va entièrement de même pour l'Italie. Là aussi l'unité politique a puissamment aidé le développement capitaliste à se mettre en marche, mais les laborieux paysans du Piémont et de la Lombardie, de la Toscane et des Romagnes, s'appauvrissent toujours de plus en plus et se ruinent rapidement. Déjà il commence à se former des marécages et des bourbiers là où, il y a quelques dizaines d'années, on trouvait les jardins et les champs bien soignés d'une foule de petits

---

1 « Deux millions d'âcres, comprenant les terres les plus fertiles de l'Écosse, sont complètement en friche. L'herbe naturelle de Glen Tilt compte parmi les plus nourrissantes du comté de Perth ; le Deer forest de Ben Aulder était le meilleur terrain à prairies du vaste district de Badenoch ; une partie du Black Mount Forest était le pâturage le plus avantageux pour les moutons à tête noire. On peut se faire une idée de l'étendue du sol dévasté au profit des amateurs de chasse par ce fait qu'il embrassait une surface bien plus grande que celle du comté du Perth. Ce que le pays a perdu de sources de production par suite de cette violente dévastation, on peut l'évaluer par cet exemple que le sol du parc de Ben Aulder pourrait nourrir 15.000 moutons, et qu'il ne comprend que la trentième partie du total des territoires de chasse de l'Écosse... Tout ce pays de chasse est entièrement improductif... Il aurait tout aussi bien pu être englouti dans les flots de la mer du Nord » (Karl Marx : « Le Capital »).

Auguste Bebel

cultivateurs. La malaria, cette fièvre terrible, prend des proportions telles que le gouvernement effrayé fit faire en 1882 une enquête qui donna ce triste résultat que, sur 69 provinces du royaume, 32 en étaient atteintes à un haut degré, 32 déjà contaminées et 5 seulement restées indemnes. La maladie, qui n'était connue jadis que dans les campagnes, envahit aussi les villes, parce que le prolétariat qui s'y entasse de plus eu plus fort, augmenté encore de la population rurale prolétarisée, représente le foyer d'infection de la maladie.

Ces faits, rapprochés de tout ce que nous avons déjà dit dans cet ouvrage du système de production capitaliste, nous prouvent que la misère et la pauvreté des masses ne sont pas la conséquence d'une pénurie de moyens d'existence et d'alimentation, mais les suites de l'inégalité du partage de ceux-ci ; cela conduit à ce que les uns ont le superflu, tandis que les autres manquent du nécessaire. Il en résulte que l'on gâche et gaspille les ressources et que l'on abandonne les bénéfices de la production.

Les assertions de Malthus n'ont donc de signification que si l'on prend pour point de départ le système de production capitaliste, et celui qui part de ce point de vue a toutes les raisons de défendre ce système, car autrement le terrain se déroberait sous ses pieds.

D'autre part, la production capitaliste elle-même pousse à la procréation des enfants, en ce sens qu'elle a besoin d'eux sous formes de « bras » à bon marché pour ses fabriques. Avoir des enfants devient chez le prolétaire urne sorte de calcul, par ce fait que leur entretien ne lui coûte que peu ou rien parce que leur travail en couvre les frais. Il est même obligé d'en avoir beaucoup parce qu'il en résulte pour lui, dans la petite industrie par exemple, la certitude de pouvoir augmenter ses moyens de concurrence. Certes, c'est là un système absolument abominable, car il accroît l'appauvrissement du travailleur et provoque sa propre superfluité en raison de ce que les enfants en viennent à servir les machines à sa place.

Mais comme l'immoralité et le caractère nuisible de ce système sautent aux yeux et qu'ils progressent au fur et à mesure que l'exploitation capitaliste s'élargit et gagne du terrain, on comprend que les idées de

Malthus fassent des progrès chez des idéologues bourgeois - et c'est ce que sont tous les économistes bourgeois -, et que, particulièrement en Allemagne aussi, l'idée de surpopulation trouve chaque jour plus d'écho dans la classe moyenne. Le capital, accusé reconnu innocent, est sauvé, et le travailleur seul est le coupable.

Il n'y a qu'un dommage, c'est que l'Allemagne n'a pas que des prolétaires « en trop », mais encore des « intelligences », que le capital ne crée pas seulement la surproduction pour le sol, les marchandises, les ouvriers, les femmes et les enfants, mais encore pour les « employés » et les « savants », ainsi que je le montrerai plus loin. Il n'y a qu'une chose que le monde capitaliste ne trouve pas « de trop », c'est le capital et son porteur, le capitaliste.

Si donc les économistes bourgeois sont Malthusiens, ils sont ce que l'intérêt bourgeois les oblige à être ; seulement il ne faut pas qu'ils s'avisent de transporter leurs lubies bourgeoises dans la société socialiste. C'est ainsi que John Stuart Mill dit, par exemple : « Le communisme est précisément cet état de choses dans lequel il est permis de s'attendre à ce que l'opinion publique se prononce avec une extrême vigueur contre cette espèce d'intempérance d'égoïsme. Tout accroissement de la population qui tendrait à restreindre le bien-être ou à augmenter les charges de la collectivité, devrait donc avoir comme conséquence pour chacun de ses membres un inconvénient évident et inévitable, qui ne pourrait par suite être imputé ni à l'avidité de l'employeur ni aux privilèges injustifiés des riches. Dans des conditions aussi différentes, l'opinion publique manifesterait inévitablement son mécontentement, et si cela ne devait pas suffire, on réprimerait par des pénalités quelconques toute incontinence qui serait de nature à porter à la collectivité un préjudice général. L'argument tiré du danger de la surpopulation ne touche donc nullement d'une façon particulière la théorie socialiste : bien plus, celle-ci se recommande par ce fait qu'elle aurait une tendance marquée à obvier à cet inconvénient ». Et à la page 376 de son ouvrage, « le manuel d'économie politique de Rau », le professeur Ad. Wagner dit : « Dans la vie socialiste commune, on pourrait tout au moins accorder en principe la liberté du mariage ou la liberté de la paternité ».

Auguste Bebel

Les auteurs que nous venons de citer partent donc, sans aller plus loin, de cette idée que la tendance à la surpopulation est commune à tous les états sociaux. Mais tous deux revendiquent pour le socialisme l'avantage de pouvoir, mieux que toute autre forme de la société, établir l'équilibre entre le nombre des membres de la collectivité et les ressources alimentaires.

À l'appui de leur conception absolument erronée du rapport qui existe entre la population, l'alimentation et le socialisme, les auteurs en question ont trouvé un auxiliaire dans le camp socialiste même pour justifier leur manière de voir. C'est l'ouvrage déjà cité de Charles Kautsky : « L'influence de l'accroissement de la population sur le progrès de la Société ». Kautsky, bien que combattant Malthus, lui donne raison au fond. Il parle, ainsi que Malthus, d'une « loi de l'appauvrissement du sol », sans autrement la formuler et en la réfutant même en partie par ce fait qu'il produit de nombreux exemples démontrant de quel large développement sont susceptibles, sous un régime rationnel, non seulement l'agriculture, mais encore la production de la viande et l'élevage des animaux domestiques. Il n'entrevoit pas non plus que l'organisation irrationnelle de la propriété qui régit le partage de la production est aujourd'hui la cause du déficit : il reconnaît cependant que les plaintes contre l'accroissement exagéré de la population sont un système inhérent à toutes les formations sociales en décadence. Malgré tout cela, il en arrive à cette conclusion de conseiller à la société socialiste de commencer par où ont fini les autres formes sociables, par limiter la population. C'est là une forte contradiction.

D'après Kautsky, tenir compte de « la loi du peuplement est la condition préliminaire inéluctable de toute discussion fructueuse de la question sociale » en quoi il s'appuie sur F. A. Larnge qui professait une estime exagérée pour John Stuart Mill dont il a largement subi l'influence. Pour Kautsky, la période de la surpopulation est si bien inévitablement à nos portes, elle est si terrible, qu'il demande, presque avec effroi : « Devons-nous nous croiser les bras en désespérés ? Est-ce vraiment un crime de lèse-humanité que de vouloir rendre l'homme heureux ? La prostitution, le célibat, les maladies, la pauvreté, la guerre, le meurtre, l'indicible misère qui, sous n'importe quel nom, sévissent aujourd'hui sur l'espèce humaine, sont-ils donc inévitables » ? Et il répond lui-même à sa question en disant : « Ils le sont, si on ne reconnaît pas dans toute son horreur la loi qui régit le peuplement ».

Jusqu'ici toute loi, une fois reconnue, perdait de son « horreur » ; dans le cas présent l'horreur ne doit que s'accroître avec la connaissance de la loi. Et, en vue de parer à ce « terrible danger », Kautsky ne conseille pas comme Malthus, Saint Paul et les Pères de l'Église, l'abstinence de la femme, mais... le commerce préventif, étant donné qu'il reconnaît pleinement la nécessité de satisfaire l'instinct sexuel. Nos Malthusiens croient que si le peuple venait à vivre dans des conditions meilleures, la société se transformerait en un vaste clapier à lapins et ne connaîtrait plus de devoir plus élevé que la jouissance sexuelle la plus déréglée et la procréation en masse des enfants. C'est une conception bien vile qu'ils ont de l'humanité arrivée à un haut degré de civilisation.

Quand Virchow, cité par Kautsky, dit : « De même que l'ouvrier anglais, dans sa profonde dépravation, dans l'oblitération absolue de son sens moral, finit par ne plus connaître que deux sources de jouissance, l'ivresse et le coït de même, jusque dans ces dernières années, la population de la haute Silésie avait concentré toutes ses aspirations, tous ses efforts, vers ces deux choses. L'absorption de l'eau-de-vie et la satisfaction de l'instinct sexuel régnaient chez elle en souveraines, et cela explique facilement que la population gagnait en nombre juste autant qu'elle perdait en force physique et en tenue morale ». Tout cela indique très nettement, à mon avis, le sens que devront prendre et l'action que devront exercer une civilisation plus complète et un genre de vie plus conforme à la nature ».

De même, cette phrase de Karl Marx, également citée par Kautsky, doit être considérée comme une conception profondément vraie et d'une application générale : « En fait, ce ne sont pas seulement les chiffres des naissances et des décès, mais encore les familles nombreuses, qui sont en proportion inverse des salaires et par suite de la somme des moyens d'existence dont disposent les différentes catégories de travailleurs. Cette loi de la société capitaliste n'aurait aucun sens chez les sauvages ou même parmi des colons civilisés. Elle fait songer à la reproduction brutale de certaines espèces d'animaux faibles et constamment pourchassés ». Et, à ce propos, Marx, citant Laing, dit dans une note : « Si la terre entière se trouvait dans des conditions heureuses, elle serait bientôt dépeuplée ». Laing représentait donc une opinion diamétralement opposée à celle de Malthus.

Kautsky n'est donc pas d'avis que de meilleures conditions d'existence et une civilisation plus parfaite auraient sur la procréation des enfants une action fâcheuse ; il a plutôt une manière de voir entièrement contraire, et c'est pour cela qu'en raison de la « loi d'appauvrissement du sol », il demande l'application de mesures préventives.

Considérons donc maintenant cette prétendue loi de « l'appauvrissement du sol », et voyons ce que la physiologie et l'expérience nous disent de la procréation des enfants. Un homme qui fut à la fois un grand propriétaire très avisé, et un économiste nationaliste déterminé, et qui, par conséquent, l'emportait de beaucoup sur Malthus à ce double point de vue, dit à propos de la production agricole : « La productivité des matières premières, notamment en ce qui concerne l'alimentation, ne le cédera en rien, dans l'avenir, à celle de l'industrie et de la transportation.... De nos jours, la chimie agricole commence à peine à ouvrir à l'agriculture des points de vue qui pourront sans doute mener encore à bien des erreurs, mais qui finiront par rendre la société maîtresse de la production des matières alimentaires, de même qu'elle est aujourd'hui en mesure de fournir une quantité de drap voulue, pourvu qu'elle ait entre les mains la provision de laine nécessaire ».

De même Liebig, c'est-à-dire une deuxième autorité en cette matière, est d'avis que « quand la main d'œuvre et l'engrais existent en quantité suffisante, le sol est inépuisable et donne d'une façon ininterrompue les plus riches récoltes ». La loi d'appauvrissement du sol est donc une lubie de Malthus qui a pu se justifier jusqu'à un certain point à son époque, sous un régime de progrès agricole insuffisamment développé, mais qui est aujourd'hui condamnée par la science et par l'expérience. La loi est, le plus souvent, conçue en ces termes : le produit d'une terre est en rapport direct avec la main d'œuvre qu'on y affecte (science et technique comprises) et avec la somme d'engrais utilement employée. J'ai déjà établi plus haut - et je renvoie le lecteur à mes déductions sur ce point - de quel énorme accroissement le produit de notre sol serait susceptible, dans l'état actuel de la science, si la terre était socialement exploitée. S'il a été possible au petit paysan français de quadrupler sa production dans les quatre-vingt-dix dernières années, tandis que la population ne se doublait même pas, on pourrait attendre de bien autres résultats encore d'une collectivité se livrant à l'exploitation du sol par la méthode socialiste. À part tout cela, nos Malthusiens ne s'aperçoivent pas le moins du monde que, dans nos conditions actuelles, il ne s'agit pas d'envisager seulement le sol que nous foulons, mais encore celui de la terre entière, c'est-à-dire, pour une grande part, de pays dont la fertilité, quand ou l'utilise, produit souvent vingt, trente fois et plus ce que donne notre sol pour une même étendue. On a bien déjà pris fortement possession de la terre, mais, sauf une partie infime, elle n'a été nulle part cultivée et utilisée comme elle aurait dû l'être. Ce n'est pas seulement la Grande Bretagne qui pourrait, ainsi que nous l'avons indiqué, produire une bien plus grande quantité de vivres, mais ce sont aussi la France, l'Allemagne, l'Autriche, et, à un bien plus haut degré encore, les autres pays d'Europe.

La Russie d'Europe, en prenant comme terme de comparaison la population actuelle de l'Allemagne, pourrait nourrir 475 millions d'êtres au lieu de 75 millions qu'elle en fait vivre approximativement aujourd'hui. La Russie d'Europe compte actuellement environ 750 habitants par mille carré, la Saxe 10.140. Si la première était peuplée dans la même proportion que la seconde, elle pourrait comprendre plus d'un milliard d'habitants ; mais la terre entière n'en compte de nos jours qu'environ 1.430 millions.

L'objection que la Russie comporte de vastes étendues de terres qui, par leur climat, rendent impossible une production élevée, n'est pas concluante dès lors qu'inversement ce pays jouit aussi, notamment dans le sud, d'un climat et d'une fertilité que l'Allemagne est loin de connaître. En outre, l'accroissement de la densité de la population et l'extension de la culture du sol (défrichement des bois, dessèche-ment des marais, etc.) qui en résulterait, amènerait dans le climat des modifications dont il est impossible d'évaluer aujourd'hui la portée. Partout où l'homme se rassemble en masses compactes, il se produit aussi des changements climatériques profonds. Nous n'attribuons aujourd'hui que peu de poids à ces phénomènes, et il nous est impossible d'en apprécier toutes les conséquences parce que, dans l'état actuel des choses, nous n'avons ni l'occasion ni les moyens de faire des expériences en grand. D'autre part, tous les voyageurs sont d'accord sur ce point que, même dans l'extrême-nord de la Sibérie par exemple, où le printemps, l'été et l'automne se succèdent rapidement en peu de mois, il se produit subitement une exubérance de végétation qui excite le plus grand étonnement. De même la Suède et la Norvège, dont la population est aujourd'hui si clairsemée, pourraient, avec leurs immenses forêts, leur richesse minérale pour ainsi dire inépuisable, leur quantité de rivières, leur littoral maritime, être une puissante source d'alimentation pour une population très dense. Aujourd'hui ces pays manquent d'hommes parce que, dans les conditions telles qu'elles se présentent, les moyens et l'organisation nécessaires pour en ouvrir la richesse n'ont pas encore été créés.

Ce que nous venons de dire pour le Nord s'applique d'une façon bien plus topique encore au Sud de l'Europe, c'est-à-dire au Portugal, à l'Espagne, à l'Italie, à la Grèce, aux principautés Danubiennes, à la Hongrie, à la Turquie, etc. Un climat on ne peut plus favorable, un sol si fécond et si fertile qu'il n'en existe pas de pareils dans les meilleures contrées des État-Unis, seraient en mesure de donner la nourriture la plus riche à des populations innombrables. Les malsaines conditions politiques et sociales de ces pays sont cause que des centaines de milliers de nos compatriotes aiment mieux traverser l'Océan que d'aller s'établir dans ces contrées plus rapprochées et plus commodément situées. Mais, dès qu'il y aura été institué des conditions sociales raisonnables et internationales, il faudra des millions d'êtres humains pour amener à un degré nouveau de culture ces vastes et fertiles régions.

À l'heure actuelle, et pour longtemps encore, loin d'avoir trop d'hommes, nous n'en avons pas assez en Europe pour atteindre notre but de civilisation parfaite, et dans ces conditions il est absurde de se laisser aller à la moindre crainte de surpopulation.

Si nous laissons là l'Europe pour nous occuper des autres parties du monde, nous y trouvons, dans une bien plus large mesure encore, la pénurie d'hommes et la surabondance de terres. Les pays les plus féconds et les plus fertiles du monde sont aujourd'hui complètement incultes ou à peu près parce que leur défrichement et leur exploitation ne pourraient être entrepris avec quelques centaines ou quelques milliers d'hommes, mais qu'ils exigeraient des masses colonisatrices de plusieurs millions de bras pour pouvoir se rendre maître, dans une certaine mesure seulement, d'une mature exubérante. À cette catégorie appartiennent par exemple le centre et le sud de l'Amérique, c'est-à-dire une superficie de plusieurs centaines de milles carrés. Carey affirme que la vallée de l'Orénoque seule, avec ses 360 milles de long, serait en mesure de fournir des moyens d'existence en telle quantité que toute l'humanité actuelle pourrait en vivre. Acceptons-en la moitié, c'est déjà plus que suffisant. De même, l'Amérique du Sud pourrait à elle seule nourrir quatre fois le nombre d'êtres humains aujourd'hui dispersés sur la terre entière. La valeur nourricière d'un terrain planté de bananiers, comparée à celle d'un terrain de même étendue cultivé en froment, s'établit par la proportion de 133 pour 1. Tandis qu'aujourd'hui notre blé, semé dans un sol bien approprié, donne un produit de vingt pour un, le riz, dans son pays d'origine, donne une récolte de 80 à 100 pour 1, le maïs de 250 à 300 pour 1, et dans nombre de pays, notamment les Philippines, le rendement du riz est évalué à 400 pour 1. Pour toutes ces denrées la question est de les rendre les plus nutritives possible par la préparation. Comme dans toutes les questions d'alimentation, la chimie trouvera là un champ inépuisable, comme l'indique par exemple Liebig, qui se sert notamment de l'action avantageuse de la cuisson de la pâte avec de l'eau de chaux pour augmenter la valeur nutritive du pain.

Le centre et le sud de l'Amérique, surtout le Brésil qui, à lui seul, est presque aussi grand que l'Europe entière (le Brésil a 152. 000 milles carrés avec environ Il millions d'habitants en regard des 178.000 milles carrés et des 310 millions habitants de l'Europe), sont d'une fécondité et d'une fertilité qui excitent l'étonnement et l'admiration de tous les voyageurs, et ces pays sont en outre d'une richesse inépuisable en mines et en métaux. Mais ils sont jusqu'à présent fermés au monde parce que leur population est indolente et trop inférieure en nombre et en civilisation pour se rendre maîtresse d'une nature aussi puissante. Les découvertes de ces dernières années nous ont appris ce qu'il en est du centre de l'Afrique. D'autre part, l'Asie ne renferme pas seulement des contrées vastes et fertiles qui pourraient nourrir de nouveaux millions d'hommes ; le passé nous a déjà montré comment la douceur du climat arrache au sol une luxuriante et riche nourriture dans des contrées aujourd'hui stériles et presque désertes, quand l'homme sait y amener l'eau, cette source de bénédictions. Avec la destruction des hommes dans de sauvages guerres de conquête, avec leur oppression folle par les conquérants, disparaissent les aqueducs et les canaux d'irrigation, et des milliers de milles carrés se transforment en champs de sable incultes. Que l'on y amène par millions des hommes civilisés et des sources d'alimentation jailliront, inépuisables. Le fruit des palmiers à dattes foisonne en quantités à peine croyables, et demande, pour cela, si peu de place, que 200 dattiers couvrent à peine un arpent de terrain. En Égypte, la dourah donne un produit de plus de 3.000 pour un. Et cependant le pays est pauvre et en décadence. Et cela, non pas à cause de l'excès de population humaine, mais par suite d'un système d'exploitation si épouvantablement pillard qu'il a pour conséquence d'étendre le désert davantage d'année en année. Quels immenses résultats les procédés d'agriculture et de jardinage du centre de l'Europe obtiendraient dans tous ces pays, c'est ce qui échappe à toute évaluation.

En prenant pour base l'état présent de la production agricole, les États-Unis de l'Amérique du Nord pourraient facilement nourrir vingt fois leur population actuelle (50 millions), soit un milliard d'hommes. Dans la même proportion, le Canada pourrait en alimenter 500 millions, au lieu de 4 1/2. Nous avons encore l'Australie et les nombreuses îles de l'Océan Indien et du Grand Océan qui sont la plupart d'une fertilité extraordinaire. Augmenter le nombre des hommes et non le diminuer, tel est le vœu qui, au nom de la civilisation s'adresse à l'humanité.

Partout c'est aux institutions sociales et aux modes de production et de répartition qui en dépendent qu'il y a lieu de faire remonter les causes de la détresse et de la misère, et non pas au nombre des êtres humains. Qui ne sait que chez nous plusieurs bonnes récoltes consécutives pèsent d'un tel poids sur le prix des denrées qu'une notable partie de nos grands et de nos petits cultivateurs y trouvent leur ruine. Donc, au lieu de s'améliorer, la situation des producteurs n'en devient que plus mauvaise. Et ce serait là un état de choses raisonnable ? Nos spéculateurs, dans les bonnes années, laissent souvent les grains se perdre, parce qu'ils savent que les prix augmentent dans la proportion dans laquelle la récolte diminue, et, dans ces conditions, on voudrait nous faire craindre un excès de population ? En Russie et dans le sud de l'Europe on laisse honteusement périr chaque année des dizaines de milliers de quintaux de céréales parce que l'on manque de magasins convenables et de moyens de transport appropriés. Des millions de quintaux de denrées se gaspillent annuellement en Europe parce que les appareils de récolte sont imparfaits ou parce que l'on manque de bras au bon moment. Des quantités de meules de blé, des granges bondées, des exploitations agricoles entières deviennent la proie des flammes, parce que la prime d'assurances dépasse la valeur du grain, de même qu'on laisse pour la même raison des navires se perdre corps et bien en pleine mer. Chaque année nos manœuvres militaires détruisent de nombreuses récoltes. En 18??, les frais d'une manœuvre de quelques jours seulement entre Clmemréitz et Leipzîg s'élevèrent à 300.000 marcks pour les récoltes détruites, et l'on sait que l'évaluation est toujours inférieure au dommage causé. Or il y a tous les ans une foule de manœuvres de ce genre, et de vastes étendues de terrain sont, dans un but analogue, enlevées à toute culture.

N'oublions pas, enfin, de répéter qu'à toutes les ressources de l'alimentation s'ajoute la mer, dont la superficie compacte est à celle de la terre comme 18 à 7, c'est-à-dire deux fois et demie plus grande, et dont l'exploitation rationnelle de la richesse d'alimentation est encore dans l'enfance, et l'avenir apparaîtra à nos yeux sous un aspect différant du tout au tout du sombre tableau que nous en fait le malthusianisme.

Qui peut dire à quelles limites s'arrêteront nos connaissances en chimie, en physique, en physiologie ? Qui oserait prédire quelles entreprises gigantesques - en partant de notre point de vue actuel - l'humanité réalisera dans des siècles futurs pour arriver à des modifications essentielles dans les conditions climatériques des pays et dans les moyens de les rendre productifs à tous les points de vue.

Nous voyons dès aujourd'hui, dans la forme capitaliste de la société, s'effectuer des entreprises qui, il y a un demi-siècle, étaient tenues pour impossibles. On percera de larges isthmes et on réunira les mers. Des tunnels longs de plusieurs milles, percés dans le sein de la terre, réuniront des pays séparés par les plus hautes montagnes on en fera d'autres sous le sol de la mer pour diminuer les distances, éviter les écueils et les passages dangereux qu'on rencontre pour certains pays séparés par les océans. Et déjà on a posé affirmativement la question de savoir s'il ne serait pas possible de faire une mer d'une partie du Sahara et de transformer des milliers de milles carrés de désert sablonneux en contrées fertiles et fécondes. L'exécution de ce projet est, pour le monde bourgeois, comme toutes choses, une question de « rapport ». Où se trouve-t-il donc un seul point où quelqu'un puisse dire : « Jusqu'ici, mais pas au-delà »

Il n'y a donc pas seulement lieu de nier « la loi de l'appauvrissement du sol », en raison de notre expérience acquise, mais il faut ajouter encore qu'il y a en superflu des quantités de terres cultivables qui pourraient être mises en oeuvre par des centaines de millions d'hommes.

Nous possédons, par conséquent, si toutes ces cultures devaient être entreprises de suite, itou pas trop, mais trop peu d'hommes. Il faut que l'humanité s'augmente considérablement si elle veut satisfaire à tout. Le sol cultivé n'est pas utilisé comme il devrait l'être, et d'autre part, les trois quarts de la surface terrestre manquent avant tout du nombre d'hommes suffisant pour les mettre en valeur, même rudimentairement. Notre surpopulation relative, que le système capitaliste engendre constamment au grand dommage des travailleurs et de la société, se modifiera en sens inverse quand nous en serons à un degré plus élevé de civilisation. Elle deviendra un instrument de progrès au même titre que la surproduction industrielle ; le superflu du sol, la désorganisation du mariage bourgeois, l'emmêlement des femmes et des enfants dans la fabrique, l'expropriation du petit ouvrier et du petit cultivateur constituent des avantages en vue d'une civilisation plus parfaite.

Lorsque Kautsky dit que les hommes, une fois placés dans de bonnes conditions, se garderont bien de s'exposer aux dangers de la colonisation dans les pays tropicaux, il méconnaît la nature humaine. Jusqu'à présent, toute entreprise hardie a toujours trouvé des gens pour l'exécuter. C'est un instinct profondément inné à l'homme que de prouver sa propre perfection par de nouvelles actions audacieuses, d'abord pour sa satisfaction personnelle, et ensuite pour se placer au-dessus des autres, c'est-à-dire par ambition. Il n'a pas plus manqué jusqu'ici de volontaires pour les guerres que pour les dangereux voyages de découverte du pôle

Nord et du pôle Sud, ou pour l'exploration du centre de l'Afrique, etc. Les entreprises colonisatrices, telles que les exigent les pays tropicaux, le centre et le sud de l'Amérique, l'Afrique, les Indes, l'Asie Centrale, etc., ne peuvent être menées à bonne fin par des individus isolés, mais seulement sur une grande échelle, par l'emploi combiné de grandes masses parfaitement organisées sous tous les rapports ; pour ces entreprises on trouve les millions tout prêts, quand on les demande, et les dangers sont peu de chose à côté de cela.

Nous en venons maintenant au second côté de la question : l'espèce humaine peut-elle se multiplier à son gré, et cela lui est-il nécessaire ?

Pour démontrer l'extraordinaire faculté de reproduction de l'espèce humaine, les malthusiens se plaisent à s'appuyer sur des cas particulièrement anormaux de familles isolées, de petits peuples. Cela ne prouve absolument rien. Car, en face de ces cas, il s'en trouve d'autres où, dans des conditions d'existence avantageuses, il se manifeste au bout de peu de temps, soit une stérilité absolue, soit une faculté de reproduction très faible. On est souvent étonné de la rapidité avec laquelle s'éteignent des familles précisément placées dans des conditions heureuses. Bien que les États-Unis soient, plus que tout autre pays, dans un état favorable à l'augmentation de la population et que chaque année il y émigre par centaines de mille des hommes dans la force de l'âge, leur population ne double qu'en trente ans. Quant au cycle de 12 ou de 20 ans dont on parle, il n'en est, à plus forte raison, question sur aucun point de la terre.

Jusqu'à présent il ressort des faits, ainsi que les citations que nous avons tirées de Virchow et de Marx l'indiquent, que la population se multiplie le plus rapidement là où elle est la plus pauvre, parce que, dit Virchow, la jouissance sexuelle est, avec la boisson, son seul plaisir. Ainsi que nous l'avons déjà exposé, les membres du bas clergé du diocèse de Mayence, lorsque Grégoire VII leur imposa le célibat, se plaignaient de n'avoir pas, comme les prélats, toutes les jouissances possibles, leur seul plaisir étant une femme. Le manque de variété dans les occupations et les distractions est peut-être aussi la cause pour laquelle les mariages des pasteurs de nos campagnes sont si richement bénis en progéniture.

Auguste Bebel

Quoi qu'il en soit, il est indéniable que les districts les plus pauvres de l'Allemagne, tels que l'Eulengebirge silésien, la Lusace, l'Erzgebirge, le Fichtelgebirg, la forêt de Thuringe, les montagnes du Hartz, sont aussi le siège de la population la plus dense, dont la pomme de terre constitue la nourriture principale. D'autre part, il est établi que l'instinct sexuel est tout particulièrement développé chez les poitrinaires et que ceux-ci procréent souvent encore des enfants, bien qu'arrivés a un degré d'affaiblissement des forces où on ne devrait plus le croire possible.

En général, il semble que ce soit une loi de la nature de remplacer en quantité ce qui se perd en qualité. Nous voyons ainsi que les animaux des espèces supérieures et les plus robustes, tels que le lion, l'éléphant, le chameau, et nos animaux domestiques, comme le cheval et la vache, font en général peu de petits, tandis qu'au contraire tous les animaux d'une organisation inférieure se reproduisent d'une façon prodigieuse et en rapport inverse de leur développement, par exemple tous les genres d'insectes, la plupart des poissons, etc., les petits mammifères tels que les lièvres, les rats, les souris, etc.

D'autre part, Darwin a établi que certains animaux, dès que de l'état sauvage ils passent sous le joug de l'homme et sont apprivoisés, perdent leur faculté de reproduction, l'éléphant par exemple. Cela prouverait qu'une modification dans les conditions de l'existence influe sur le plus ou moins de développement de la faculté de reproduction.

Mais ce sont précisément les Darwinistes qui partagent la crainte de la surpopulation, et sur l'autorité desquels s'appuient nos Malthusiens modernes. J'ai déjà indiqué que nos darwinistes ont la main malheureuse partout ou ils appliquent leurs théories aux conditions humaines, parce qu'ils procèdent le plus souvent, dans ce cas, avec une brutalité empirique, et appliquent, simplement à l'homme ce qui est vrai pour les animaux, sans considérer que l'homme, en tant qu'animal supérieurement organisé, reconnaît les lois de la nature, mais est également en état de les diriger et de les utiliser.

La théorie de la lutte pour la vie, la doctrine d'après laquelle il y aurait beaucoup plus de germes d'existences nouvelles que les moyens d'existence actuels ne sauraient en assurer la viabilité, s'appliqueraient absolument à toute l'humanité de l'avenir si les hommes, au lieu de se creuser la cervelle et d'appeler la science à leur aide pour utiliser l'air, la terre et l'eau, paissaient comme des troupeaux de bêtes ou se livraient sans frein, comme les singes, avec une cynique effronterie, à la satisfaction de leur instinct sexuel, c'est-à-dire s'ils étaient eux-mêmes des singes. Il est un fait également acquis par l'expérience, qu'en dehors de l'homme c'est chez le singe seulement que l'instinct sexuel n'est pas, comme pour le reste du monde animal, lié à certaines périodicités, argument très frappant en faveur de la parenté des deux. Mais s'ils sont proches parents, ils ne sont pas une seule et même chose. C'est pourquoi on ne peut les placer au même degré ni les mesurer à la même aune.

Que dans l'état où se trouvèrent, jusqu'à présent, la propriété et la production, la lutte pour l'existence se soit également imposée à l'homme, que beaucoup d'êtres humains n'aient pas trouvé à se procurer les choses nécessaires à la vie : cela est absolument exact. Mais il est faux d'en conclure que cet état de choses soit immuable et qu'il doive rester éternellement le même. Voilà le point où les Darwinistes ont raisonné de travers, parce qu'il ont bien étudié la zoologie et l'anthropologie, mais non pas la sociologie, les deux premières de ces sciences se laissant beaucoup plus facilement arranger par nos idéologues bourgeois. C'est ainsi qu'ils en sont venus à leurs conclusions erronées.

L'instinct sexuel est donc vivace chez l'homme ; c'est le plus puissant de tous, et il exige d'être satisfait si l'on ne veut pas que la santé en souffre. En outre, il est évidemment d'autant plus fort que l'homme est plus sain et plus normalement développé, de même qu'un bon appétit et une digestion facile dénotent un estomac bien portant et sont les conditions fondamentales de la santé du corps.

Mais la satisfaction de l'instinct sexuel est loin d'être la même chose que la procréation ou la conception. C'est ici qu'est donc le point critique. Les théories les plus diverses ont été émises sur la fécondité de la semence humaine et sur la faculté de conception. En ce qui concerne ces questions d'importance capitale, nous pataugeons encore dans l'obscurité, principalement parce que, pendant une couple de milliers d'années, on a eu l'horreur la plus insensée de s'occuper ouvertement, librement, naturellement, des lois de sa propre formation, de son propre développement, et d'étudier à fond la loi de procréation et de développement de l'être humain. Ce n'est que de nos jours qu'il en devient autrement, et il faut que ces errements du temps passé subissent des changements plus radicaux encore.

D'un côté on émet la théorie qu'une haute culture intellectuelle, une forte tension de l'esprit et surtout une grande nervosité exercent une action répressive sur l'instinct sexuel et affaiblissent les facultés de procréation. De l'autre côté, on conteste l'exactitude de cette théorie, en renvoyant notamment à ce fait que ce sont les classes placées dans les conditions les plus favorables qui ont proportionnellement le moins d'enfants, et que cela ne doit pas être uniquement imputé aux mesures préventives. Il est certain que des occupations intellectuelles exigeant une haute tension cérébrale ont une influence répressive sur l'instinct sexuel, mais il est fort contestable que la majorité de nos classes dirigeantes s'adonne à ce genre d'occupations. D'autre part, la fatigue physique exagérée produit des effets analogues. Mais tout excès de fatigue, de quelque nature qu'elle soit, est nuisible à l'homme et doit être évité pour ce motif.

D'autres prétendent aussi que le genre de vie, notamment la façon de se nourrir, déterminent, en outre de certaines conditions physiques, chez la femme, la faculté de procréation et de conception. Une nourriture appropriée influerait, plus que toute autre chose, comme cela se produit aussi chez certains animaux, sur l'acte procréateur. Et c'est ici que se trouverait peut-être la solution.

Quelle influence le genre d'alimentation exerce sur l'organisme de certains animaux, c'est ce qu'on a constaté bien des fois chez les abeilles qui, quand on leur présente une autre nourriture, se choisissent à volonté une reine nouvelle. Les abeilles sont donc bien plus avancées que les hommes dans la connaissance de leur développement sexuel. Dans tous les cas on ne leur a pas prêché pendant deux nulle ans qu'il n'est pas « convenable », qu'il est « immoral » de se préoccuper des choses sexuelles.

Un exemple de l'influence qu'exerce, dans cet ordre d'idée, sur l'homme son genre de nourriture m'est donné par une personne qui connaît fort bien les hommes et les choses de la vieille Bavière. D'après ce que celle-ci m'assure, il se produirait là fréquemment ce phénomène que, chez les paysans aisés - il s'agît par conséquent d'une race d'hommes qui est peut-être la plus saine, la plus robuste et la plus belle de toute l'Allemagne -, les mariages restent stériles, et que les ménages de cette catégorie en sont souvent amenés à adopter les enfants de pauvres gens. Quand on demande la cause de ce phénomène, on vous répond que cela tient au régime gras et nourrissant des paysans de la vieille Bavière, lequel consiste principalement en mets farineux fortement additionnés de saindoux et par suite très gras, pour la savoureuse préparation desquels la population de ces pays jouit d'une grande réputation. Si l'on considère que beaucoup de plantes, placées dans un bon terrain et grassement fumées, prennent un grand développement mais ne donnent ni fruit ni semence, on voit qu'il se produit dams ce cas un phénomène analogue.

Par contre, une seconde personne, qui ne connaît pas moins à fond la vieille Bavière, me donne à entendre qu'une autre circonstance encore serait de nature à contribuer à la stérilité dont il s'agit. Ce serait le précoce commerce sexuel, en dehors du mariage, qui serait très fréquent dans ces pays où l'opinion populaire ne s'en trouverait pas particulièrement froissée. Mais la précocité des rapports sexuels est doublement excitante lorsque, comme cela parait être un « usage national » dans la vieille Bavière, ils ne se limitent pas à un seul couple donné, mais changent fréquemment de sujets. À cette surexcitation succède la lassitude qui entrave la faculté de conception. Cela doit être également la raison principale pour laquelle les prostituées enfantent si rarement. On voit que dans cet ordre d'idées un vaste champ reste encore ouvert aux combinaisons et aux hypothèses.

Que le genre d'alimentation influe sur la formation de la semence masculine commune sur la faculté de fécondation de l'œuf féminin, cela ne peint faire l'objet du moindre doute ; par suite la capacité reproductrice d'un peuple dépendrait essentiellement de sa manière de se nourrir. Ce premier point bien établi, le taux de la population devrait pouvoir être régularisé dans une importante mesure par le système d'alimentation .À cela s'ajoute qu'il y a chez la femme des périodes pendant lesquelles sa faculté de conception est presque nulle ; celle-ci ne doit pouvoir se prédire avec certitude que peu de jours avant ou après la menstruation. Considérons enfin que, dans la société nouvelle, la situation de la femme sera complètement changée, qu'elle ne sera pas disposée à donner le jour à un grand nombre d'enfants, comme pour obéir à « un décret de la Providence », qu'elle voudra jouir de son indépendance et de sa liberté, et non passer la moitié ou les mois quarts de ses plus belles années en état de grossesse ou avec un enfant au sein. Certes, il y a très peu de femmes qui ne veulent pas d'enfants, mais d'autre part la majeure partie d'entre elles ne désirent pas en avoir au-delà d'un chiffre raisonnable. Tout cela réuni contribuera à régulariser le chiffre des êtres humains sans que nos Malthusiens d'aujourd'hui aient besoin de se casser la tête. Enfin cela sera possible sans le secours d'une continence nuisible à la santé ou de mesures préventives répugnantes.

Nous voyons donc que, suivant toute probabilité, le problème de la régularisation du chiffre de la population dans l'avenir sera résolu de la façon la plus simple, non pas par une peur ridicule du manque de nourriture, mais simplement grâce aux éléments de bien-être que les hommes auront en partage. Ici encore Karl Marx a donc raison quand il dit, dans « le Capital », que chaque période économique du développement de l'humanité a aussi sa loi de peuplement particulière.

L'humanité, dans la société socialisée, où seulement elle commencera à être vraiment libre et placée sur sa base naturelle, dirigera en connaissance de cause toute son évolution suivant des lois naturelles.

Jusqu'à présent, à toutes les époques, en ce qui concerne la production comme la répartition des moyens d'existence et l'accroissement de la population, l'humanité a agi sans connaître leurs lois, et par suite inconsciemment. Dans la société nouvelle, elle agira méthodiquement et en pleine connaissance de toutes ces lois.

Le socialisme est la science appliquée, en pleine conscience et en toute connaissance de cause, à toutes les branches de l'action humaine.

Conclusion

Ce que nous avons exposé jusqu'à présent nous a montré que, dans l'application du socialisme, il ne s'agit pas de « détruire » et de « construire » arbitrairement, mais d'arriver à un état conforme à la science naturelle que tous les facteurs qui jouent un rôle dans la marche de la destruction du passé d'une part, et de la constitution de l'avenir d'autre part, sont des facteurs agissant comme ils doivent agir que ni des « hommes d'État de génie » ni des « agitateurs démagogues » ne pourront mener les choses à leur gré. « Ils doivent mener, et on les mène ». Mais tout ce que nous avons développé ne peut laisser à aucun penseur le moindre doute sur ceci, à savoir que nous sommes arrivés bien près du point où « les temps seront accomplis ».

Il nous faut encore traiter brièvement ici d'une évolution unique en son genre, par laquelle se distingue surtout l'Allemagne, pour établir que c'est particulièrement ce pays qui, dans la prochaine période d'évolution, se chargera du rôle directeur.

Nous avons fréquemment parlé, dans cet ouvrage, de la surproduction, source des crises. La surproduction consiste en ce que le système bourgeois de production produit plus de denrées que n'en peuvent consommer le marché, ni la force acquisitoriale du peuple. C'est là un phénomène inhérent au monde bourgeois, qui lui est absolument propre, et tel qu'il ne s'en est manifesté de semblable au cours d'aucune période du développement de l'humanité.

Mais le monde bourgeois ne produit pas seulement la surproduction en marchandises et en hommes, mais encore en intelligences ; il crée par là une aggravation des crises qui finira par lui coûter la vie.

L'Allemagne est la terre classique où se manifeste sur la plus vaste échelle cette surproduction en intelligences, un instruction, que le monde bourgeois ne peut plus utiliser. Une situation qui, pendant des siècles, a été un malheur pour le développement de l'Allemagne, a largement contribué à produire ce phénomène. J'entends par là sa division en États minuscules et les obstacles que cette situation politique a créés au développement du gros capital. La division en petits États a eu pour effet de décentraliser le développement de la vie intellectuelle du peuple ; partout il s'est formé de petits centres de vie intellectuelle excitant leur influence sur leur entourage. Le grand nombre des cours et des gouvernements exigeait, comparativement à un grand pouvoir central, un appareil extraordinairement nombreux de fonctionnaires auxquels il fallait une instruction relativement élevée. C'est ainsi qu'il surgit une telle quantité d'écoles supérieures et d'universités qu'il n'y en eut de semblable nulle part, en aucun pays d'Europe. La jalousie, l'amour-propre des différents gouvernements, jouèrent aussi un rôle dans ce développement. Le même effet se produisit quand certains gouvernements commencèrent à appliquer l'instruction obligatoire du peuple. La manie de ne pas vouloir rester en arrière de l'État voisin produisit, dans ce cas particulier, de bons résultats. Le besoin de culture intellectuelle s'accrût encore lorsque l'extension de l'instruction et le progrès simultané de l'intelligence et du développement matériel de la bourgeoisie éveillèrent le besoin de la participation politique, des mandats populaires, de l'administration autonome des communes. Pour ces petits pays, les corps constitués n'étaient pas nombreux et n'avaient qu'un cercle d'action restreint, mais ils contribuaient à l'instruction et excitaient les fils de la bourgeoisie à briguer des positions en rapport avec lesquelles ils avaient à mesurer leur éducation.

Il en a été pour l'art comme pour les sciences. Pas un pays d'Europe n'a proportionnellement autant d'écoles de peinture, d'art et de technique de tout genre, de musées et de collections artistiques, que l'Allemagne. D'autres nations peuvent, dans leurs capitales, montrer de plus grandes choses, mais aucun pays ne présente celte diffusion de richesses artistiques, dans tout l'État, que l'on voit dans le nôtre.

Tout ce développement intellectuel a donné à l'esprit Allemand une certaine profondeur ; l'absence de grandes luttes politiques procurait une sorte de vie contemplative. Pendant que d'autres nations luttaient pour la suprématie sur le marché du monde, se partageaient la terre entre elles et menaient d'ardentes luttes de politique intérieure, les Allemands restaient assis au coin de leur feu, rêvant et pensant. Mais de ces rêves, de ces méditations, de ces pensées, favorisés par un climat qui force à la vie de famille et à la tension de l'esprit, sont sortis la philosophie allemande, l'esprit de critique et d'observation par lesquels les Allemands commencèrent à se distinguer lorsqu'ils se réveillèrent.

De 1848 date la naissance de la bourgeoisie allemande en tant que classe ayant conscience d'elle-même ; à cette époque elle entra en scène comme parti politique indépendant, représenté par le libéralisme. Ici se montra clairement le caractère particulier qui se dégageait de l'évolution allemande. Ce ne furent pas des fabricants, des commerçants, des hommes de négoce et de finances, qui eurent le verbe haut, mais des professeurs, des hommes de carrières libérales, des écrivains, des juristes, des docteurs de toutes les Facultés. C'étaient là les idéologues allemands ; aussi leur besogne fut-elle finie du coup. La bourgeoisie fut provisoirement condamnée au repos en matière politique ; elle n'en mit que davantage le temps à profit pour activer les affaires. L'explosion de la guerre austro-italienne, l'avènement de la Régence en Prusse, excitèrent a nouveau la bourgeoisie à étendre la main vers le pouvoir politique. L'agitation en vue de l'unité nationale commença. La bourgeoisie était déjà trop instruite pour supporter plus longtemps les nombreuses frontières politiques qui étaient en même temps des entraves économiques, tant douanières que commerciales, et de circulation. M. de Bismarck se rendit compte de la situation et s'en servit à sa manière pour allier les intérêts de la bourgeoisie à ceux de la monarchie prussienne dont la première n'avait jamais été l'ennemie, parce qu'elle craignait la Révolution et les masses populaires. On fit alors tomber les barrières qui avaient jusque-là porté entrave à son haut développement matériel. Au sein de la grande richesse de l'Allemagne en charbons et en minerais, au milieu d'une classe de travailleurs intelligents mais sobres, la bourgeoisie prit, en l'espace de vingt ans, un essor que l'on est obligé de qualifier de gigantesque et qui, les États-Unis exceptés, ne se produisit dans aucun pays en un si court espace de temps et dans une pareille mesure. C'est de la sorte qu'il arriva que, dès aujourd'hui, l'Allemagne tient en Europe la deuxième place comme pays d'industrie et de commerce, et ambitionne de prendre la première.

Mais ce prodigieux de développement eut aussi son revers. Le système de prohibition qui se maintint dans presque tous les États allemands jusqu'à la fondation de l'unité nationale, avait assuré l'existence à une quantité extraordinaire d'ouvriers manuels et de petits cultivateurs.

Auguste Bebel

Avec la suppression soudaine de toutes les barrières de protection, la classe moyenne inférieure se trouva brusquement en présence d'une production capitaliste se développant sans aucun obstacle, et elle en vint rapidement à une situation désespérée. La période de prospérité qui commença vers 1860, fit voir, au début, le danger moins grand qu'il n'était, mais celui-ci n'en devint que plus sensible lorsque la crise éclata. La bourgeoisie avait utilisé la période de prospérité en vue de son progrès le plus large, et rendait son action dix fois plus oppressive par sa production en masses et l'augmentation de ses richesses. Le fossé s'élargit fortement entre ceux qui possédaient et ceux qui n'avaient rien.

La rapidité sans cesse croissante aujourd'hui de cette phase de décomposition et d'absorption, l'augmentation de la puissance matérielle d'un côté, l'affaiblissement de la faculté de résistance de l'autre, ont jeté dans la plus grande détresse des classes entières de la population. Elles se virent subitement menacées dans la situation à laquelle elles étaient habituées, dans le genre d'existence qui leur convenait, et entrevirent le jour où elles eu seraient mathématiquement dépossédées.

Dans cette lutte désespérée, chacun cherche le plus possible son salut dans le changement de profession. Mais les vieux ne peuvent plus opérer ce changement ; ce n'est que dans des cas d'une extrême rareté qu'ils sont en mesure de laisser de la fortune à leurs enfants. Alors on s'impose les plus grands sacrifices, on emploie les derniers moyens pour caser les fils et les filles dans des « positions », dans des places à revenu fixe, pour lesquelles l'apport d'un capital n'est pas nécessaire. Nous entendons par là toutes les places d'employés des services de l'État ou des communes, toutes les branches de l'enseignement, les hautes situations au service de la bourgeoisie dans les comptoirs, les magasins et les fabriques : gérants de dépôts, chimistes, techniciens, ingénieurs, etc., et enfin ce qu'on appelle les carrières libérales : juristes, médecins, théologiens, écrivains, artistes de tous genres, architectes, etc.

Des milliers et des milliers de gens qui, jadis, eussent pris un métier manuel, se cherchent aujourd'hui une situation dans les carrières précitées, dès lors qu'il ne luit plus à leurs yeux aucun espoir d'arriver à une existence indépendante et suffisant à leurs besoins. Tout se jette sur l'étude. Écoles « réales », collèges, écoles polytechniques, etc., surgissent du sol comme des champignons, et les établissements de ce genre qui existent déjà sont encombrés. Le nombre des étudiants dans les Universités [1] croit dans la même mesure, ainsi que le chiffre des élèves dans les laboratoires de physique et de chimie, dans les écoles de Beaux-Arts, dans les écoles polytechniques, professionnelles, commerciales, dans tous les genres d'établissements d'instruction supérieure des filles. Dès aujourd'hui, on constate dans toutes les branches de vocation sans exception un encombrement considérable, et chaque jour le courant devient plus fort dans ce sens ; constamment il se produit de nouvelles demandes de création de collèges et d'établissements d'enseignement supérieur, pour recevoir la masse des candidats.

Autorités et personnalités individuelles sont au désespoir de cet état de choses et lancent avertissements sur avertissements contre l'étude, tantôt de telle branche, tantôt de telle autre, de l'enseignement. Même la théologie qui, dans la période décennale précédente, faillit tarir faute de candidats, trouve son salut dans l'encombrement, et voit de nouveau ses prébendes se garnir [2]. « J'enseignerai la foi en dix mille dieux et diables, si on l'exige donnez-moi seulement une place où je puisse vivre », voilà le refrain qu'on entend partout. Les ministres, en Prusse, se défendent d'autoriser la création de nouveaux établissements d'enseignement supérieur, « parce que ceux qui existent suffisent largement à couvrir les besoins en candidats pour toutes les carrières ».

Cette situation est encore aggravée par ce fait que la concurrence et les luttes intestines de la bourgeoisie obligent une foule des fils de celle-ci à se chercher ailleurs une situation et un refuge. D'autre part, l'effectif élevé de l'armée permanente, avec sa quantité d'officiers dont l'avancement est considérablement entravé par une longue période

---

1 En 1871-72, les universités allemandes comptaient 14.531 étudiants 46.191 en 1875-76 et 22.038 dès 1881. Les étudiants ont donc, en dix ans, augmenté de 50 %, tandis que la population ne s'est accrue que de 10 %. En 1859, il y avait en Prusse 20 élèves de collèges et 9 d'écoles « réales », pour 10.000 habitants, tandis qu'en 1870 il y en avait respectivement 31 et 22, soit encore un accroissement de plus de 50 %.

2 Dans 18 Universités allemandes, il y avait, sur 1.000 étudiants, 236 théologiens protestants en 1863-64, 179 en 1870-71, 109 en 1870-77. À partir de cette époque, leur nombre s'est de nouveau légèrement accru, de telle sorte qu'il était de 142 en 1881.

Auguste Bebel

295

de paix, a pour résultat de faire pensionner dans la force de l'âge une foule de gens qui, favorisés par l'État, trouvent à se caser dans toutes les situations administratives possibles. Le grand nombre de postulants aux carrières civiles, sortant des grades inférieurs de l'armée, enlève leur pain à beaucoup d'autres. Car c'est chez cette sorte d'individus que la fortune fait le plus défaut. De plus, la position sociale, le genre d'éducation et les prétentions des gens appartenant à cette catégorie, exigent avant tout qu'ils s'abstiennent de ce qu'on appelle les emplois inférieurs ; ceux-ci d'ailleurs, par suite du système capitaliste, sont. également tous encombrés.

Le système de l'engagement volontaire d'un an qui consiste, grâce à l'acquisition d'un certain degré d'instruction, et moyennant quelques sacrifices matériels, à atténuer le service militaire, réduit de trois ans à un seul, augmente encore le nombre des candidatures à tous les genres de places et d'emplois.

Par suite de toutes ces circonstances, l'Allemagne, plus que n'importe quel pays du monde, possède un prolétariat de savants, d'artistes, de gens appartenant aux soi-disant « carrières libérales », extraordinairement nombreux celui-ci se multiplie constamment et va porter jusque dans les cercles les plus élevés de la société l'effervescence et son mécontentement de l'état de choses actuel.

L'esprit idéaliste de ces milieux est de la sorte amené et excité à la critique de l'ordre de choses existant et contribue à accélérer le travail général de désagrégation. C'est ainsi que l'état social actuel est attaqué, miné de toutes parts.

Il n'est pas douteux que, dans les grandes, les gigantesques luttes de l'avenir, l'Allemagne remplira le rôle directeur auquel la prédestinent l'ensemble de son développement et sa position géographique au « cœur de l'Europe ». Ce n'est pas l'effet d'un hasard si ce furent des Allemands qui découvrirent les lois de l'évolution de la société moderne et qui établirent scientifiquement le socialisme comme la forme de la société de l'avenir. Ce furent en première ligne Karl Marx, aidé de Frédéric Engels, et après eux Ferdinand Lassalle, lequel jeta la lumière jusque dans les masses. Ce n'est pas non plus par hasard que le mouvement socialiste allemand est le plus important et le plus efficace du monde, qu'il a dépassé celui des autres nations, en particulier de la France, qui en est restée à une espèce de développement semi-bourgeois, et que les socialistes allemands sont les pionniers qui répandent l'idée socialiste chez les peuples les plus divers.

Si Buckle a pu écrire encore, il y a un quart de siècle à peine, à l'appui de son étude sur l'état de l'esprit et de l'éducation allemands, que l'Allemagne avait à la vérité un grand nombre des plus grands penseurs, mais qu'il n'existait aucun pays où l'abîme fût aussi profond entre la classe des lettrés et la masse du peuple, cela n'est plus exact aujourd'hui. Cela n'a été vrai qu'autant qu'en Allemagne notre science est restée presque exclusivement déductive et circonscrite à des cercles de savants se tenant à l'écart de la vie pratique. Au moment où l'Allemagne opéra sa révolution économique, la méthode inductive prit dans la science une place prépondérante, au détriment de la déduction. La science devint pratique. On comprit qu'elle ne prenait de valeur qu'en tenant compte de la vie humaine et en devenant elle-même une ressource pour l'existence. C'est en raison de ce fait qu'en Allemagne, depuis dix ans, toutes les branches de la science se sont démocratisées. La grande quantité de jeunes gens élevés en vue d'atteindre à des professions d'ordre supérieur a puissamment contribué à ce résultat, et d'autre part l'instruction générale des masses, qui est plus forte en Allemagne que dans tout autre pays d'Europe, a facilité à celle-ci les moyens de produire une quantité d'œuvres intellectuelles de tout genre. Enfin, ce qui a élevé d'une façon toute particulière le niveau moral du peuple, c'est l'agitation socialiste, avec sa littérature, ses journaux, ses associations, ses réunions, sa représentation parlementaire et sa critique dans tous les domaines de la vie publique.

La loi d'exception n'y a rien changé. Elle a, dans une certaine mesure, concentré l'agitation, adouci ses allures trop vives, de telle sorte que celle-ci a pu se propager d'autant plus facilement dans d'autres pays. Mais elle a aussi rendu le mouvement plus profond et créé une irritation extraordinaire qui tend à faire explosion et qui réclame et ses satisfactions et ses victimes. En outre, l'évolution sociale dans son ensemble, la délivrance de la société, font chaque jour de plus grands progrès.

Auguste Bebel

Nous voyons ainsi, dans le dernier quart du XIXe siècle, s'allumer de toutes parts la lutte intellectuelle, qui se mène avec une ardente activité. À côté de la science socialiste, le vaste domaine des sciences naturelles, les doctrines sanitaires, l'histoire de la civilisation et la philosophie elle-même, constituent l'arsenal auquel on empruntera des armes. De toutes parts, les bases de l'ordre de choses actuel sont attaquées, les coups les plus rudes sont portés aux soutiens de la vieille société, les idées révolutionnaires font irruption dans les milieux conservateurs et jettent le désarroi dans les rangs des ennemis du nouveau. Ouvriers et lettrés, paysans et artistes, bref des hommes de toutes les conditions, viennent se joindre aux travailleurs qui sont le gros de l'armée qui combattra le dernier combat : ils se soutiennent et se complètent les uns les autres.

La femme aussi est adjurée de ne pas rester en arrière, dans cette lutte où on combattra pour sa propre liberté, pour sa propre délivrance. C'est à elle qu'il appartient de montrer qu'elle a compris quelle était sa véritable place dans l'agitation, dans les luttes du présent en vue d'un meilleur avenir, et qu'elle est résolue à y prendre part ; il appartient aux hommes de la soutenir dans la lutte et de l'aider à se défaire de tous les préjugés. Que nul ne prise sa propre force au-dessous de sa valeur que nul ne croie qu'une personne de plus ou de moins cela ne tire pas à conséquence. Pour le progrès de l'humanité, aucune force, si faible soit-elle, ne doit être négligée. La chute ininterrompue d'une goutte d'eau finît par creuser la pierre la plus dure. Et beaucoup de gouttes font le ruisseau, beaucoup de ruisseaux la rivière, beaucoup de rivières le fleuve, que nul obstacle, en fin de compte, n'est assez fort pour gêner dans son cours majestueux. Il en va de même dans la vie intellectuelle de l'humanité ; partout la nature est notre institutrice. Que nous agissions tous d'après ses leçons, et la victoire finale ne saurait nous manquer.

La victoire sera même d'autant plus signalée que chaque individualité sera entrée dans la carrière avec plus de zèle et plus d'énergie. La question de savoir si, avec tout son travail et toute sa peine, on arrivera assez près de l'avènement d'une nouvelle période de civilisation plus belle pour le voir encore de son vivant, ne doit se présenter à l'esprit d'aucun citoyen, encore moins le tenir à l'écart de la voie suivie. Nous ne pouvons, il est vrai, préciser ni la durée ni le caractère de chaque phase d'évolution, pas plus que nous n'avons sur la durée de notre propre existence la moindre certitude, mais à une époque comme la nôtre, nous n'avons pas de raison pour renoncer à l'espoir de survivre encore à notre triomphe. Nous luttons et marchons en avant, sans nous préoccuper de savoir « où » et « quand on pourra marquer le point de départ d'une ère nouvelle, meilleure pour le genre humain. Si nous succombons au cours de la lutte, ceux qui nous suivent entreront dans la carrière à notre place ; nous tomberons avec la conscience d'avoir fait notre devoir d'homme, et avec la certitude que notre but sera atteint, quels que puissent jamais être les efforts des puissants, hostiles au progrès de l'humanité.

ISBN : 978-1511489089

Auguste Bebel